Dieter Breuers

Fenster, Pfeiler und Gewölbe

Dieter Breuers

Fenster, Pfeiler und Gewölbe

Die Geschichte des Kölner Doms

Gustav Lübbe Verlag

Quellennachweis:
Die Aufrißzeichnungen des Kölner Doms von Arnold Wolff wurden mit freundlicher Genehmigung entnommen aus:
Arnold Wolff, Der Dom zu Köln. Seine Geschichte – seine Kunstwerke. Köln: Greven Verlag 1995.

Lektorat: Heike Rosbach, Nürnberg
Umschlaggestaltung:
KOMBO KommunikationsDesign, Köln, unter Verwendung eines Ausschnitts aus dem »Großen Stadtprospekt von Köln« von Anton Woensam (1530/31)
Satz: Dörlemann Satz, Lemförde
Gesetzt aus der Baskerville-Book von Berthold
Druck und Einband:
Franz Spiegel Buch GmbH, Ulm

Printed in Germany
ISBN 3-7857-0939-0

1 3 5 4 2

Inhalt

Das Haus am Hang

Es geht auch ohne Fahrstuhl in die Römerzeit

Luodwig war zufrieden. Sehr zufrieden sogar. Auch wenn es schwül war, zu schwül für einen Tag im September. Er blinzelte träge zum neuen Dom hinüber, der bald fertig sein würde. Fast weiß glänzten seine hell verputzten Außenwände in der Mittagshitze, und Luodwig fand, daß es auf der ganzen Welt wohl nichts Schöneres geben könnte.

Und das stimmte zumindest für dieses Gebiet, über das Karl der Große geherrscht hatte, der inzwischen seit dreiundvierzig Jahren tot war.

Aber so genau wußte Luodwig das natürlich nicht.

Er betrachtete voller Wohlgefallen die Trauben, die schwer an den Rebstöcken in seinem Weingarten hingen, als wollten sie jeden Augenblick herunterfallen. »Nur noch etwas Geduld«, sagte Luodwig; noch ein paar warme Tage, dann würde er mit der Lese beginnen. Die Arbeit mit dem Rebmesser stand allein ihm zu. Seine beiden Töchter würden die abgeschnittenen Trauben zum Haus bringen, und Berta, seine Frau, würde mit gerafftem Rock und ihren strammen Beinen, die er so liebte, in dem großen Bottich stehen und die Beeren mit ihren kräftigen Füßen zerstampfen.

Der Wein würde gut werden in diesem Jahr, dachte Luodwig, indem er sich zugleich vor sich selber eingestand, daß »gut« eine sehr dehnbare Bezeichnung ist. Wenigstens was Wein angeht.

Bei den Stiftsherren von St. Gereon hatte er einmal

einen Wein angeboten bekommen, der angeblich aus Umbrien, wo immer das liegen mochte, gekommen war. Unglaublich. Überragend. Grandios. Derartiges konnte er nicht liefern. Sein Wein besaß nicht einmal die Qualität jenes Tropfens, der in den Gärten des Stifts angebaut wurde. Wozu auch? Niemand in seiner Nachbarschaft könnte einen solchen Tropfen bezahlen!

Die Kanoniker von St. Ursula bestimmt nicht, und die sind seine Hauptabnehmer. Die erwarten lediglich, daß ihr Wein trinkbar ist. Auch das ist eine sehr dehnbare Bezeichnung, aber darauf versteht sich Luodwig inzwischen. Eines schönen Abends, vor zwölf Jahren etwa, war er zufällig mit einem Knecht von St. Gereon ins Gespräch gekommen und hatte ihn zu sich nach Hause eingeladen. Von dem angebotenen Wein hatte der alte Mann vorsichtig einen kleinen Schluck genommen, um dann höflich nach einem Bier zu fragen.

Aufs Brauen verstand sich Berta ausgezeichnet, und wenn es noch eines Beweises bedurft hätte, so lieferte ihn der Knecht, der mit beängstigender Geschwindigkeit einen Krug nach dem anderen leerte, so daß Luodwig kaum dazu kam, die willkommene Gelegenheit zu nutzen.

Immerhin gelang es ihm, wenn auch etwas lückenhaft, dem alten Mann das Geheimnis zu entlocken, wie man schlechten Wein mittels diverser Zutaten in zumindest trinkbaren verwandelt. Einige Rezepte schieden von vornherein aus, weil es die notwendigen Zutaten entweder nicht gab oder aber weil sie für einen einfachen Mann schlicht unerschwinglich waren.

Woher sollte man beispielsweise Nelken bekommen, oder wer könnte Zucker oder gar Pfeffer bezahlen?

Aber es gab die verschiedenartigsten Kräuter, dazu Maulbeeren und vor allem Honig. So wurde selbst Luodwigs Wein immer noch trinkbarer als beispielsweise der, den Flachschiffe von der Mosel mitbrachten. Und noch ein Geheimnis hatte ihm der alte Mann verraten: wie man Wein haltbar machen kann.

Der Wein, den die Herren des Gereon-Stifts nicht selber trinken, sondern für den Verkauf bestimmen, wird mit einer Essenz versetzt, die auf eine höchst merkwürdige Weise hergestellt wird: Man füllt Traubenmost in große Bleikessel und läßt ihn darin eindicken. Anschließend mischt man den so gewonnenen Sirup unter den Wein, und es dauert dann sehr, sehr lange, bis sich der Wein in Essig verwandelt.

Aber, lallte der alte Mann, bevor er betrunken von der Bank fiel, die Gefäße dürften nicht aus Ton, sondern müßten unbedingt aus Blei sein. Warum, das vermochte er nicht mehr zu sagen, weil man nicht schnarchen und sprechen zugleich kann. Luodwig beschloß deshalb, den Wein für den Eigenkonsum vorsichtshalber nicht auf diese Weise zu behandeln, sondern nur den Anteil, der den Herren von St. Ursula verkauft wurde.

Niemand dachte an Bleivergiftung, als die Sterberate dort drastisch nach oben schnellte, und auch Luodwig fühlte sich am außergewöhnlichen Dahinscheiden der Kanoniker unschuldig.

Er investierte einen gehörigen Batzen Geld in drei Wagenlieferungen dünner Schieferplatten, die er sich aus einem Steinbruch weiter rheinaufwärts hatte kommen lassen. Damit bedeckte er den Boden zwischen seinen Weinstöcken, weil er das bei jenem Besuch im Gereon-Stift gesehen hatte. Wenn es schon nicht so viel Sonne gab wie in südlicheren Gegenden, sollte sie zumindest gescheit ausgenutzt werden und mit ihren wärmenden Strahlen den Schiefer aufheizen, der die Wärme dann speichern und später zurückgeben konnte.

Luodwig kam sich ziemlich klug vor. Was er auch war. Dann nickte er ein.

Ein fernes Grummeln riß ihn aus einem schönen

Traum, in dem er sich nicht nur als Herr eines Weinbergs gefühlt hatte, sondern zusätzlich zu den Ziegen und Schweinen, die nun wirklich fast jeder Einwohner der Stadt sein eigen nannte, eine Herde von Pferden besaß, die auf einer Koppel bei seinem schlichten Haus im Norden der alten römischen Stadtmauer weideten.

Pferde, so ein Unfug, sagte er sich, obwohl der Gedanke verlockend erschien. Aber womit hätte er sie im Winter füttern sollen? Es war schon schwer genug, die Schweine und Ziegen durchzubringen.

Außerdem donnerte es.

»O Scheiße«, sagte Luodwig, und er sagte es um so inbrünstiger, weil Berta nicht in der Nähe weilte, die in solchen Dingen prüde war. »Scheiße, Scheiße, Scheiße!« Luodwig sah zu der schwarzen Wolkenwand hinüber, die sich am westlichen Himmel aufbaute und nach unten schwefelgelb auslief. »Bitte, lieber Gott«, flehte er, »nur jetzt keinen Hagelschlag!«

So kurz vor der Lese. Luodwig sah schon die prallen Trauben unter den messerscharfen Hagelkörnern wie kleine Seifenblasen platzen, doch er konnte nichts tun. Überhaupt nichts. Außer beten, und das tat er ausgiebig.

Und erfolglos.

Da aber so viel auf dem Spiel stand und weil sein Herrgott anscheinend keinerlei Anstalten machte, das Unwetter beiseite zu schieben, schickte Luodwig mit dem denkbar schlechtesten Gewissen einen zweiten Hilferuf an jenen verbotenen Gott der Vorväter, der bekanntlich bei solchem Wetter mit seinem Wagen über den Himmel fuhr und seinen Hammer fliegen ließ, aber auch Donar hatte heute kein Ohr für den Weinbauern.

Da Luodwig wirklich nichts mehr einfiel und er wie fast jedermann eine höllische Angst vor Gewittern hatte, ließ er seinen Weingarten im Stich und lief, zunehmend in Panik geratend, hinter seiner Frau Berta und den beiden

Töchtern her, die sich schon sehr viel früher auf den Weg in Richtung Dom gemacht hatten.

In diese Richtung humpelte auch die alte Anna. Ihre nackten Füße waren seit ihrer Kindheit unempfindlich gegenüber den harten Oberflächen der dicken Basaltblöcke, auf die man hin und wieder noch auf den Straßen innerhalb der alten Mauern stieß; letzte Erinnerung an die Kunst römischer Straßenbauer. Aber sie waren auch abgehärtet gegen die bittere Kälte im Winter; eine dicke Hornhaut schützte sie gegen die Disteln und Brennesseln am Wegesrand, und Anna wich weder den Löchern noch den Pfützen aus, die überall in den Gassen standen und nach Schweinepisse rochen, aus der sie größtenteils auch bestanden.

Annas Habe bestand aus den Fetzen, die ihren hageren Körper nur mangelhaft bedeckten, und einem armdicken Ast, den sie erbittert verteidigte, wenn andere Bettler ihn ihr wegschnappen wollten, um damit ein Feuer zu entfachen. Holz war wertvoll, und Anna verspürte wenig Neigung, bis zum Worringer Bruch zu humpeln, wo sie vor Jahren nach langem Suchen ihre augenblickliche Gehhilfe gefunden hatte.

Anna war verheiratet gewesen mit einem Tagelöhner, der am Hafen sein Geld damit verdiente, Fischkörbe aus den Schiffen zu entladen und an Land zu tragen. Er roch entsprechend, aber das war unwesentlich, denn jeder Mensch roch, und es gab viele, die noch schlechter rochen. Die Gerber zum Beispiel, oder die Männer, die in den vornehmeren Häusern die Sickergruben entleerten. Oder der Schinder, der den toten Katzen und Hunden die Haut abzog. Manchmal auch Mördern. Annas Mann stank; aber er konnte sie ernähren, und das war das einzig Wichtige.

Sie bewohnten eine Kammer in einem Haus am Katzenbauch, und die Miete war erschwinglich. Da sie nichts besaßen, nicht einmal das primitive Bettgestell mit dem Strohsack gehörte ihnen, brauchten sie auch das Diebsgesindel nicht zu fürchten, das die Mehrheit der Mieter in dem großen Haus bildete. In allen Kammern wimmelte es von Ungeziefer, aber Anna und ihr Mann pflückten sich einmal in der Woche die Läuse aus den Haaren, und mehr Luxus war nicht vonnöten.

Dann kam der Tag, da ihr Mann beim Entladen eines Schiffes Streit bekam mit einem ehemaligen Soldaten, der ihm mit einem hölzernen Paddel so heftig auf den Kopf schlug, daß er von Bord fiel und leblos Richtung Neuss trieb.

Seit diesem Tag lebte Anna vom Betteln und Stehlen. Die Kammer konnte sie nicht mehr bezahlen, und jede Nacht schlich sie sich heimlich in die große Scheune des St.-Gereon-Stifts. Sie war sich sicher, daß die Aufseher davon wußten und sich nur blind stellten. Noch gab es nämlich Menschen mit Herz.

Anna sah die Wetterfront hinter sich näher kommen und hastete weiter. Im Grunde hatte sie noch Glück gehabt, denn sie hatte die ganze Zeit wach gelegen und dem Rascheln der Mäuse zugehört. Erst gegen Morgen war sie eingeschlafen und aufgewacht, als die Sonne schon hoch am Himmel stand. Dann hatte sie fernen Donner gehört und sich schnellstens auf den Weg gemacht. Man kann ein Gewitter nicht in einer Scheune abwarten; noch nicht einmal in einem Haus. Das weiß jedes Kind. Unter ein Steindach muß man sich flüchten, aber es gibt keine Häuser mit Steindächern.

Nur den Dom, dessen Stufen ihr schon fast zum Zuhause geworden waren.

Der Himmel wurde dunkler und der Donner lauter. Menschen eilten an der alten Frau vorüber, und je näher sie dem Dom kam, um so mehr Leute wurden es, die sich in dem großen Gotteshaus in Sicherheit bringen wollten.

Teile des Doms waren eingerüstet, und die dort arbeitenden Handwerker beeilten sich abzusteigen. Auch vom Bauschuppen her flüchteten sich ein paar Steinmetzen ins Innere.

Als Anna das weit offenstehende Portal erreichte, fielen die ersten Tropfen.

Ehrfürchtig küßte Bruno die Stola, bevor er sie anlegte. Er würde heute die Messe am Petrusaltar zelebrieren, aber er wußte schon jetzt, daß es mit der Andacht nicht weit her sein konnte. Selbst durch die kleinen Fenster der Sakristei hatte er bemerkt, daß sich da draußen ein Unwetter zusammenbraute, das die Leute in Scharen in den Dom treiben würde.

Das war seit Menschengedenken so, und auch seine Mutter war mit ihren Kindern jedesmal in den Dom gerannt, wenn der Vater nicht zu Hause war. Der hingegen war furchtlos und zwang seine Familie daheim zu bleiben, weil er überzeugt war, daß ein Blitz, wenn überhaupt, lediglich in das Strohdach eines Hauses einschlage und nicht gleich hindurchfahre bis in die Stube. Vielleicht könnte man das Dach sogar noch löschen, was aber ausgeschlossen sei, wenn man in der Kirche hocke.

Also verkroch sich die Familie als eine der ganz wenigen daheim. Die Mutter zündete eine geweihte Kerze an und richtete flehentliche Gebete an die beiden Märtyrer Johannes und Paulus, die für Unwetter zuständig sind, während sich die Kinder unter dem Bett versteckten und Vater den Fensterladen öffnete, den zuckenden Blitzen zusah und der Gefahr trotzte. Doch da er Kaufmann und deshalb häufig unterwegs war, hatten Bruno und seine Geschwister die meisten Gewitter im Schutz des vermeintlich sicheren Kirchendachs erlebt.

Und das würde auch heute so sein.

Die Menschen, die sich im Dom drängelten, widmeten dem jungen Priester, der andächtig zum Petrusaltar schritt, keinerlei Aufmerksamkeit. Sie hockten eng nebeneinander auf dem Boden, der zum Teil noch aus gestampftem Lehm bestand, an anderen Stellen aber schon mit einem wunderschönen neuen Mosaik ausgelegt war, und redeten wild durcheinander. Hin und wieder duckten sie sich und zogen den Kopf zwischen die Schultern, wenn ein besonders greller Blitz an den Fenstern vorbeizuckte, und hielten sich in Erwartung des gewaltigen Donnerschlags die Ohren zu.

Bruno wußte, daß niemand von ihnen seiner Messe wirklich beiwohnte. Trotzdem begann er demütig: »Confiteor Deo omnipotenti, beatae Mariae semper Virgini, beato Michaeli …« Dann umflutete ihn gleißendes Licht, und eine glühende Hand riß ihm das Herz heraus.

Gott hatte seinen jungen Diener zu sich gerufen.

Was genau geschehen war, weiß man bis auf den heutigen Tag nicht. Aber Tausende Menschen waren Zeugen, als ein furchtbarer Blitz mitten in das Innere des Doms fuhr, den Priester am Petrusaltar tötete und dazu – das ist das wirklich Merkwürdige daran – einen Vikar am relativ weit entfernten Dionysiusaltar und einen Laien am noch viel weiter entfernten Marienaltar. Sechs andere Menschen, die sich ebenfalls in die vermeintliche Sicherheit des Doms geflüchtet hatten, lagen zwar noch lebend, aber schwer verletzt am Boden.

Dies geschah im Jahr 856, und es wundert uns keineswegs, daß alsbald das Gerücht die Runde machte, Gott, der Herr, habe persönlich ein Zeichen gesetzt, das Erzbischof Gunthar, der sich mit Rom überworfen hatte, zur Umkehr bewegen solle, was aber nicht geschah, so daß er schließlich von Papst Nikolaus I. exkommuniziert und seines Amtes enthoben wurde. Er jedenfalls würde den fast fertigen Dom zu Köln nicht einweihen können.

Welchen Dom eigentlich? Gab es deren mehrere? Und wo haben sie gestanden?

Das führt uns weitere fünfhundert Jahre zurück, und wenn es, ähnlich wie beim neuen Rathaus, im Dom einen Lift gäbe, könnte man dort ebenfalls mit dem sprichwörtlichen Fahrstuhl in die Römerzeit fahren. Der Vergleich ist zwar etwas übertrieben, aber ähnlich wie das alte Troja besteht auch das Gelände, auf dem sich die heutige Kathedrale erhebt, aus zahlreichen übereinanderliegenden Schichten, und es bedarf großer Erfahrung der Archäologen zu unterscheiden, wer wann was an dieser Stelle gebaut hat.

Dabei sind Irrtümer nicht auszuschließen, und was gestern noch als erwiesen schien, kann morgen schon überholt sein. So galt es lange Zeit als Tatsache, daß sich bereits zu Römerzeiten unter dem heutigen Dom ein dem Mercurius geweihter Tempel erhob. Inzwischen weiß man die gefundenen Überreste anders zu deuten, und vielleicht wird schon in nächster Zeit etwas gefunden, das wiederum doch auf einen Tempel schließen läßt. Im Augenblick allerdings sieht es nicht so aus.

Im übrigen: Tempel hin, Mercurius her. Man braucht keineswegs einen Fahrstuhl, sondern allenfalls eine (für jedermann mögliche) Führung unter den Dom, um zu erkennen: Auf einem »Hügel« stand damals überhaupt nichts. Allenfalls an jenem Hang, der sich von der Höhe der nicht umsonst so benannten Hohe Straße zum Rhein hinab senkte. Wenn wir einmal vom heutigen Domniveau aus, das dem der Hohe Straße entspricht, in der Zeit zurückgehen, ist das leicht nachzuvollziehen.

Der ältere Dom lag schon bedeutend niedriger als der heutige, und dessen Vorgängerbau noch tiefer. Der wiederum lag immer noch höher als die römischen Häuser, und all das ergibt zwingend, daß es sich keineswegs um einen Hügel gehandelt hat, auf dem die Vorgängerbauten standen, sondern um einen Hang, der sogar ziemlich steil zum Rhein hin abfiel.

Von den frühesten Christen in Köln wissen wir herzlich wenig. Es gibt auch nicht sonderlich viele schriftliche Quellen, doch immerhin deren zwei, und die sind besonders wichtig. Die ersten beiden hängen eng zusammen mit dem sogenannten Toleranzedikt von Mailand, mit dem der römische Kaiser Konstantin im Jahr 313 die uneingeschränkte Religionsfreiheit im Römischen Reich verkündete.

Zum erstenmal also durften sich die Christen in der Öffentlichkeit versammeln, und davon machten sie natürlich sofort Gebrauch. Überall im römischen Weltreich waren christliche Gemeinden entstanden, die sich bis dato nur im geheimen hatten versammeln dürfen: in Spanien ebenso wie in Griechenland, in Südfrankreich ebenso wie am Rhein, in Afrika ebenso wie in Kleinasien. Noch im Jahr 313 kam es in den nordafrikanischen Gemeinden zu einem Streit, wie mit denjenigen Mitbrüdern zu verfahren sei, die zur Zeit der Verfolgung durch den Staat heilige Schriften an die römischen Behörden ausgeliefert hatten. Verdienten sie eine harte Strafe, oder stand es Christen eher an, schwach gewordenen Mitmenschen zu verzeihen?

Da keine Einigung zu erzielen war, entschloß man sich, Bischöfe aus Italien und Gallien als Schiedsrichter nach Rom einzuladen, und unter denen, die aus Gallien anreisten, befand sich, wie wir den Akten entnehmen können, neben einem gewissen Theodosius, dem Bischof von Aquileja, auch Maternus aus der Civitas Agrippinensium. Zu der Synode von 314 wird Maternus ebenfalls eingeladen und ist so der erste uns bekannte Bischof von Köln.

Rund dreißig Jahre später wird Euphrates als Bischof genannt. Papst Damasus I. (366–384) schickt den Gegenpapst Ursinus in die Verbannung nach Köln, was immerhin den Schluß zuläßt, daß Köln bereits eine weitgehend christianisierte Stadt ist, mehr aber auch nicht. Da gibt es allerdings noch die zweite Quelle, die überhaupt nichts mit Christen zu tun hat, sondern sich eingehend mit einer Bluttat beschäftigt.

Ein gewisser Silvanus vom Stamm der ripuarischen Franken hatte sich, wie viele andere Germanen, ins römische Heer anwerben lassen und dort eine Blitzkarriere gemacht. Schließlich war er sogar der Oberkommandierende aller römischen Streitkräfte in ganz Gallien. Damit jedoch hatte er sich übernommen. Nicht militärisch, aber politisch. Den Ränken am kaiserlichen Hof war er nicht gewachsen, und da er – nicht zu Unrecht, wie sich kurz darauf erweisen sollte – Angst vor einem Anschlag hatte, rief er sich selber zum Kaiser aus, was seine Ermordung indes lediglich beschleunigte.

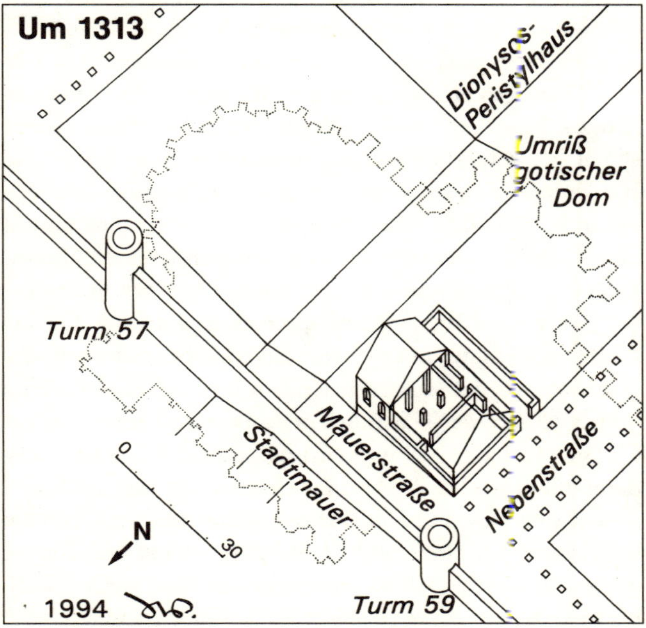

Die Einzelheiten des Mordanschlags im Jahr 355 sind weniger interessant. Daß des Silvanus germanische Freunde daraufhin in blinder Rachsucht über den Rhein setzten und Köln plünderten, mag für die damals Betroffenen unschön gewesen sein; wirklich wichtig für uns aber ist die überlieferte Schilderung des Mordes. Der griechische Historiker Ammianus Marcellinus gehörte als junger Mann höchstpersönlich zu dem Mordkommando, das den Aufrührer ins Jenseits befördern sollte. Er war dabei und hat dankenswerterweise später beschrieben, wie Silvanus versucht hat, sich in das »Conventiculum Ritus Christiani« zu retten.

Es existierte also bereits ein offizieller Versammlungsraum der Christen in Köln, ein Betsaal, oder wie immer man das Haus bezeichnen will, das wir uns, wenn wir im heutigen Dom stehen, in der Mitte des Hauptschiffs, kurz vor der Vierung vorstellen müssen.

Der Domplatz war in römischer Zeit ein vornehmes Wohngebiet, wie nicht nur das berühmte Dionysos-Mosaik beweist, das innerhalb des Römisch-Germanischen Museums dort liegt, wo man es beim Bau eines Bunkers während des Zweiten Weltkrieges südlich der Kathedrale gefunden hat. Auch spätere Ausgrabungen auf dem Gelände unter der jetzigen Domplatte haben Häuser zutage gefördert, die nicht gerade von Tagelöhnern bewohnt waren. Und zwischen diesen vornehmen Villen befand sich das eher bescheidene Bethaus der Christen, das allerdings in den folgenden Jahrzehnten (bis etwa zum Jahr 400) zu einer beachtlichen Anlage ausgebaut wurde.

Die Archäologen wiesen eine kleinere Kirche nach, deren Chor noch nach Westen ausgerichtet war. Im Osten schloß sich ein von Säulen umstandener Hof an, dann ein beheizbares Gebäude und schließlich eine Taufkapelle, die einhundertfünfzig Jahre später erneuert wurde. Das Taufbecken ist noch hinter dem heutigen Chor zu sehen.

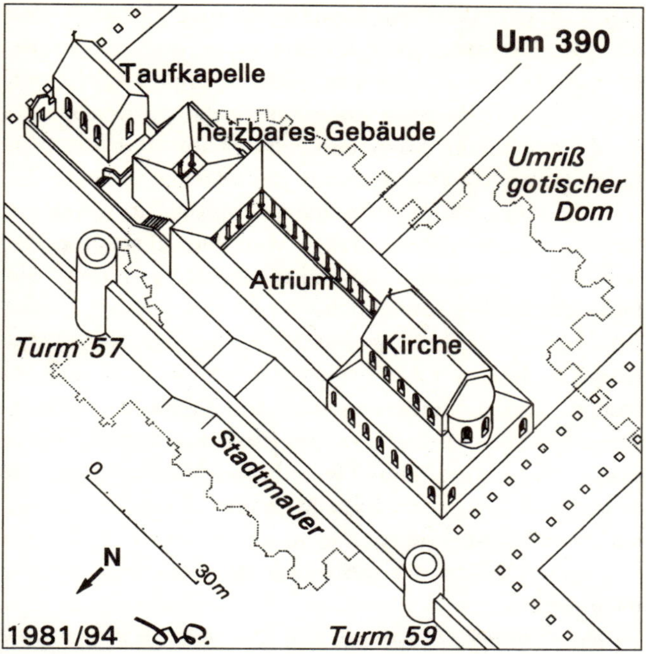

Ganz wichtig ist dieses Haus mit der Fußbodenheizung, das bislang nur zu einem geringen Teil ausgegraben wurde. Die Archäologen jedoch, die durch die Röhren der sogenannten Hypokausten gekrochen sind, haben festgestellt, daß der beheizte Raum dieses Hauses ungewöhnlich groß war und eher einem Saal als einem Wohnraum ähnelt. Und noch bemerkenswerter: Grundriß und Heizanlage dieses Gebäudes gleichen aufs Haar einem anderen Gebäude in Aquileja, in dem auch der Name jenes Bischofs Theodosius gefunden wurde, mit dem der heilige Maternus auf der Synode zusammengetroffen war.

Für Wissenschaftler kann diese erstaunliche Duplizität natürlich kein Beweis sein, da in dem Kölner Haus (bislang) keinerlei Hinweise auf Christen oder gar auf Maternus gefunden worden sind. Aber weite Teile der Ruinen schlummern noch unausgegraben tief unter dem Dom; außerdem gibt es noch zwei weitere gewichtige Gründe für die Annahme, daß man tatsächlich auf den ersten Versammlungsort der frühen Kölner Christen gestoßen ist.

Zum einen die Tradition. Die Erfahrung im gesamten christlichen Abendland zeigt, daß eine Bischofskirche immer am gleichen Platz geblieben ist. Und wenn ein Dutzend Kirchen nacheinander errichtet worden ist, ihr Standort hat sich nie verlagert. Ein weiteres Argument hängt ebenfalls mit der Tradition zusammen: Die meisten frühen Kirchen wurden nachweisbar direkt an der römischen Stadtmauer, und zwar gemeinhin ganz in der Nähe eines Stadttores gebaut; für religiöse Minderheiten, die stets mit plötzlicher Verfolgung rechnen mußten, war dies ein idealer Platz. Von rund achtzig gotischen Kathedralen in Frankreich läßt sich diese Lage bei wenigstens fünfzig nachweisen.

Dombaumeister Arnold Wolff verweist in diesem Zusammenhang auf das Alte und das Neue Testament. Im Buch Josua wird im zweiten Kapitel beschrieben, wie zwei Spione der Israeliten in das feindliche Jericho eingedrungen und dort von einer Prostituierten aufgenommen und vor ihren Verfolgern gerettet worden sind, indem die Dame – Rahab hieß sie übrigens – sie nachts heimlich von ihrem Haus an der Stadtmauer ins Freie abseilte, da das Stadttor natürlich bewacht wurde.

Dem heiligen Paulus widerfuhr ähnliches in Damaskus, und vielleicht sind diese Überlieferungen der Grund für den Standort der frühen Kirchen. Unmittelbar an der Stadtmauer und nahe einem Stadttor war auch das beheizte Gebäude unter dem Dom errichtet worden. Es lag nur durch ein Sträßchen getrennt von der Stadtmauer und direkt neben dem römischen Nordtor, dessen Seitenpforte bis heute am Originalstandort auf der Domplatte zu besichtigen ist.

Und weil alles so wundersam zusammenpaßt, hier noch ein dritter konkreter Hinweis. Man darf davon ausgehen, daß unser Haus, wie bei besseren Gebäuden damals üblich, einen mit Säulen umstandenen Hof besaß, das sogenannte Atrium. Inmitten dieses Atriums jedoch befand sich ein Brunnen, der bei einer Führung durch die Ausgrabungen unter dem Dom gezeigt wird. Er ist achtzehn Meter tief, wurde von den Archäologen unter schwierigsten Umständen bis auf den Grund ausgegraben, und seine Inbetriebnahme kann sehr genau auf den Anfang des 4. Jahrhunderts datiert werden.

Nun stellt sich die Frage, weshalb man sich im römischen Köln die Mühe gemacht hat, einen derartigen Brunnen in diese Tiefe zu treiben, wo man doch dank einer Meisterleistung der damaligen Ingenieure mittels einer prächtigen Wasserleitung kristallklares Quellwasser aus der Eifel bezog. Wer war aus welchem Grund erpicht auf eher trübes Wasser aus dem Rheinbett?

Die Antwort liegt auf der Hand: die Christen. Sie verschmähten zumindest bei kultischen Handlungen (Weihwasser!) das »heidnische« Wasser, in das die römischen Bauleute und Soldaten kleine Götterstatuen warfen, ganz abgesehen von den Weihealtären, die zum Teil noch heute in der Eifel nachzuweisen sind.

Ähnlich wie die Juden scheuten sie dieses »verunreinigte« Wasser, und in diesem Zusammenhang erinnern wir uns an die frühe Gemeinde in Rom, die weitgehend vegetarisch lebte, weil nicht auszuschließen war, daß das Lamm- und Rindfleisch, das sie bei ihrem Metzger kauften, von den in heidnischen Tempeln geopferten Tieren stammte, die nach der Opferhandlung nur zum Teil verbrannt wurden, zum Teil aber auch in den Handel kamen. Die christliche Gemeinde in Rom hat lange darüber gestritten, und es war ausgerechnet der sonst so prüde Paulus, der den liberaleren Standpunkt vertrat und letztlich auch durchsetzte.

Warum blieb dieser Brunnen in Köln dann nur wenige Jahrzehnte in Gebrauch?

Weil das Christentum in relativ kurzer Zeit triumphierte und Ende des 4. Jahrhunderts alle anderen Religionen im damaligen römischen Weltreich verboten wurden. Es darf angenommen werden, daß die Christen in Köln sich sofort darangemacht haben, alles Heidnische in der Nähe der Eifel-Wasserleitung zu entfernen, und daß der Brunnen folglich von heute auf morgen überflüssig wurde. Er wurde unmittelbar danach überbaut.

Wenn man all das berücksichtigt, darf man trotz der letzten fehlenden wissenschaftlichen Beweise durchaus annehmen, daß sich die früheste Versammlungsstätte der Kölner Christen tatsächlich dort befand, wo sich heute die Kathedrale erhebt. Es ehrt den Dombaumeister Arnold Wolff und seine Mannschaft, daß sie das nicht als gesichert hingestellt haben. Sehr wahrscheinlich ist es dennoch, und vielleicht wird bald auch der alles entscheidende Beweis ausgegraben.

Kehren wir zurück zu der Kirche, wie sie im 6. Jahrhundert ausgesehen haben muß. Unter Bischof Clarentinus bezog man das langgestreckte Atrium in den Bau ein, so daß eine doppelchorige Anlage entstand, deren östlicher neuer Teil anscheinend als Pfarrkirche diente, denn es fanden sich dort Überreste einer Kanzel (Fachleute sprechen von einem Bema) von immerhin 4,5 Metern Durchmesser, die leicht erhöht stand und zu der vom Chorraum her eine Art Laufsteg führte. Um das Jahr 600 herum konnte man schon von einem richtigen Dom sprechen.

Aber das wollten die Kölner lange Zeit nicht glauben.

Bis zum Zweiten Weltkrieg und teilweise noch darüber hinaus stand selbst für seriöse Wissenschaftler fest, daß

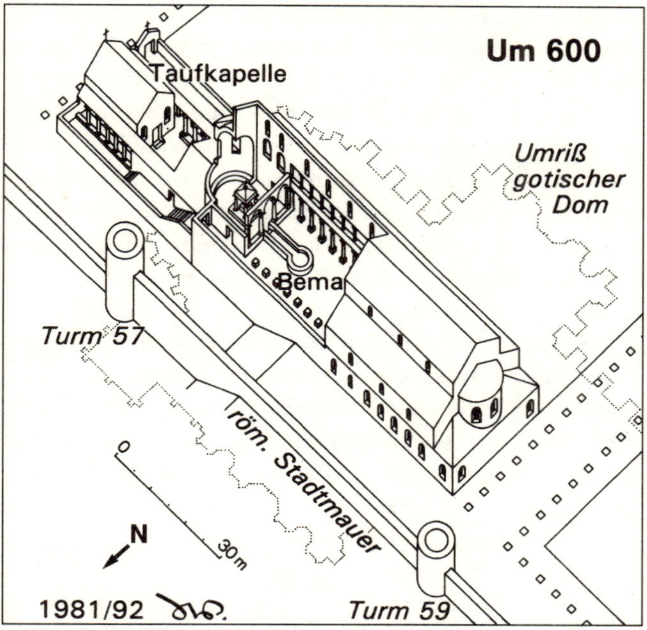

aufgrund gewisser Überlieferungen der erste Dom oder doch ein »Zwischendom« dort gestanden hat, wo sich heute die Kirche der heiligen Cäcilie erhebt. Andere wollten eine Vorgängerin der danebenstehenden Kirche St. Peter als ersten Dom ausgemacht haben.

Zu allem Überfluß heißt es bei dem Chronisten Aegidius von Orval (um 1247), daß Maternus zwei Kirchen in Köln gegründet habe, eine zu Ehren des Erlösers, die später in St. Cäcilien umgetauft worden sei, und außerdem eine andere, die ganz in der Nähe des heutigen Doms zwischen Marzellen- und Komödienstraße gestanden habe. Die sei dem heiligen Petrus gewidmet gewesen und später dem heiligen Viktor übereignet worden.

Diese Kirche existierte tatsächlich. Schlimmer noch: Sie trug den Beinamen »Zum alten Dom«, was aber nichts anderes bedeuten kann, als daß sie eben in der Nähe des alten Doms stand. Und später natürlich in der des neuen. Beinamen können hartnäckig sein und Jahrhunderte überdauern. Inzwischen hat, wie oben geschildert, die Archäologie den Streit der Gelehrten entschieden: Es gab stets nur einen Dom, und der erhob sich seit Römerzeiten an der gleichen Stelle, wenn er auch immer wieder sein Aussehen wandelte, sobald Macht und Reichtum des Erzbischofs einen Umbau oder gar einen Neubau zuließen.

So weit war es einmal wieder, als Hildebold, ein enger Vertrauter Karls des Großen, zunächst Bischof, dann Erzbischof von Köln und damit zugleich Herr über eine Kirchenprovinz wurde, die von Belgien bis an die Nordsee reichte und das Gebiet der soeben unterworfenen Sach-

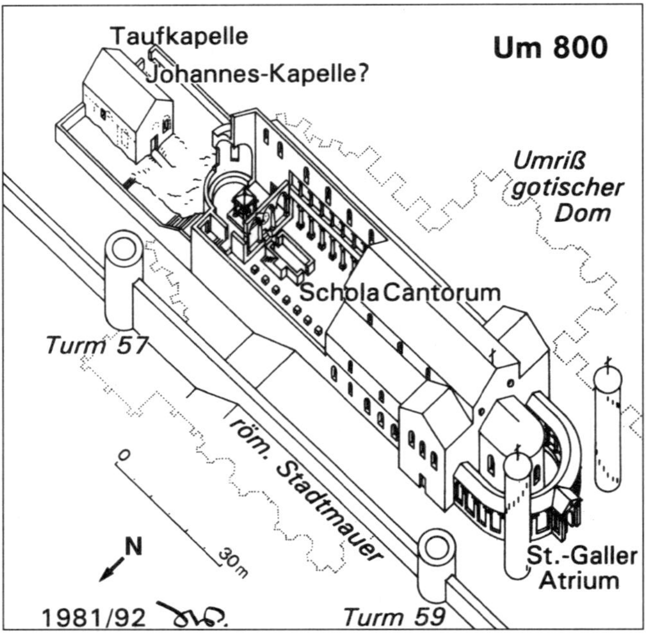

sen einschloß. Vermutlich mit finanzieller Unterstützung seines kaiserlichen Freundes verkleidete Hildebold zwei Altäre des Doms mit Gold und Silber und baute um das Jahr 800 herum einen gewaltigen Westchor, der von einem ringförmigen Säulengang umschlossen war. Man nimmt sogar an, daß diese Anlage Vorbild war für den berühmten Klosterplan von St. Gallen, der aber letztlich in dieser Form nicht zur Ausführung kommen sollte.

Fünfzig Jahre später brannte die prächtige Anlage bis auf die Grundmauern nieder.

Nun gingen die Kölner daran, sich eine völlig neue Kathedrale zu bauen, die bis auf den heutigen Tag ebenso hartnäckig wie falsch als »Hildebold-Dom« bezeichnet wird. Zur Erinnerung: Dieser Bischof hatte bereits 818 das Zeitliche gesegnet.

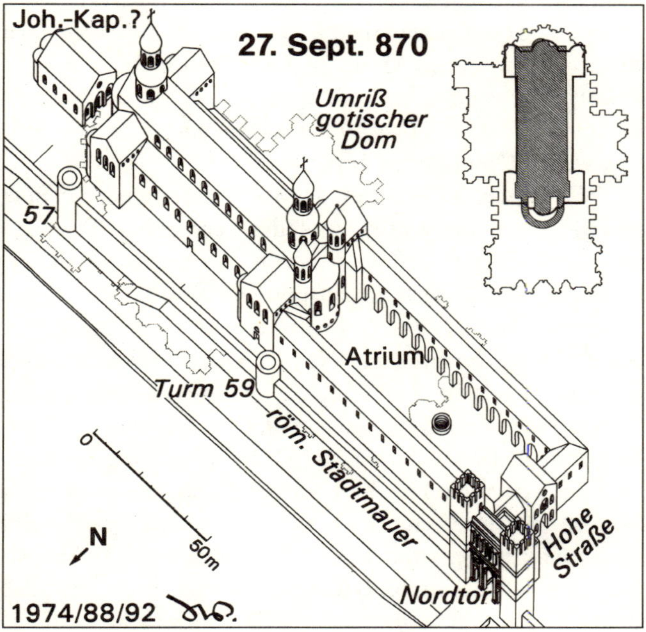

Bei unseren Erkenntnissen über den karolingischen Dom, von dem Hildebold allenfalls geträumt haben kann, sind wir erstmals nicht mehr allein auf Ausgrabungsergebnisse angewiesen, denn es gibt einige Abbildungen von ihm, und das wichtigste Bild ist im sogenannten Hillinus-Kodex erhalten. Diese kostbare Evangelienhandschrift schufen zwei aus dem Kloster Reichenau stammende Mönche um das Jahr 1025 herum in Köln. Eines der kostbaren Blätter zeigt die Übergabe der Handschrift an den heiligen Petrus. Am oberen Bildrand erstrahlt ganz in Weiß der karolingische Dom, den die beiden Mönche während ihres Aufenthalts in der Stadt jeden Tag gesehen haben; und daß ihre Darstellung korrekt ist, haben spätere Ausgrabungen bewiesen.

Daß der alte Dom fast weiß oder doch zumindest hellgrau war, darf uns nicht erstaunen. Alle alten Kirchen wurden verputzt und angestrichen. Die Farbe wechselte je nach der vorherrschenden Mode. Mal waren sie gelb, dann dunkelrot, dann wieder weiß oder rosafarben. Mit weißen Strichen, die zuweilen sogar einen schwarzen »Schatten« hatten, wurde Quaderwerk vorgetäuscht.

Wenn auch der Anstrich der Mode gehorchte, der Putz war dringend notwendig, weil der verwendete Stein zumeist so anfällig war, daß wohl keine der romanischen Kirchen die Jahrhunderte überdauert hätte, wenn man nicht spätestens alle fünfzig Jahre die Kirche eingerüstet, den alten Verputz erneuert und wieder schön angemalt hätte. Auch die gotische Kathedrale war außen zumindest im Chorbereich stellenweise angemalt. Farbreste von dunklem Rot und (beim Blattwerk) von Grün haben sich erhalten.

Der karolingische Dom entsprach in seinen Maßen ziemlich genau seinem merowingischen Vorgänger. Er wies zwei Choranlagen (mit eigenen Krypten) auf, deren östliche zum Rhein hin der Gottesmutter und deren westliche dem heiligen Petrus geweiht war. Der Dom war fünfundneunzig Meter lang und das Langhaus zwölf Meter breit, die Seitenschiffe waren um die Hälfte schmaler, und später (unter Erzbischof Bruno, dem Bruder Ottos des Großen) wurden weitere Seitenschiffe angefügt, so daß die Kathedrale schließlich fünfschiffig war. Die Gewölbe des rund achtzehn Meter hohen Mittelschiffs wurden von jeweils zwei wuchtigen Säulen und einem mächtigen Pfeiler getragen.

Im Osten sowie im Westen gab es Querhäuser, an deren Ostseiten sich jeweils zwei Nebenchöre befanden. Über den Vierungen ragten hohe Türme auf, und zwei weitere flankierten im Westen die Apsis. So bot die Basilika einen imponierenden Anblick, der noch verstärkt wurde durch ein rund hundert Meter langes Atrium, also einen kreuzwegartigen Hof, der vom Westchor bis zum alten römischen Nordtor reichte, dessen Nebenbogen wie erwähnt noch heute am ursprünglichen Standort auf dem Domvorplatz zu sehen ist. In der Tiefgarage unter dem Dom ist der Brunnen erhalten, der einst in dem langgestreckten Hof angelegt worden war.

Wann genau der Dom fertiggestellt wurde, ist nicht überliefert. Sicherlich hätte Erzbischof Gunthar, der Freund Kaiser Lothars II., ihn einweihen können, aber der trieb seinen Streit mit dem Papst auf die Spitze, so daß dieser ihn im Jahr 863 seines Amtes enthob und exkommunizierte. Ausgerechnet der Mann, der sich gewiß die meisten Verdienste um den Bau des karolingischen Doms erworben hatte, durfte eine Zeitlang zwar noch die Geschäfte führen, aber als Gebannter natürlich keine Kirche einweihen. Das blieb seinem Nachfolger Willibert vorbehalten, der das neue Gotteshaus 870 feierlich dem heiligen Petrus widmete.

Im karolingischen Dom hing bereits das nach Erzbischof Gero (969–976) benannte Kreuz, das bei näherem Betrachten leicht byzantinische Züge aufweist. Besagter Gero leitete die Delegation, die im Auftrag Ottos des Großen die griechische Prinzessin Theophanu aus Byzanz abholte. Sie war als Frau für den Thronfolger bestimmt worden, nach dessen frühem Tod sie lange Jahre hindurch als Regentin für ihren kleinen Sohn die Geschicke des Reiches lenkte.

Bei dieser Gelegenheit brachte Gero auch die Gebeine des heiligen Pantaleon nach Köln, in dessen Kirche Theophanu später begraben wurde. Das Kreuz allerdings kann Gero nicht in Byzanz erstanden haben; dagegen sprechen die extreme Zerrung der Arme des Gekreuzigten und die schonungslose Darstellung der erlittenen Schmerzen. Von byzantinischen Künstlern wurde Christus am Kreuz ausschließlich würdevoll, allenfalls in sehr stilisiertem Schmerz dargestellt. Dieses Kruzifix wurde von einem hiesigen Schnitzer geschaffen, der vielleicht in Geros Gefolge die byzantinische Kunst hatte studieren können.

Eine moderne Untersuchung jedenfalls hat bewiesen, daß das Holz, aus dem das Kruzifix geschnitzt ist, von einer Eiche stammt, die zu Lebzeiten Geros gefällt wurde und nicht aus der heutigen Türkei stammte.

Mit Erzbischof Gero hat es anscheinend ein böses Ende genommen. Er soll laut der Chronik der Kölner Bischöfe unter einer »Krankheit des Kopfes« gelitten haben, die ihn zuweilen tagelang wie tot dahinstreckte. Ob es nun ein Versehen war, was nicht anzunehmen ist, oder die Ungeduld seines Nachfolgers Warinus: Der jedenfalls wartete eines unschönen Tages nicht länger auf das Erwachen des wie tot daliegenden Gero, sondern ließ ihn schnurstracks beerdigen.

Wahrscheinlich lebend.

Da er jedoch in den Verdacht geriet, seinen Vorgänger solcherart heimtückisch ermordet zu haben, erließ Warinus die Verordnung, daß von nun an alle verstorbenen Bischöfe drei Tage lang im Dom öffentlich aufgebahrt werden müßten. Außerdem reiste er nach Rom, um dort seine »Übereilung« zu gestehen, und man verzieh ihm unter der Auflage, ein Kloster zu bauen. Er vollendete daraufhin den Bau von St. Pantaleon und restaurierte das total heruntergekommene Kloster von St. Martin, das er anschließend schottischen Mönchen übergab.

Währenddessen ging die Bautätigkeit am Dom weiter. Erzbischof Heribert (999–1021) baute direkt an den südlichen Ostchor eine zweigeschossige Pfalzkapelle, von der sich in der heutigen Dombauhütte noch Reste erhalten haben. Sie war dem heiligen Johannes geweiht und ist ebenfalls auf der Darstellung des Doms im Hillinus-Kodex zu sehen.

Unter Erzbischof Anno II. (1056–1075) wurde die Stiftskirche St. Maria ad Gradus (»zu den Stufen«) errichtet, die

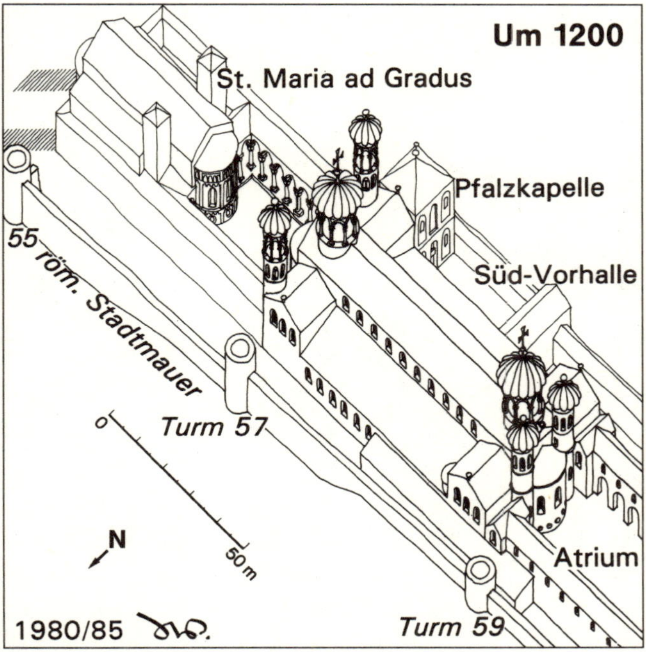

sich unmittelbar im Osten des Doms erhob und mit diesem durch einen langen Säulenhof verbunden war. Eine der großen roten Sandsteinsäulen wurde in jüngster Zeit hinter dem Chor des heutigen Doms wieder aufgestellt.

Als Rainald von Dassel 1164 die Gebeine der Heiligen Drei Könige nach Köln brachte, wurde noch nicht unmittelbar an den Bau eines neuen Doms gedacht. Wichtiger schien es, zunächst einmal einen würdigen Schrein für die kostbaren Reliquien zu schaffen, doch davon wird an anderer Stelle zu sprechen sein. Rainald begnügte sich damit, die Zahl der Türme durch den Bau von zwei weiteren am Ostchor auf sechs zu erhöhen, die alle mit Kuppeldächern sowie mit goldenen Knäufen und schimmernden Kreuzen verziert waren. Besonders von der anderen Rheinseite muß der Dom einen prachtvollen Anblick geboten haben.

Und dann hatte er erst einmal Ruhe. Über einhundert Jahre lang.

Engelberts Ende

Untersuchung eines Mordopfers nach siebenhundertvierundfünfzig Jahren

Es wollte nicht hell werden an diesem trüben Novembervormittag des Jahres 1226. Das klagende Bimmeln eines Glöckchens mischte sich unter das scharrende Geräusch der Hufe von vier schweren Kaltblütern, die den mit schwarzem Tuch ausgeschlagenen Karren durch den klebrigen Lehm der nassen Straße an einer schweigenden Menschenmenge vorbei zum Severinstor hinauszogen.

Auf dem Karren kauerte ein nur mit einem Lendenschurz bekleideter Mann. Ein rothaariger Dominikanermönch stand vor ihm, hielt ein hölzernes Kruzifix dicht vor das Gesicht des armen Sünders und murmelte monoton lateinische Gebete. Der Verurteilte, dessen Hände an die beiden Längsholme des Karrens gefesselt waren, starrte auf das Kreuz und schien nichts anderes um sich herum wahrzunehmen; weder den leichten Nieselregen noch die faulen Äpfel, die ein Halbwüchsiger aus der Menge nach ihm warf.

Graf Friedrich von Isenburg machte sich bereit, vor seinen höchsten Richter zu treten.

Die weltlichen hatten keine Gnade walten lassen. Zu schrecklich war sein Verbrechen gewesen, das er vor Jahresfrist mit seinen Kumpanen in einem Hohlweg am Gevelsberg zwischen Hagen und Schwelm verübt hatte. Das Opfer: der Kölner Erzbischof Engelbert I.

Vor dem Severinstor im Süden der Stadt, an der Straße, die nach Bonn führte, erhob sich ein kleiner

Hügel, der als Hinrichtungsstätte diente. Dort hatte der Henker der Stadt bereits die Vorbereitungen zu einer der schrecklichsten Hinrichtungsarten getroffen, die das Mittelalter kannte: das Rädern bei lebendigem Leibe.

Auf Anordnung des Gerichts hatte er ein fast mannshohes Wagenrad in ein Becken mit flüssigem Blei getaucht, so daß das Holz vor allzu rascher Verwitterung geschützt war. Es sollte mitsamt dem Delinquenten auf eine steinerne Säule gesetzt werden und nicht zu schnell verfaulen und zusammenbrechen.

Auch sonst hatte der Henker entsprechende Anweisungen erhalten.

Es war allgemein üblich, daß er – gegen ein entsprechendes Geschenk der Angehörigen, versteht sich – sowohl die zum Tod auf dem Scheiterhaufen als auch die zum Gerädertwerden Verurteilten heimlich erdrosselte oder erstach, um ihnen so die schlimmsten Qualen zu ersparen. Die Menge durfte es zwar nicht bemerken, auf daß ihr Rachedurst oder aber, wenn man so will, ihr Rechtsverständnis befriedigt würde, aber dem Gericht reichte es in den meisten Fällen, wenn ein demonstrativer Akt vollzogen wurde, damit der Gerechtigkeit Genüge getan war. An extremer Brutalität war der Obrigkeit nicht gelegen.

Diesmal, ausnahmsweise, lagen die Dinge anders. Zwei Mittäter des Grafen waren bereits zuvor gefangengenommen und mit ausgesuchter Grausamkeit hingerichtet worden: Der erste war schon vier Tage nach dem Mord an dem Erzbischof in Deutz gerädert worden; den anderen hatte man nach seiner Ergreifung in Köln an den Schweif wilder Pferde gefesselt und zu Tode schleifen lassen. Deutliche Hinweise darauf, wie schwer die entsetzliche Mordtat die Menschen erschüttert hatte.

Neben dem kleinen Hügel kam der Karren zum Stehen. Helfer des Henkers banden den Delinquenten los und zerrten den Taumelnden roh zu dem silbern glänzenden Rad, das neben der Steinsäule auf dem Boden lag. Der Mörder wurde mit dem Bauch über das Rad gelegt und in dieser Stellung festgebunden.

Dann hob der Henker sein Beil.

Friedrich von Isenburg stieß einen entsetzlichen Schrei aus, als sein Oberschenkel zersplitterte. Bevor ihm der Henker nacheinander auch den anderen Oberschenkel, die Schienbeine, die Ober- und Unterarme sowie zum Schluß die Schulterblätter zerschlug, umfing ihn eine gnädige Ohnmacht, aus der er erst wieder erwachte, als der Henker die verstümmelten Glieder zwischen die Speichen des Rades flocht, um es dann mit Hilfe seiner Gesellen samt seiner schaurigen Last hochzuheben und auf der Säule zu befestigen.

Das schrecklich zugerichtete Bündel Mensch lebte erstaunlicherweise noch bis zum nächsten Morgen, und Augenzeugen berichteten übereinstimmend, daß Friedrich trotz seines elendiglichen Zustands laut seine frevelhafte Untat bereut und die Umstehenden zu Zeugen seiner Reue aufgerufen habe.

Wir wollen die entsetzliche Geschichte sowie Friedrichs schrecklichen und qualvollen Tod nicht weiter ausmalen, sondern statt dessen drei Strophen eines Gedichts von Annette von Droste-Hülshoff zitieren:

Zu Köln am Rheine kniet ein Weib
Am Rabensteine unterm Rade,
Und überm Rade liegt ein Leib,
An dem sich weiden Kräh und Made;
Zerbrochen ist sein Wappenschild,
Mit Trümmern seine Burg gefüllt,
Die Seele steht in Gottes Gnade.

Den Leib des Fürsten hüllt der Rauch
Von Ampeln und von Weihrauchschwelen –
Um seinen qualmt der Moderhauch,
Und Hagel peitscht der Rippen Höhlen;
Im Dome steigt ein Trauerchor,
Und ein Tedeum stieg empor
Bei seiner Qual aus tausend Kehlen.

Und wenn das Rad der Bürger sieht,
Dann läßt er rasch sein Rößlein traben,
Doch eine bleiche Frau, die kniet
Und scheucht mit ihrem Tuch die Raben:
Um sie mied er die Schlinge nicht,
Er war ihr Held, er war ihr Licht –
Und, ach, der Vater ihrer Knaben.

Ein anrührendes Gedicht, bei dem man dem Missetäter gleich verzeihen möchte, aber auch der Dichterin, denn die Frau des Mörders hat keineswegs unter dem Rad gekniet; sie war, woran auch immer, schon zuvor gestorben. Doch immerhin hätte sich diese dramatische Szene tatsächlich so abspielen können, und schließlich beweist das Gedicht, welch stürmische Gefühle dieser Mord und seine Sühne noch Jahrhunderte später in den Herzen der Menschen (und Dichter) geweckt haben.

Den Hügel vor dem Kölner Severinstor hat man übrigens aus strategischen Gründen abgetragen, als Karl der Kühne von Burgund 1474/75 Neuss belagerte und auch Köln sich bedroht fühlte. Später wurde die Stätte für alle unappetitlichen Hinrichtungen (Feuertod, Rädern und Hängen) nach Melaten im Westen der Stadt verlegt, also wieder an eine Ausfallstraße, diesmal jedoch an die nach Aachen, damit möglichst viele Reisende die oft über Wochen und manchmal sogar über Monate hinweg zur Schau gestellten Leichen mit Schaudern zur Kenntnis nehmen mußten. »Ehrenvolle« Enthauptungen dagegen wurden gemeinhin auf dem Alter Markt vollzogen.

Auch die Gedenksäule, die an der Hinrichtungsstelle vor dem Severinstor aufgestellt worden war, ist längst verschwunden. Sie trug die lateinische Inschrift: »Haec sunt intestina mea a corvis devoranda.« Was zu gut deutsch heißt: Das ist mein Inneres, das von den Raben zerfleischt werden soll.

Was ja wohl auch geschehen ist.

Völlig aus der Luft gegriffen ist dagegen die Behauptung, der Name des Stadtteils Raderthal in der Nähe der damaligen Richtstätte sei von der Strafe des Räderns abgeleitet. Das Wort »Rader« stammt wie alle Endungen mit »Rath« oder »Rode« von der Tätigkeit des (Wald-)Rodens ab und hat nichts mit jenem traurigen Novembertag des Jahres 1226 zu tun.

Doch in diesem Kapitel soll es weder um Henker noch um Gehenkte gehen, sondern vielmehr um einige der schillerndsten Erzbischöfe von Köln im Mittelalter, die – wie die meisten Kirchenfürsten jener Zeit – sehr viel weniger Seelenhirten als weltliche Herrscher waren, eher Machtpolitiker als Kirchenmänner, eher Feldherren als Heilige, und wenn es aus heutiger Sicht auch noch so merkwürdig erscheinen mag: Die meisten von ihnen waren zumindest zu Anfang nicht einmal zum Priester geweiht.

Das Erzstift Köln zog sich, größtenteils linksrheinisch, als langer und schwer zu verteidigender Korridor am Fluß entlang. Im Süden und Westen stieß es an das Erzbistum Trier, im Norden und Osten war es von den Ländereien der Grafen von Jülich, Kleve und Berg begrenzt. Die Erzbischöfe trieben Steuern ein und befehligten ein Heer. Ihre Herrschaft war gegenüber derjenigen der weltlichen Fürsten jedoch relativ milde, so daß es im Volksmund allgemein hieß, unter dem Krummstab ließe es sich gut leben.

Erzbischof Engelbert I. allerdings war ein sehr gestrenger Herrscher und wie alle Männer, die energisch durchgreifen, bei den Kölner Bürgern entsprechend unbeliebt. Allerdings galt er als fromm, und es war eben der Mord an einem geweihten Gottesknecht, der in einer Zeit, in der das Morden leider zum Alltag gehörte, beim Volk ein derartiges Aufsehen erregt hatte.

Engelbert war der zweite Sohn des gleichnamigen Grafen von Berg, der Friedrich Barbarossa auf dessen Kreuzzug begleitet hatte und ebenso wie der Kaiser dabei ums Leben gekommen war. Seine Eltern hatten ihn auf die Kölner Domschule geschickt und ihren Einfluß geltend gemacht, daß er schon mit vierzehn Jahren zum Dompropst gewählt wurde, ein Amt, das er jedoch erst vier Jahre später ausüben durfte. Stammsitz der Familie war Berg, das heutige Altenberg, wo sich der bekannte gotische Dom erhebt. Die Grafen von Berg hatten ihre damalige Hauptburg 1133 den Zisterziensern geschenkt und wurden auch dort begraben. Sie selbst bauten sich einen neuen Familiensitz, nämlich das in der wilhelminischen Zeit (nicht unbedingt glücklich) restaurierte Schloß Burg an der Wupper, während die alte Burg nebst Dom und Kloster in »Altenberg« umbenannt wurde.

Nachdem das Domkapitel 1216 den inzwischen einunddreißigjährigen Engelbert einstimmig auf den seit einiger Zeit verwaisten erzbischöflichen Stuhl gewählt hatte, machte er sich sofort unbeliebt, weil er energisch gegen die fortschreitende Verweltlichung des höheren Klerus einschritt und sich rigoros auf die Seite des niederen Klerus und ebenso auf die der soeben erst gegründeten Orden der Franziskaner und Dominikaner schlug. (Das Dominikanerkloster befand sich damals übrigens an der Stolkgasse, und erst zur Zeit der französischen Besatzung wurden Kloster und Kirche der Dominikaner abgerissen; seitdem sind die Mönche in St. Andreas daheim.)

Engelbert war aber mehr als nur Erzbischof von Köln. Kaiser Friedrich II., einer der letzten und sicher einer der bemerkenswertesten Staufer, unter anderem berühmt durch seine wissenschaftliche und für damalige Verhältnisse schon fast ketzerische Neugier, weilte weitaus häufiger in seiner italienischen Heimat als in Deutschland. Er ernannte den Erzbischof von Köln zum Reichsverweser und zugleich zum »Pfleger« des Kronprinzen Heinrich, den Engelbert schließlich im Jahr des Herrn 1222 in Aachen als Heinrich VII. zum deutschen König krönte. Kurz: Engelbert war, wie ein begeisterter Chronist beteuerte, »die Säule der Kirche, die Zierde des Klerus und die Stütze des Reiches«.

Dennoch hatte er Feinde.

Und das kam so: Jedem Kloster und jedem Stift war damals ein Vogt an die Seite gestellt, dessen Aufgabe es war, diese kirchlichen Einrichtungen zu schützen und ihre Interessen nach außen zu vertreten, eine Aufgabe, der weder Mönche noch Stiftsfräulein nachkommen konnten. Unter diesen Vögten jedoch gab es naturgemäß immer wieder schwarze Schafe, die ihren Auftrag mißbrauchten und Teile der zuweilen üppigen Einkünfte der jeweiligen Klöster oder Stifte in die eigenen Taschen umdirigierten. So etwas war in Zeiten, da eine starke Zentralmacht fehlte, ein lukratives und relativ gefahrloses Unterfangen.

Aber nicht in Engelberts Herrschaftsbereich, der sich damals weit nach Norden bis hinein ins Westfälische erstreckte.

Einer der skrupellosesten Vögte war Friedrich von Isenburg, ausgerechnet der Sohn eines Vetters des Kölner Erzbischofs. Er tyrannisierte das Damenstift in Essen, und nachdem alle Vorhaltungen und Ermahnungen nichts gefruchtet hatten, zitierte Engelbert den Verwandten vor sein Gericht in Soest. Dort zeigte sich Friedrich zum

Schein unterwürfig, lockte Engelbert dann jedoch in einem Hohlweg bei Gevelsberg in eine Falle.

Der Mönch Cäsarius von Heisterbach, ein zuverlässiger Chronist jener Jahre, hat uns den Überfall in allen Details überliefert. Sein Bericht ist derart blutrünstig, daß er über lange Zeit hinweg der im Mittelalter (und nicht nur damals) beliebten Neigung zum maßlosen Übertreiben zugeschrieben wurde.

Völlig zu Unrecht.

Siebenhundertvierundfünfzig Jahre später, im Jahr 1979, hat einer der erfahrensten Experten auf seinem Gebiet, der Kölner Gerichtsmediziner Günter Dotzauer, die Gebeine des wie ein Heiliger verehrten, aber niemals offiziell heiliggesprochenen Engelbert untersucht und festgestellt, daß Cäsarius in allen Einzelheiten korrekt berichtet hat.

Engelbert war an jenem 7. November 1225 förmlich abgeschlachtet worden.

Wörtlich heißt es in Dotzauers Protokoll: »Im rechten Stirnbein ist eine tangentiale Knochenhiebverletzung von einer Länge von 4,3 Zentimetern und einer Breite von 1,8 Zentimetern, die bis in die schwammige Schicht reicht, zu entdecken. Die linke Schädelpartie zeigt eine rißförmige Knochenverletzung zwischen dem knöchernen Gehörgang und einer Knochenschnittwunde. Das rechte Schlüsselbein wurde von scharfen Werkzeugen (Dolch oder Messer) getroffen, von der Wirbelsäule sind durch Einhiebe sechs Querfortsätze abgeschlagen. Linke und rechte Beckenschaufeln sind durch mehrere scharfe Einhiebe stark in Mitleidenschaft gezogen. Dicht unterhalb der Oberschenkelpfanne ist der Unterrand derselben auf einer Länge von 6,4 Zentimetern abgeschlagen, großer und kleiner Oberschenkelkopf des linken Beines sind von mehreren Hieben durchschlagen.«

Wie schrieb Cäsarius: »Man zählte – kleine Stiche ausgenommen – siebenundvierzig Wunden am Leichnam des Märtyrers.« Auch Professor Dotzauer kam auf vierzig bis fünfzig schwere Verletzungen. Beweis für die Raserei, in die sich die Mörder hineingesteigert haben müssen.

Die Begleiter des Erzbischofs, die vor der Übermacht der Angreifer die Flucht ergriffen hatten, trauten sich erst in der Abenddämmerung an den Ort des schrecklichen Verbrechens zurück. Sie fanden die fast nackte Leiche des Ermordeten und brachten sie zunächst »auf einem stinkenden Wagen, mit dem tags zuvor noch Mist transportiert worden war«, nach Schwelm und dann nach Schloß Burg, wo ihnen jedoch der Einlaß verweigert wurde, weil Engelbert – so die spitzfindige Erklärung der Besatzung – als Toter nicht mehr selber Burgherr sein könne. Dies sei nun (als sein vermutlicher Erbe) Heinrich von Limburg. Um also den neuen Herrn nicht zu beleidigen, wies man die Leiche des alten ab.

Was politisch vielleicht klug, menschlich jedoch ziemlich schäbig war.

Wie es jedoch der Zufall wollte, kam der damalige Prior der Abtei Altenberg des Weges, und dem waren politische Rücksichten schnuppe, zumal Engelbert den dortigen Zisterziensern sehr gewogen gewesen war. Engelberts Leiche wurde entsprechend hergerichtet und im Altenberger Dom aufgebahrt.

Am 10. November brachte man die Leiche nach Köln und dort zunächst in die Kirche St. Maria ad Gradus, von da aus durch das Atrium in den (alten) Dom, und dann geschah das, was für uns heute einigermaßen unverständlich ist, aber im Mittelalter, dessen Menschen für Symbolik außerordentlich empfänglich waren, keineswegs abartig erschien: Man beschloß, den Leichnam des Ermordeten nach Frankfurt zu bringen, wo sein ehemaliges königliches »Pflegekind« Heinrich hofhielt.

Deshalb mußte der Leichnam ausgekocht werden, so

daß man das bereits in Verwesung übergehende Fleisch von den Knochen lösen konnte. Es wurde in einem alten Turm, der auf der heutigen Domplatte gestanden haben muß, beigesetzt, während man die zerschlagenen Gebeine in einen provisorischen Schrein bettete und mit nach Frankfurt nahm, um dort Anklage gegen die Mörder zu erheben.

Ergriffen dichtete Walther von der Vogelweide (nach der Übersetzung von Karl Simrock):

Den ich im Leben pries, deß Tod
muß ich beklagen,
Drum weh ihm, wer den edlen
Fürsten hat erschlagen
von Köln! O weh, daß ihn die Erde
noch mag tragen

Und zornig fährt er fort:

Ich kann ihm seiner Schuld gemäß
noch keine Marter finden.
Ihm wäre zu gelind
ein eichner Strang um seinen Kragen.
Ich will ihn auch nicht brennen,
vierteln oder schinden;
noch mit dem Rad zermalmen,
noch darüber binden.
Ich hoff', er werde lebend noch
den Weg zur Hölle finden.

Die Geschichte endete, wie wir inzwischen wissen, auf einem kleinen Hügel vor der Kölner Südstadt, wo Engelberts Mörder elendiglich zu Tode gemartert wurde.

Zu diesem Zeitpunkt waren die Erzbischöfe zwar noch immer Herrscher über das Erzstift, aber ihre Macht über die Stadt Köln war bereits im Schwinden begriffen. Es ist ja ohnehin nicht für jedermann ersichtlich, wieso ein Erzbischof zugleich Herr über ein Gebiet sein konnte, das die Ausmaße eines heutigen Bundeslandes besaß; aber das ging auf einen Treuebruch gegen Ende des 10. Jahrhunderts zurück, und Auslöser war Kaiser Otto der Große.

Herzog Konrad von Lothringen, genannt »Der Rote« und Ehemann der Kaisertochter Luitgard, empörte sich gegen seinen Schwiegervater und wurde daraufhin abgesetzt. Das verwaiste Herzogtum übertrug Otto, der nun natürlich Ausschau nach einem besonders zuverlässigen Vasallen hielt, seinem Bruder Bruno, der kurz zuvor zum Erzbischof von Köln gewählt worden war.

Seit 953 also war Erzbischof Bruno von Köln zugleich Herzog von Lothringen und vor allem unumschränkter Herr über die stolze Stadt Köln, die er auch nach Kräften förderte, indem er beispielsweise das Kaufmannsviertel zwischen der römischen Ostmauer und dem Rhein (also die heutige Altstadt um Alter Markt, Heumarkt und Groß St. Martin) in die Ummauerung einbezog.

Bruno starb, erst vierzig Jahre alt, während einer Reise nach Frankreich in Reims. Man brachte seine Leiche nach Köln, wo er – auf eigenen Wunsch – nicht etwa im Dom, sondern in dem von ihm gegründeten Kloster St. Pantaleon beigesetzt wurde. Für die Überführung des Toten brauchte man damals übrigens eine volle Woche, was zumindest einen Vorteil hatte: Man war hundertprozentig sicher, daß der Erzbischof auch wirklich tot war.

Bei Erzbischof Gero (969–976), nach dem das berühmte Gerokreuz benannt worden ist, hätte man sich dessen keineswegs sicher sein dürfen. Angeblich hat ein Mann, der bei dem Hingeschiedenen Wache hielt, plötzlich dumpfe Rufe aus dem Sarg gehört. Entsetzt lief er in den direkt neben dem Dom gelegenen Schlafsaal der

Kanoniker und riß den Stiftsherrn Everger roh aus seinem Schlummer. Der dachte keineswegs daran, der Sache nachzugehen, sondern verprügelte den unglückseligen Störer seiner Nachtruhe und warf ihn zornentbrannt die Treppe hinab.

Am nächsten Tag wurde der Sarg der Erde übergeben, und wir wollen inständig hoffen, daß er tatsächlich einen Leichnam barg und keinen Lebenden.

Everger wurde später übrigens selber Erzbischof (985 bis 999), bekam aber von seinen Mitmenschen und den Historikern besonders schlechte Noten. Wer weiß, vielleicht hatte ein rachsüchtiger Gero seine Finger im Spiel. Verspätete Rache aus dem Jenseits?

Unter Brunos Nachfolgern blühte die Stadt auf, und die Bürger wurden entsprechend selbstbewußt. Es formierte sich um so mehr Widerstand, als die Erzbischöfe mit harter Faust zu regieren versuchten. Einer der Rücksichtslosesten unter den Kirchenfürsten war zweifellos Erzbischof Anno (1056–1075), der nicht die geringste Neigung zeigte, den Bürgern seiner Stadt auch nur einen Millimeter entgegenzukommen.

Anno hatte eine steile Karriere gemacht: Als Sohn eines kleinen schwäbischen Ritters auf der Alb aufgewachsen, erlernte er zunächst das Kriegshandwerk, um dann, sehr überraschend für einen Krieger jener Zeit, plötzlich die Domschule zu Bamberg zu besuchen. Kaiser Heinrich III. wurde auf den eifrigen Verfechter der mönchischen Reformideen, die damals von dem in Burgund gelegenen Benediktinerkloster Cluny ausgingen, aufmerksam, berief ihn zum Hofkaplan und ernannte ihn später zum Erzbischof von Köln.

Als der Kaiser kurz darauf starb, folgte eine Zeit der Wirren, die hier nicht im einzelnen dargelegt werden sollen. Nur soviel zum nicht gerade sensiblen Charakter des Kölner Erzbischofs, der doch immerhin später heiliggesprochen werden sollte: Seinen Rivalen beim Kampf um seine Lieblingsabtei Siegburg, den rheinischen Pfalzgrafen Heinrich, ließ Anno ins Kloster Echternach verbannen. Des verstorbenen Kaisers zwölfjährigen Sohn, den späteren Heinrich IV., ließ er aus der Pfalz von Kaiserswerth (im Norden von Düsseldorf) entführen, und unter Annos Führung entwanden die deutschen Fürsten der Kaiserwitwe Agnes die Regentschaft, die der Kölner Erzbischof als nunmehriger Erzieher des Kronprinzen zumindest vorübergehend an sich riß.

Ein Machtmensch durch und durch, der Vetternwirtschaft größten Ausmaßes betrieb und seinen Verwandten einträgliche Pfründen und sogar Bischofsstühle besorgte. Seinem Bruder Werinhard verschaffte er das Amt des Erzbischofs von Magdeburg. Neffe Burkhard wurde Bischof von Halberstadt. Ein anderer Neffe sollte Bischof von Trier werden, wurde dort jedoch ermordet. Bruder Walter brachte es zum Chef der erzbischöflichen Leibwache, die anscheinend notwendig war. Sein Onkel Heymo wurde Propst an der dem Dom gegenüberstehenden Stiftskirche St. Maria zu den Stufen, und dann gab es weitere Neffen und Kusinen, die allesamt in seiner Umgebung ein Plätzchen oder ein Pöstchen fanden.

Bei den Kölner Bürgern hatte er es von Anfang an schwer, weil er ein »Fremder« aus Schwaben war. Außerdem war er lediglich »ein kleiner Ritter«, der sich dennoch haushoch über die verachteten Städter erhaben dünkte. Da soll es auch einmal vorgekommen sein, daß der Erzbischof, der sich ohne Begleitung in die Stadt gewagt hatte, erkannt und jämmerlich verprügelt wurde. Seine Rache an den Tätern kann man sich leicht ausmalen.

Doch dann kam der Tag, an dem es zum endgültigen Bruch mit der Kölner Bürgerschaft kam: Über Ostern 1074 hatte Anno Besuch. Der Bischof von Münster war zu Gast, und als er abreisen wollte, fehlte es an einem komfortablen Schiff, das ihn rheinabwärts bringen sollte. Da Anno gemeinhin nicht viel Federlesens mit den stolzen Kaufleuten von Köln zu machen pflegte, ließ er ein zum Auslaufen bereites Schiff beschlagnahmen und die schon geladenen Waren kurzerhand ans Ufer werfen.

Der Sohn des Kaufmanns rief jedoch Freunde und Bekannte zu Hilfe, und die Knechte des Erzbischofs wurden gewaltsam vertrieben. Nicht nur das: Die schnell anwachsende wütende Menge machte sich auf zum Bischofspalast, der dort stand, wo auf der Kölner Domplatte heute die Inline-Skater ihre Künste zeigen. Anno konnte sich gerade noch in den alten Dom retten und an dessen Nordseite (in Richtung des heutigen Bahnhofs) entkommen. Dort nämlich befand sich zwischen Dom und Römermauer der Schlafsaal des Domstifts, und von da aus rannte der Erzbischof in seiner Not zu einem Haus, das direkt an der antiken Stadtmauer stand. In dessen Keller hatte Anno, wohl in weiser Voraussicht solcher Notsituationen (angeblich aber durch Gottes Fügung erst wenige Tage vor dem Aufstand!), eine Bresche durch die Römermauer schlagen lassen, und durch diese Öffnung entwischte er mit knapper Not seinen aufgebrachten Verfolgern.

Fleißige Archäologen, die den Boden unter dem Dom in den letzten Jahrzehnten akribisch durchwühlten, haben dieses Schlupfloch und damit zugleich einen Beweis dafür gefunden, daß man den alten Chronisten durchaus nicht immer skeptisch gegenüberstehen muß. Neugierige oder Ungläubige können auch heute noch im Parkhaus unter dem Dom die besagte Bresche in der Römermauer bestaunen.

Die Freude der Kölner Bürger über die Vertreibung des verhaßten Erzbischofs indes währte nur kurz. Anno sammelte ein Heer und stand nach drei Tagen wieder vor der Stadt, deren Verteidiger schon rein zahlenmäßig viel zu schwach waren, um Widerstand zu leisten. Annos Rache war angesichts seines Charakters vorhersehbar: Einige Rädelsführer wurden enteignet, andere geblendet, wieder andere wurden lediglich ausgepeitscht und zu ihrer Schande kahlgeschoren. Die Haare allerdings wuchsen nach, und auch die Enteigneten erhielten nach einem Jahr ihr Eigentum zurück. Ausgestochene Augen kann man leider nicht zurückgeben.

Bereits 1083, acht Jahre nach seinem Tod, erfolgte Annos Heiligsprechung. Der damalige Siegburger Propst hatte vor päpstlichen Legaten bezeugt, daß Anno zeit seines Lebens und unmittelbar nach seinem Tod insgesamt vierhundertdreißig phantastische Wunder vollbracht habe.

Es gibt schon merkwürdige Heilige.

Anno hat, wie berichtet wird, relativ asketisch gelebt. Dem widerspricht jedoch die Tatsache, daß er an schweren Gichtanfällen litt, was bekanntlich nur Leuten widerfährt, die sich auf irgendeine Weise unsolide ernähren. Nicht umsonst nennt man besagtes Zipperlein die »Krankheit der Könige«.

Immerhin hat Anno, und das ist nun wirklich bewiesen, fünf Klöster gestiftet, darunter das in Siegburg, wo sich sein Grab befindet. Er hat sie auch reichlich mit Reliquien versorgt. Leider hatte er die zuvor aus anderen Kirchen stehlen lassen.

Ein anderer Mann, dem Köln ohne Zweifel das meiste verdankt, ist nie heiliggesprochen worden, und vermutlich ist sein Leben auch nicht besonders heilig verlaufen. Dafür war er zu tief in die Politik des Reiches verstrickt. Wir sprechen von Rainald von Dassel, Erzbischof von Köln und zugleich Kanzler Kaiser Friedrich Barbarossas. Er hat die Reliquien der Heiligen Drei Könige nach Köln gebracht; oder doch zumindest das, was nach alter Tradition dafür gehalten wird.

Wann genau er geboren wurde, ist nicht bekannt.

Irgendwann Anfang der zwanziger Jahre des 12. Jahrhunderts, und zwar als zweiter Sohn des niedersächsischen Grafen Reinold I. von Dassel, dessen Besitz an der Werra lag. Wie für die meisten adligen Zweitgeborenen kam für ihn nur die geistliche Laufbahn in Frage, weil lediglich der ältere Bruder Anspruch auf Titel und Erbe besaß.

Rainald wurde auf die hochangesehene Hildesheimer Domschule geschickt und hat allem Anschein nach später auch in Frankreich studiert. Darauf lassen unter anderem seine Sprachkenntnisse schließen. Nach seinem Studium war er bereits mit zweiundzwanzig Jahren Propst in Hildesheim sowie drei anderen Stiften und engster Vertrauter des nahezu blinden Bischofs Bernhard. Später sehen wir den Dreißigjährigen an der Kurie in Rom, wo er deren Wesen und Organisation kennenlernt. Aber als er die Nachfolge des Bischofs Bernhard antreten sollte, lehnte er dankend ab. Bischof von Hildesheim – das war nicht gerade das, was dem ehrgeizigen jungen Mann vorschwebte. Er fühlte sich zu Höherem berufen.

Was er auch war.

Nach dem Tod Konrads III. wurde im Reich, besonders aber im verschwiegenen Garten des Kölner Ursula-Stifts heftig geklüngelt. Es ging um die Thronfolge, die eine starke Fraktion unter den hohen Klerikern des Reiches dem erst sechsjährigen Königssohn zusprechen wollte, womit Konrads Neffe Friedrich jedoch überhaupt nicht einverstanden war. Er hatte eigene Ambitionen und suchte Anhänger.

Auch in Köln.

Äbtissin des Klosters der heiligen Ursula war zu jener Zeit eine gewisse Gepa, und die war zufälligerweise die Schwester unseres Rainald, der auf diese Weise direkt in das Zentrum der Macht vorstieß; der erwähnte Neffe des verstorbenen Königs nämlich war niemand anders als der spätere König und Kaiser Friedrich I., den wir besser unter seinem Beinamen Barbarossa kennen. Er machte nach seiner Krönung den hoffnungsvollen Nachwuchsdiplomaten von der Werra zunächst zum Hofkaplan und später gar zu seinem Kanzler. Erst jetzt zeigte sich, wie klug Rainald daran getan hatte, seinerzeit auf den Bischofsthron von Hildesheim zu verzichten.

Eine der ersten und zugleich kniffligsten Aufgaben, die Barbarossa seinem neuen Intimus übertrug, war die Auflösung seiner Ehe mit Adela von Vohburg, die der Kaiser herzlich satt hatte. Aber da – damals wie heute – die kirchliche Scheidung einer rechtmäßig geschlossenen Ehe als unmöglich angesehen wurde, mußte der Nachweis erbracht werden, daß sie von Anfang an nicht gültig gewesen war. Das geschah am einfachsten, indem man eine allzu nahe Verwandtschaft nachwies, was im Normalfall nicht sonderlich schwierig war, da die adligen Familien allesamt untereinander mehrfach versippt waren.

So machte Rainald sein Gesellenstück, indem er nachwies, daß der Ur-Ur-Großvater Friedrichs ein Bruder von Adelas Ur-Ur-Ur-Großmutter gewesen ist!

Eine wirklich kaum ernst zu nehmende Beweisführung, doch Papst Eugen III. drückte alle verfügbaren Augen zu, und seitdem blieb Rainald als unentbehrlicher Ratgeber und Helfer an der Seite des Kaisers, versuchte zusammen mit diesem, den Einfluß des Papsttums zurückzudrängen, und war selbstverständlich auch dabei, als Friedrich Barbarossa zum werweißwievielten Male gegen das meineidige Mailand zog, um es endgültig dem Erdboden gleichzumachen.

Mehr darüber im nächsten Kapitel. Fürs erste genügt es zu wissen, daß der Kaiser nach diesem Feldzug seinem Kanzler als Beuteanteil und zur Belohnung für seine Verdienste die erbeuteten Reliquien der Heiligen Drei Könige und zusätzlich noch die der heiligen Märtyrer Nabor und Felix schenkte. Diesen wertvollen Schatz brachte Rainald heim in seine Stadt, in der er, auf einen unübersehbaren Wink des Kaisers hin, vom Kölner Domkapitel (wenn auch widerwillig) zum Erzbischof gewählt worden war. Sein Vorgänger, Friedrich II. von Berg, hatte nach einem Sturz vom Pferd überraschend das Zeitliche gesegnet.

An der Tatsache, daß Rainald noch nicht die Priesterweihe empfangen hatte, hat sich damals niemand gestoßen. Anscheinend hatte jedermann Verständnis dafür, daß er diesen Akt immer wieder aufschob, weil er sonst sofort die Einkünfte aus seinen drei Propsteien hätte aufgeben müssen. Bis zum Jahr 1165 stabilisierte sich offensichtlich seine finanzielle Lage, so daß einer Weihe nichts mehr im Weg stand.

Die Dankbarkeit der Bürger von Köln für die unendlich wertvollen Reliquien war um so grenzenloser, als der Erzbischof sie nie unter seine Knute zu zwingen versuchte. Dafür hatte er Wichtigeres zu tun; zum Beispiel zurück nach Italien zu eilen, wo ihn der Kaiser brauchte. Dort ist Rainald ganz plötzlich gestorben. Im Feldlager vor Rom; höchstwahrscheinlich an Malaria.

Wer ihn gerne betrachten möchte, kann das tun. Klug, nicht sonderlich asketisch, eher etwas weiblich und nicht ohne Ironie, sieht er von der Stirnseite des Dreikönigenschreins auf die Dombesucher herab. Kein stilisiertes, sondern, wie es scheint, ein sehr lebensnahes Porträt jenes Mannes, dem Köln so viel zu verdanken hat.

Mindestens ebensoviel wie jenem, der sich im folgenden Jahrhundert an ein Unternehmen machte, an dem sich etliche seiner Vorgänger vergeblich versucht hatten: den Reliquien der Könige einen neuen, unerhörten und gigantischen Schrein zu bauen. Es war Konrad von Hochstaden.

Dieser entstammte einer Nebenlinie der Grafen von

Are, wurde um 1205 geboren und früh für den geistlichen Stand bestimmt. Seit 1231 war er Propst an der Kirche St. Maria ad Gradus, gehörte somit schon in jungen Jahren zu den führenden Kölner Klerikern und wurde bereits 1238, mit dreiunddreißig Jahren, zum Erzbischof gewählt, obwohl er, ebenso wie einst Rainald von Dassel, zu diesem Zeitpunkt noch nicht zum Priester geweiht worden war.

Immerhin hatte er schon seine Tatkraft bewiesen: Vier Jahre vor seiner Wahl hatte er in St. Maria ad Gradus den Procurator eines Gegenpropstes, den von Papst Gregor IX. persönlich entsandten Kanonikus Konrad von Büren, an den Haaren aus seiner Kirche gezerrt, sein Haus ausgeplündert und ihn selbst eingelocht, was ihm einen Bannfluch des Papstes eintrug, unter dem er aber anscheinend nicht sonderlich gelitten hat.

Streitsüchtig war er auch als Territorialherr, wenngleich nicht immer erfolgreich. Die Abwesenheit des Stauferkaisers Friedrich II. nutzte er im Bund mit anderen rheinischen Kirchenfürsten, um zusätzliche Macht zu erringen. Gemeinsam betrieben sie die Wahl des Grafen Wilhelm von Holland zum deutschen König. Konrad salbte ihn in Aachen zum König, zerstritt sich jedoch später mit ihm, und Wilhelm starb während eines Feldzugs gegen die Friesen einen unrühmlichen Tod, als er mitsamt seinem Pferd in einem Sumpf versank.

Es hat nicht den Anschein, als habe man sehr sorgfältig nach ihm gesucht, denn er wurde erst sechsundzwanzig Jahre später aufgefunden.

Konrad und sein Bruder Friedrich schenkten dem Kölner Erzstift ihr Erbe, die gesamte Grafschaft Are-Hochstaden und somit Neuenahr, Altenahr, Heimbach, Hardthöhe und Nürburg. Das Verhältnis zur Kölner Bürgerschaft war zunächst nicht nur entspannt, sondern ausgesprochen gut. 1259 erteilte der Erzbischof Köln, übrigens als erster deutscher Stadt, das ungeheuer wichtige Stapelrecht. Das bedeutete, daß kein Kaufmann, woher auch immer er kommen mochte, mit seinem Karren oder seinem Schiff an der Stadt vorbeifahren durfte, ohne seine Waren zum Kauf anzubieten.

Niemand, der von Süden kam, durfte weiter als bis nach Niehl fahren; niemand, der von Norden kam, durfte an Rodenkirchen vorbei. Jeder mußte seine Waren ausladen und (am Ufer) stapeln, und erst wenn er auf kein Interesse stieß, durfte er wieder einladen und weiterziehen. Kaufen durften diese Stapelware ausschließlich Kölner, und zwar zunächst die Bürger, damit es stets frischen Fisch und guten Wein gab, dann erst die in der Stadt ansässigen Kaufleute.

Zum Stapelrecht gehörte darüber hinaus eine Qualitätskontrolle seitens der städtischen Behörden. Stank der Fisch oder fanden sich Maden im Mehl, wurde das Zeug gnadenlos in den Rhein gekippt oder verbrannt. Und die Kontrolleure waren absolut unbestechlich.

Aber der Erzbischof vergab noch andere Privilegien: 1239 bestätigte er den Bürgern das sogenannte »Ius de non evocando«. Das bedeutete, daß niemand einer Ladung vor ein auswärtiges Gericht folgen mußte. Ein Kölner konnte nur innerhalb der eigenen Stadtmauern verurteilt (oder auch freigesprochen) werden. Außerdem mußte die Stadt ab sofort nicht mehr für die Schulden des Erzbischofs aufkommen, und nicht vergessen werden soll an dieser Stelle, daß Konrad auch auf den Bierpfennig verzichtete.

Das war eine Steuer, die beim Bierbrauen erhoben wurde. Die Hälfte davon war an den Erzbischof abzuführen. Da Bier im Sinne des Wortes zu den Grundnahrungsmitteln gehörte, wurden entsprechende Umsätze getätigt, und einmal mußte ein Erzbischof sogar verbieten, Gerste zum Brauen zu benutzen, da Getreidemangel herrschte und Gerste dringend zum Backen von Brot benötigt wurde.

Im Laufe der Jahre verschlechterte sich jedoch das Verhältnis zwischen Erzbischof und Bürgerschaft, weil Konrad deren Freiheiten nach und nach einzuschränken versuchte. Neben Brühl hatten die Kölner Erzbischöfe noch andere Stützpunkte außerhalb der Stadt. Deshalb befestigte Konrad die Stadt Bonn und vollendete die Godesburg, in deren Kerkern gefangene Kölner Bürger schmachteten, denn er brauchte Geld. Wie alle Regierenden.

Zunächst einmal brachte er 1252 schlechtes Geld in Umlauf, um Silber zu sparen. Wenn sich aber herumsprechen würde, daß Kölner Silber nichts taugte, mußte sich das auf die Kölner Kaufleute, besser auf deren Geschäfte, verheerend auswirken. Also wurde die Richerzeche, die Vertretung der wohlhabenden Bürger, vorstellig. Vergebens.

Konrad schickte einen Fehdebrief, eine Kampfansage, und setzte sich auf dem rechten Rheinufer in Deutz fest. Von dort aus schickte er Brandsätze gegen ein- oder auslaufende Handelsschiffe, so daß sich die Kölner Bürger gezwungen sahen, sich zu bewaffnen. Fünf Jahre später kam es bei Frechen, im Westen der Stadt, zu einer regelrechten Schlacht, bei der die Ritter des Erzbischofs geschlagen wurden.

Was nun? An einer Dauerfehde war den Kölnern nicht gelegen, denn Krieg ist schlecht fürs Geschäft. Also gewannen sie jemanden als Schiedsmann, dessen Ruf über alle Verdächtigungen erhaben war: den im schwäbischen Lauingen geborenen Grafensohn Albert, der als gerade Zwanzigjähriger in den Predigerorden des heiligen Dominikus eingetreten war und uns eher als Albertus Magnus bekannt ist.

Er zählt sicherlich zu den größten Gelehrten des Mittelalters, war aber zunächst nur Lesemeister der Dominikanerhochschule, wo er einmal den oben erwähnten König Wilhelm empfing und zu dessen Verblüffung mitten im Winter Blumen von der Decke herabregnen ließ. Ungewiß ist bis heute, wie der Mechanismus funktionierte und wie Albertus Magnus die frischen Blumen hatte züchten können. Vielleicht war er der bahnbrechende Erfinder der niederländischen Treibhauskulturen.

Aber auch sonst vermochte er, wenigstens den über ihn erzählten Geschichten zufolge, mit etlichen Zauberkunststücken aufzuwarten. Ein angeblich von ihm stammender Zauberbecher jedenfalls wird bis heute im Kölner Stadtmuseum aufbewahrt. Möglicherweise hat er seine Zuschauer auch nur mit dem mittlerweile in Verruf geratenen Hütchenspiel verwirrt.

Einer seiner Schüler übrigens wurde später mindestens ebenso berühmt. Er war ein junger, aus Italien stammender Bursche, der zum Dickwerden neigte, was einigermaßen höflich ausgedrückt ist. Immerhin wird berichtet, daß man an der Stelle, wo er zu essen pflegte, eine halbrunde Öffnung in den Tisch sägen mußte. Seine Kameraden nannten ihn grob den »stummen Ochsen«, weil er nicht nur unmäßig korpulent, sondern auch einigermaßen sprachfaul war. Sein Denkvermögen war um so brillanter. Wir kennen ihn alle unter dem Namen Thomas von Aquin.

Im Gegensatz zu ihm war Albertus Magnus eher ein Asket. Sein Schiedsspruch im Streit zwischen dem Erzbischof und der Stadt wurde von beiden Seiten akzeptiert, was für sein hohes Ansehen spricht, das er sich nicht nur als Theologe und Gelehrter erworben hatte. Er starb mit über achtzig Jahren und wurde im Dominikanerkloster an der Stolkgasse beigesetzt. Nach dessen Auflösung unter französischer Besatzung wurden seine Gebeine in die Kirche St. Andreas gebracht, wo sie bis heute in der Krypta ruhen.

Konrad von Hochstaden aber blieb trotz des ewigen Gezankes derjenige, der am 15. August des Jahres 1248 den Grundstein zur gotischen Kölner Kathedrale gelegt hat, und nichts von dem, was er sonst noch getan hat, konnte das Andenken daran trüben.

Drei Magier aus Mailand

Die zweite lange Reise der Heiligen Drei Könige

Zunächst waren lediglich das Rumpeln schwerer Wagenräder und das sanfte Platschen nackter Füße auf dem gepflasterten Hof der Pfalz zu Lodi zu hören. Etwas später dann schleppte sich eine endlose Kette von Menschen durch das weit offenstehende Tor und das Spalier der Berittenen. Sie wankten durch die Pfützen und wurden von Bewaffneten in Richtung auf die Balustrade gestoßen, wo unter einem Baldachin, der ihn gegen den strömenden Märzregen schützte, jener Mann auf seinem Thron saß, den sie haßten wie nichts sonst auf der Welt: Friedrich I., Kaiser des Heiligen Römischen Reiches, genannt Barbarossa. Der Mann mit dem roten Bart.

Und auf sein rotes Haar hatte er sich die Krone gesetzt, denn ab sofort war er von seinem eigenen Schwur entbunden, sie nicht mehr zu tragen, bis das hochmütige Mailand zertreten am Boden liege. Nun war es soweit, und die einst so stolzen Lombarden hatten längst bitter bereut, daß sie Friedrich von ihren uneinnehmbaren Mauern herab höhnisch zugerufen hatten, er könne seine Krone unbesorgt ihnen schenken, da er sie ohnehin nie mehr würde tragen dürfen.

An die tausend Männer schleppten sich in den Hof; halb verhungert und völlig ausgemergelt. Kaum, daß sie ihre Banner und Wimpel tragen und den schweren Fahnenwagen ziehen konnten, das Symbol Mailänder Macht. Auf dem Gefährt, aus Eichenbohlen gefertigt und mit Eisen beschlagen, erhob sich ein schlanker Mast, an dem das Bild des segnenden Ambrosius aufgehängt war, Schöpfer des Ambrosianischen Gesangs und des Tedeum, Schutzheiliger der Stadt, auf den sich die Mailänder blind verlassen hatten. Unterhalb der Darstellung flatterte die Standarte der Stadt. Auf einen Wink des Kaisers wurde dieser Mast gesenkt, bis Friedrich die Fahne fassen und herunterreißen konnte.

Ein Seufzen ging durch die Reihen der Lombarden, und auch unter den Siegern gab es viele, die betroffen waren von dem Schicksal, das die Besiegten zweifellos erwartete. Nur zwei Männer blickten ohne jede Spur von Erbarmen auf die Szene: Friedrich und der kleine Mann an seiner Seite, Rainald von Dassel, des Kaisers Kanzler.

Er hatte nie jenen Tag vergessen, als er – wohlgemerkt in Friedenszeiten – als Anführer einer kleinen Delegation in kaiserlichem Auftrag Mailand besucht hatte, diese stets rebellische Stadt, die Jahrhunderte hindurch ostgotischer und langobardischer, fränkischer und deutscher Oberhoheit getrotzt hatte, deren Adlige Eide schworen und diese Eide brachen, weil sie ja – so wörtlich – »nicht geschworen hatten, ihren Schwur auch zu halten«.

An jenem fernen Tag, als Rainald und seine Männer in Mailand weilten, war wieder einmal ein Aufruhr ausgebrochen. Seine Leute konnten noch fliehen, er selber mußte am nächsten Tag als Weib verkleidet aus der Stadt geschafft werden, um der Wut des Pöbels zu entgehen. Damals hatte er sich geschworen, sich eines Tages zu rächen. Aber nicht nur wegen dieser Demütigung haßte Rainald diese Stadt. Er haßte jeden, der seinem Kaiser untreu war. Und immer wieder untreu werden würde.

Das Schauspiel im Hof der Kaiserpfalz war nicht der erste Unterwerfungsakt. Als erste waren bereits vor Tagen die Konsuln der Stadt erschienen, kurz darauf an die dreihundert Ritter, das nackte Schwert um den Hals gebunden. Unter ihnen befand sich jener berühmte Meister

Guintelmus, der Erbauer der unüberwindlichen Mailänder Verteidigungsanlagen, die auch Friedrich nicht hatte erstürmen können. Er überbrachte die Schlüssel der Stadt und küßte wie alle anderen demütig die Füße des Kaisers.

Mit einer Mischung aus Zorn und Bewunderung starrte Friedrich auf den gebeugten Nacken des Gefangenen. Das also war der Mann, der es der Stadt ermöglicht hatte, derart lange Widerstand zu leisten. Von Anfang an war jedermann bewußt gewesen, daß an diesen tief gestaffelten Befestigungsanlagen alle Sturmangriffe scheitern mußten. Das kaiserliche Heer war nicht einmal stark genug, Mailand komplett einzuschließen. Da aber nur Aushungern in Frage kam, begannen die natürlichen Feinde der Stadt, die Bewohner der umliegenden und immer wieder geknechteten Städte und Ortschaften, auf Friedrichs Befehl damit, die ganze Umgebung zu verheeren.

Das war wirklich keine Tat, auf die ein deutscher Kaiser sonderlich stolz sein durfte, aber es war vermutlich die einzige Möglichkeit, den Widerstandswillen der hochfahrenden Mailänder zu brechen. Über eine Woche lang verwüsteten die Männer aus Lodi, Pavia und Cremona im Umland die Weinberge und die Olivengärten, trieben das Vieh fort und zertrampelten die Ernten, verbrannten die vor der Stadt liegenden Scheunen und fällten die Kastanien- und Obstbäume.

Zunächst sahen die Mailänder dieser Verwüstungsorgie zwar grimmig, aber doch ohne größere Sorge zu. Selbst dann noch, als der Kaiser Salz auf die Äcker streuen ließ, was seit Menschengedenken als besonderer Frevel betrachtet wurde, weil dieser barbarische Akt den Boden auf Jahre hinaus unfruchtbar macht. Dennoch herrschte in der Stadt keine Panik. Es gab riesige Magazine, die vorsorglich bis unters Dach gefüllt worden waren. Dann aber kam jene verhängnisvolle Nacht, in der sie allesamt abbrannten, und bis heute weiß niemand, ob Fahrlässigkeit der Wachen die Ursache war oder ob es sich bei der Katastrophe um das Werk eines in die Stadt eingeschmuggelten kaiserlichen Agenten gehandelt hat.

In diesem Augenblick jedenfalls war die Stadt verloren, und es war nur noch eine Frage der Zeit, wann der quälende Hunger ihre Einwohner zur Übergabe zwingen würde.

Unter dem Druck der hungernden Bevölkerung suchten die Konsuln heimlich Verbindung zu drei deutschen Fürsten: zu Konrad, dem Halbbruder des Kaisers und Pfalzgrafen bei Rhein, zum Landgrafen von Thüringen und zu Theobald, dem Bruder des Königs von Böhmen. Über diese drei hatten die Konsuln in Erfahrung gebracht, daß sie eher einem ehrenvollen Frieden zuneigten, als diesem schrecklichen und unritterlichen Abschlachten länger zuzuschauen.

Die Fürsten ihrerseits erhofften sich von einem Vertragsfrieden, den in ihren Augen unheilvollen Einfluß zu schmälern, den Rainald von Dassel auf den Kaiser ausübte. Vielleicht konnte man den verhaßten Kanzler sogar stürzen.

Sie sicherten den Konsuln freies Geleit zu, um sich außerhalb der Stadt mit ihnen zu treffen. Aber einmal mehr hatten sie den aufmerksamen Kanzler unterschätzt, der die Mailänder Unterhändler auf ihrem Weg zu ihrem Rendezvous abfing und mit seinen Kölner Rittern angriff. Die mißtrauischen Konsuln hatten jedoch ebenfalls eine Truppe in Bereitschaft gehalten, und als Rainald von Dassel die beiden Konsuln gefangennehmen wollte, griff die Mailänder Kavallerie an. Es kam zu einem erbitterten Gefecht, und erst der Kaiser selber, der seinem Kanzler mit einhundertfünfzig Panzerreitern zu Hilfe eilte, konnte Rainald heraushauen. Friedrich wurde dabei verletzt, sein Pferd erstochen.

Die drei Fürsten waren empört, daß Rainald sie um ihre ritterliche Ehre gebracht habe, aber Rainald verteidigte sich damit, daß es sich schließlich um eine heimliche Absprache gehandelt habe, eine unheimliche sogar, denn vertrauliche Gespräche mit dem Feind (und zwar hinter dem Rücken des Kaisers!) grenzten ja wohl an Hochverrat. Er, Rainald, habe jedenfalls nichts von freiem Geleit ahnen können.

Wir indes dürfen getrost annehmen, daß Rainald sehr wohl wußte, was da laufen sollte, und daß er unter allen Umständen einen möglichen Waffenstillstand hatte verhindern wollen.

Für Rainald stand fest: Mailand mußte untergehen. Ein für allemal.

Und Mailand ging tatsächlich unter. Wenn auch nicht für immer. Nach den demütigenden Unterwerfungsritualen in der Pfalz zu Lodi in der Fastenzeit des Jahres 1162 hatten alle Einwohner die Stadt zu verlassen.

Nur wenige Stunden nachdem die Bürger mit dem wenigen, was sie tragen konnten, abgezogen waren, fielen ihre Todfeinde aus den umliegenden Orten in die Stadt ein und plünderten sie aus. Die kaiserlichen Truppen beteiligten sich nicht an der Rauborgie. Aber sie sahen zu, wie die Verteidigungsanlagen Mailands mit ihren hundert Türmen dem Erdboden gleichgemacht wurden und sogar der wunderschöne Campanile auf die Kathedrale stürzte. Fakkeln flogen in die Häuser, und es war hohe Zeit zu retten, was dem Kaiser rettungswürdig erschien.

Dazu gehörten unter anderem die Gebeine der Heiligen Drei Könige, die ursprünglich in der Kapelle des heiligen Eustorgius vor den Toren Mailands aufbewahrt worden waren. Als sich die Belagerung der Stadt abzeichnete, hatte man sie im Stadtzentrum untergebracht, und zwar im Glockenturm der Kirche S. Giorgio al Palazzo. Von dort ließ Friedrich Barbarossa sie vor den Plünderern in Sicherheit bringen.

Die kostbaren Gebeine waren einst von der heiligen Helena im Heiligen Land entdeckt und nach Byzanz, später Konstantinopel, heute Istanbul, gebracht worden. Der Legende nach sollen sie später einem adligen Mailänder geschenkt worden sein, aber mit dem Hintergedanken, daß dieser unmöglich in der Lage sein würde, die schweren Marmorsarkophage auf sein Schiff zu laden. Plötzlich jedoch wurden die Sarkophage wundersamerweise leicht wie Federn, so daß sie gleichsam von alleine auf das Schiff des Mailänders schwebten.

Jedenfalls befanden sie sich schon lange in der Stadt, und alljährlich fand ihnen zu Ehren ein großes Fest statt, bei dem fromme Gläubige, als Könige verkleidet, auf prächtigen Pferden einem vorangetragenen goldenen Stern nachritten, und so bewegte sich der Zug bis zu den Säulen des Lorenzo, wo sie von Darstellern des Herodes und seiner Schriftgelehrten erwartet wurden. Dann zog die Prozession weiter nach San Eustorgio, wo ein Krippenspiel folgte; Hauptdarsteller: natürlich die drei Könige.

Diese wertvollen Gebeine schenkte der Kaiser zwei Jahre später seinem treuen Kanzler, und tags darauf – am 10. Juni 1164 – brach dieser von Pavia auf, um seinen Schatz nach Köln zu bringen. Die Heiligen Drei Könige begaben sich nach ihrer einstigen Wallfahrt zum Jesuskind nach Bethlehem auf ihre zweite lange Reise. Und die war keineswegs ungefährlich.

Zu diesem Zeitpunkt nämlich gab es, wie so oft im Mittelalter, zwei Päpste. Der rechtmäßige, Alexander III., befand sich im französischen Asyl, während es einen weiteren Papst von Rainalds Gnaden gab, den jedoch außer einigen deutschen Bischöfen niemand anerkannte. Zu Alexander III. stand unter anderem sein augenblicklicher Gastgeber, der französische König Ludwig VII., den Rainald kürzlich beleidigt hatte, indem er ihn einen »regulus« genannt hatte, einen kleinen Provinzkönig.

Dann war da noch des Kanzlers Erzfeind Konrad, der Pfalzgraf bei Rhein, der den Günstling seines Halbbruders seit Mailänder Zeiten aus tiefstem Herzen haßte. Und sowohl Ludwig als auch Konrad waren willens und in der Lage, Rainald auf der Heimreise von Italien abzufangen, je nachdem, welche Route er wählen würde.

Dessen war sich Rainald natürlich bewußt und auch der Tatsache, daß vom Kaiser selbst wenig Hilfe zu erwarten wäre, weil dessen Macht doch recht beschränkt war. Also täuschte er durch gezielte Fehlinformationen seine Feinde und kehrte in weniger als sechs Wochen auf verschlungenen Wegen über Turin, den Mont Cenis und durch Burgund heim.

So verschlungen waren diese Wege, daß man sie bis heute nicht kennt. In Besançon war er gewiß, möglicherweise aber auch – weit entfernt von der »normalen« Route – in Schwäbisch Gmünd. Dort verkündet bis heute eine Hausinschrift: »Als man zalt nach Christi gepurt eilfhundertvierundsechszig jar waren die heilige drey könig geführt von Mailandt und lagen in diesem hauss uber nacht.« Eigentlich nicht vorstellbar, daß jemand eine solche im Grunde doch ziemlich unwahrscheinliche Geschichte erfunden haben könnte.

Jedenfalls kam Rainald unbeschadet nach Hause, indem er die Gebeine angeblich in schlichte Strohsäcke legte und sich überall dort, wo man ihn schwerlich kennen konnte, als einfacher Kriegsmann ausgab, der seine vor Mailand gefallenen Kameraden heimbrachte. Eine Geschichte, die allerdings nicht sonderlich überzeugend klingt, weil man (immerhin verwesende) Leichen nicht in Säcken mit sich herumschleppen kann. Vielleicht aber hat er die Reliquien auch in einen Sarkophag gebettet, was die Notlüge schon glaubhafter gemacht hätte.

So zog er langsam nordwärts. Nicht ohne am 10. Juni von Vercelli aus »dem Klerus und den Bürgern der lieben

Stadt Köln« in einem Brief anzukündigen, daß er mit Reliquien zurückkommen werde, die »mit nichts auf Erden verglichen werden können«, nämlich den »hochheiligen Gebeinen der drei Magier und Könige«, die bislang in Mailand aufbewahrt worden seien.

An dieser Stelle muß vielleicht noch einmal deutlich darauf hingewiesen werden, daß diese drei Könige die einzigen Augenzeugen von den Geschehnissen in Bethlehem waren, die man irgendwie identifizieren konnte. Es gibt naturgemäß weder ein Grab der Mutter Maria noch das des heiligen Josef; von irgendwelchen Nachrichten über die Hirten ganz zu schweigen. Aber die Könige – die gab es, im Sinne des Wortes »anfaßbar«, und an die galt es, sich zu halten!

Entsprechend war der Empfang, bei dem Rainald selbst merkwürdigerweise abwesend gewesen zu sein scheint. Jedenfalls wird im Zusammenhang mit der Ankunft der Reliquien erwähnt, daß sie der Domdechant Philipp von Heinsberg, Rainalds Nachfolger als Erzbischof von Köln, in die Stadt hinein begleitete, doch vom Kanzler des Reiches ist keine Rede. Vielleicht hat ihn der Kaiser zu dringenden Geschäften zurückbeordert. Wir wissen es nicht.

Sehr viele Details von der Ankunft der Reliquien in der Stadt sind uns ohnehin nicht überliefert, aber es ist durchaus möglich, daß Rainalds Männer mitsamt ihrer kostbaren Last durch ein bei der Kirche St. Maria im Kapitol befindliches Pförtchen eingezogen sind. Das heutige Dreikönigenpförtchen allerdings, das wohl an der Stelle des alten steht, war damals noch nicht gebaut. In einer Nische über dem Torbogen sind sowohl Maria mit dem Kind als auch die drei Könige abgebildet. Es handelt sich dabei jedoch um Kopien. Die Originale befinden sich heute im Schnütgen-Museum.

Der Weg der Heiligen Drei Könige durch die Stadt ist

auch weniger wichtig als die Tatsache, daß die Kölner sie stürmisch umjubelten; um so mehr, als zumindest nach einigen Quellen das Schauspiel, das bis dato traditionsgemäß in Mailand aufgeführt wurde, nun in Köln eingeführt und ein prachtvoller Festzug durch die Straßen der Stadt organisiert wurde. Die Reliquien wurden in einem provisorischen Schrein im alten Dom aufgestellt, wo sie alsbald Ziel unzähliger Pilger und zur Haupteinnahmequelle der Stadt wurden.

Für Rainald und all seine Nachfolger aber war der Besitz der Reliquien insofern von unschätzbarem Wert, als sie nun in Köln ruhten, und wer konnte würdiger sein, den jeweiligen deutschen König zu krönen, als jene Erzbischöfe, bei denen die Heiligen Drei Könige für immer bleiben würden!

Rainald baute sich auf dem heutigen Roncalliplatz an der Südseite des Doms einen prachtvollen Palast, dessen Wände er ebenso wie die des Doms mit Seidenteppichen behängte, die er aus Mailand mitgebracht hatte. Dieser Palast diente den Kölner Erzbischöfen bis 1288 (Schlacht von Worringen) als Residenz. Im Jahr 1404 wurde er bei einem Brand schwer beschädigt, wiederaufgebaut, 1674 aber wegen Baufälligkeit abgebrochen. Die dem heiligen Thomas geweihte Hofkapelle, die nach ihrem Einsturz 1449 neu errichtet wurde, stand noch bis zum Jahr 1853.

Nach Rainalds Tod im Jahr 1167 begann sein Nachfolger Philipp von Heinsberg damit, Edelmetalle und Juwelen zu sammeln, damit der weithin berühmte Goldschmied Nikolaus von Verdun mit seinen Schülern einen würdigen Schrein für die heiligen Gebeine errichte. Und so geschah es. 1230 war der 1,70 Meter hohe, 1,80 Meter lange und 6 Zentner schwere, größte je im Abendland geschaffene Goldsarkophag fertig. Letzte Hand hatten Kölner Goldschmiede angelegt.

Beim Betrachten der Stirnseite jedoch gerät man leicht

in Verwirrung. Da thront die Gottesmutter mit ihrem Kind, und in respektvollem Abstand nähern sich ihr ehrfürchtig drei Könige.

Oder deren vier?

Ganz links hat sich jemand ins Bild geschmuggelt, der scheinbar überhaupt nichts mit dieser Szene zu tun hat. Und dennoch hat er Wesentliches zu diesem kostbaren Schrein beigesteuert: das Gold für die Stirnseite. Es handelt sich um niemand anderen als um Otto IV., den Sohn des großen Gegenspielers von Kaiser Barbarossa, Heinrichs des Löwen.

Na und? War das nicht üblich früher, daß sich Stifter auf Bildnissen verewigen ließen? Ja, schon, aber erst Jahrhunderte später! Und selbst da tauchen sie zumindest anfangs nicht als eigenständige Personen auf, sondern leihen allenfalls abgebildeten Figuren ihr Gesicht. Da schaut dann der heilige Josef ganz auffällig so aus wie der Ratsherr Martin Overzier, oder die Mutter Anna ähnelt verblüffend der Gevatterin Trina Wewelinghoven. Hier aber hat sich ein deutscher König höchstpersönlich in den Stall von Bethlehem eingeschlichen, und dafür gibt es einen guten Grund:

Während bei den abgebildeten Magiern lediglich ihr Name eingraviert ist, steht bei Otto unübersehbar der Zusatz »Rex«, also König. Das schien ihm wichtig, denn es gab zu jener Zeit noch einen Gegenkönig, und der sollte damit eindeutig in die Schranken verwiesen werden. Betont wird dieser Anspruch natürlich auch dadurch, daß Otto ganz eindeutig in den Fußstapfen der Heiligen Drei Könige daherkommt. Auch das symbolisiert seinen Anspruch.

Noch wichtiger für König Otto aber war die fromme Legende, derzufolge der Apostel Thomas nicht nur Indien (also Asien), sondern auch das »Morgenland« (den Nahen Osten) missioniert hat, bevor es später dann vom Islam erobert wurde. Und bei dieser Mission haben ihm angeblich die Heiligen Drei Könige geholfen, die – trotz ihres Besuchs in Bethlehem noch immer Heiden – ebenfalls von ihm getauft worden sind.

Da wir uns zu diesem Moment im Zeitalter der Kreuzzüge befinden, lag nichts näher, als zu glauben, daß einem Nachfolger des heiligen Thomas die Aufgabe zufallen könnte, das Morgenland noch einmal und diesmal endgültig zu bekehren. So wenigstens lauteten entsprechende Weissagungen, die zumindest bei den Gebildeten offenbar allgemein bekannt waren. Der Zisterziensermönch und Chronist Cäsarius von Heisterbach, der damals an der Schule des Kölner Domstifts studierte, berichtet über ein Erlebnis, das sich angeblich ereignet hat, als man nach dem Tod Kaiser Heinrichs VI. im Kölner Palast über die Nachfolgefrage verhandelte: Ein stark strahlender Stern sei am hellichten Nachmittag über dem Himmel Kölns erschienen. Alle Studenten seien zusammengelaufen und hätten das Wunder gesehen.

Wer den unbeirrbaren Glauben des mittelalterlichen Menschen an derartige Symbole kennt, weiß sehr wohl, daß hier nicht einfach eine Geschichte erzählt wird. Ein Stern, der am Tage strahlt wie jener von Bethlehem, der kann nur ankündigen, daß ein neuer König »geboren« wurde, eben jener Otto, der die Nachfolge des heiligen Thomas antreten soll, dessen vorbildliches Wirken sogar im Kölner Chorgestühl dokumentiert wird.

Der mittlere Teil der Gemälde des Chorgestühls auf der Südseite ist den Heiligen Drei Königen gewidmet, und wer immer der Künstler gewesen ist: Auch er kannte anscheinend die Prophezeiung, daß ein deutscher König eines Tages das Morgenland dem Christentum zurückgewinnen werde, aber er weiß die Legende noch zu steigern: Da werden die Könige vom heiligen Thomas nicht nur getauft, sondern sogar zu Bischöfen geweiht. Sie werden allesamt in einem Sarkophag begraben, und weitere Bilder zeigen ihre Auffindung durch die heilige Helena, ihre Überführung von Byzanz nach Mailand sowie den Transport nach Köln, während ganz wesentliche Personen wie beispielsweise der heilige Josef oder die Engel, die die Könige vor Herodes warnen, überhaupt nicht auftauchen.

Die Absicht des Malers ist klar. Wichtig ist ihm vor allem, daß wie bei der Heiligen Dreifaltigkeit die heilige Zahl Drei herausgestellt wird. Dreimal sind die Gebeine auf die Reise geschickt worden: von Jerusalem nach Byzanz, von Byzanz nach Mailand, von Mailand nach Köln.

Und hier werden sie bleiben.

Aber nicht nur für Otto, der, wie sich später herausstellen sollte, das Morgenland nicht zu christianisieren vermochte und sich auch im Streit um die Thronfolge nicht gegen seinen Widersacher durchsetzen konnte, besaßen die Heiligen Drei Könige einen hohen Symbolwert. Erinnern wir uns, daß in Byzanz der Basileios herrschte, der Kaiser des Oströmischen Reiches; der hieß zu Rainalds Zeiten Manuel und bemühte sich, eine große Koalition gegen Friedrich Barbarossa zu bilden, der neben dem Papst auch die Könige von Frankreich und England angehören sollten.

Manuel galt wie alle seine Vorgänger als Gesalbter des Herrn, als zweiter »Christos« gewissermaßen, und dieser Sonderstellung wurde jedes Jahr am Tag der Erscheinung des Herrn, am 6. Januar also, feierlich gedacht. Diesem Anspruch galt es aus Rainalds Sicht gegenzusteuern, und deshalb war die Überführung der Heiligen Drei Könige nach Köln nicht nur der Transport irgendwelcher Reliquien. Die Kölner Erzbischöfe waren es, die alle deutschen Könige in Aachen krönten, und unmittelbar nach der Zeremonie ritten die Gekrönten nach Köln, um am Schrein zu beten und sich von denjenigen im Amt bestätigen zu lassen, die auch Zeugen der Geburt des »Christkönigs« gewesen waren. Eine höhere Legitimation konnte es nicht geben.

Der Kölner Erzbischof war damit zugleich auch Königsmacher, und als Barbarossas Sohn Heinrich VI. später ernsthaft versuchte, das traditionelle Wahlkönigtum durch eine Erbmonarchie zu ersetzen, war es Erzbischof Adolf I. von Altena, der die Schlüsselrolle der Kölner Erzbischöfe in Gefahr sah und es tatsächlich schaffte, die Pläne Heinrichs zu durchkreuzen.

Köln blieb neben Aachen die wichtigste Stadt für die deutschen Könige der nächsten Jahrhunderte, und sie alle machten ihre Aufwartung am nunmehr prächtigen Schrein im Chor der neuen Kathedrale, deren Bau allerdings zunehmend ins Stocken geriet.

Doch nicht nur für Herrscher und Erzbischöfe spielten die Könige eine bedeutsame Rolle. Ihre drei Kronen tauchen überall in Köln auf: im Wappen der Stadt, in Kirchenfenstern und auf Münzen, auf Altarbildern und an Hauswänden. Bürgerhäuser und Hotels waren nach den Königen benannt, und hinter dem Frankenturm gab es ein Gäßchen, durch das die Gebeine der Sage nach einst ebenfalls getragen worden sind. Daher hieß es Kuyningsloch oder auch Koninxlochge. Nachdem die Legende verblaßt war, sprach man weniger fromm einfach vom »Pissgässchen«.

Daß die Gebeine der Könige Schutz gegen alles und jedermann verhießen, war für den mittelalterlichen Menschen selbstverständlich. Ihr Bildnis wird vorwiegend an den Westportalen der Kirchen gefunden, denn von Westen her, das galt als sicher, drangen die Dämonen in Gebäude ein. Besonders gesund waren am Dreikönigstag geweihtes Wasser und Nahrung, unter die man am gleichen Tag gesegnetes Salz mischte. Und ebenso geweiht wurde die Kreide, mit der man nebst der Jahreszahl die Zeichen C+M+B an die Balken über den Haustüren schrieb. Heute ziehen die Meßdiener durch die Straßen und sammeln für einen guten Zweck. Im Mittelalter dagegen verkleideten sich Studenten als Könige und klapperten bettelnd die Häuser wohlhabender Bürger ab.

Enorm wichtig, auch in wirtschaftlicher Hinsicht, waren natürlich die unzähligen Pilger, die von fern her nach Köln strömten, doch davon wird später noch die Rede sein. Die Stadt war nach Jerusalem, Rom und Santiago de Compostela in Spanien dank der Heiligen Drei Könige über Nacht zum viertwichtigsten Wallfahrtsort geworden, und die Könige hielten Jahrhunderte hindurch schützend ihre Hand über die Domstadt und ihre Bürger.

Auch den Mailändern, also den Bewohnern der im Laufe der Jahrhunderte wiederaufgebauten Stadt, blieb der Verlust »ihrer« Heiligen schmerzhaft in Erinnerung. Immer wieder versuchten sie, die Reliquien zurückzubekommen, und Ende des 15. Jahrhunderts bewog Ludovico Sforza, der Herzog von Mailand, den Papst Alexander VI., einen entsprechenden Brief an die Stadt Köln zu schreiben.

Ohne Erfolg natürlich, und einen ebenso vergeblichen Versuch startete der Mailänder Kardinal Alfonso Litta im Jahr 1675. Zu Anfang unseres Jahrhunderts allerdings schenkte der Kölner Kardinal Antonius Fischer als kleine Wiedergutmachung für den damaligen Raub der Stadt Mailand einige kleine Knöchelchen von den Königen. Und dabei blieb es bis heute.

Aber wer sind »sie« denn nun? Das weiß niemand. Auf dem Schrein, den Friedrich Barbarossa in Mailand erbeutete und in dem sich angeblich drei mumifizierte Leichen befanden, stand lediglich in lateinischen Buchstaben, daß es sich um das »Sepulcrum trium magorum« handelte. Das Grab der drei Magier. Näheres war unbekannt. Was weiter nicht verwundert, wenn man berücksichtigt, daß die Verehrung besagter Magier von der Kirche allenfalls geduldet, keinesfalls aber gefördert wurde; was sich allerdings schon sehr bald auf dramatische Weise ändern sollte.

Weitere Auskünfte erteilt die »Vita Eustorgii«, die Lebensbeschreibung des oben schon erwähnten Mailänder Bischofs, in dessen Kapelle die Reliquien ursprünglich aufbewahrt worden waren. In dieser Vita wird erzählt, daß die heilige Helena, die Mutter Konstantins des Großen, die Gebeine der Könige im Heiligen Land gefunden und nach Byzanz gebracht habe.

Hier halten Zweifler ein erstes Mal inne: Der Bischof Eusebius von Cäsarea nämlich, der die fromme Pilgerin und alle ihre Entdeckungen im Heiligen Land beobachtet und beschrieben hat, erwähnt die Auffindung dieser Gebeine mit keinem Wort. Außerdem: Warum sollten die Magier ausgerechnet in Palästina begraben worden sein, wo doch Matthäus ausdrücklich sagt, daß sie in ihre Heimat zurückgekehrt sind?

Wie dem auch sei, ein Nachfolger des Kaisers Konstantin soll die Reliquien entgegen der zitierten Legende besagtem Eustorgius geschenkt haben, dem wiederum bei dem Transport Wundersames widerfuhr. Als er nämlich glücklich Dalmatien durchwandert und die Adria überquert hatte, reiste er mit einem Ochsenwagen weiter durch die Abruzzen, wo ein Wolf das Zugtier riß, zur Strafe jedoch vom Heiligen vor den Wagen gespannt wurde, auf daß er diesen bis nach Mailand ziehe.

Wie leicht erkennbar, haben wir uns endgültig in die Welt der Legenden verirrt, und deshalb ist es Zeit festzustellen, was wir über die »drei Könige« wirklich wissen. Die Antwort läßt sich in zwei Worten formulieren: herzlich wenig.

Bei dem Evangelisten Matthäus, und zwar nur bei ihm, steht lediglich, daß Magier aus dem Osten eine merkwürdige Beobachtung am Himmel gemacht hatten, woraus sie schlossen, daß in Palästina anscheinend ein großer König geboren worden sei. Sie erkundigten sich vergeblich bei Herodes, fanden dennoch den Stall in Bethlehem, huldigten dem Kind, dem sie Weihrauch, Gold und Myrrhe schenkten, und zogen wieder nach Hause.

Wir kennen weder ihre Zahl noch ihre Namen, weder ihr Alter noch ihre Heimat. Alle Einzelheiten, die wir zu wissen glauben, sind Ausfluß frommer Verehrung und einer Vermischung mystischer Phantasie mit einem damals noch arg naiven Weltbild. Das drückte sich noch im 13. Jahrhundert eben dergestalt aus, daß in den sogenannten Annalen von Marbach behauptet wird, bei den damals nach Westen vorstoßenden Mongolen handele es sich um »Perser«, die ihre Könige aus Köln zurückholen wollten.

In den ältesten Darstellungen der Magier werden zwei bis vier Männer gezeigt, zuweilen aber auch deren zwölf. Bereits Origenes (etwa 185–255 n. Chr.) ging wegen der drei Geschenke von drei Personen aus. Die Zahl Drei hat wie erwähnt genauso wie die Sieben oder die Zwölf starken Symbolcharakter. Drei Magier könnten die drei damals angenommenen Menschenrassen (Semiten, Jafetiden und Chamiten) vertreten, aber auch die drei Lebensalter (Jüngling, Mann, Greis) oder die drei damals bekannten Erdteile Europa, Asien und Afrika.

Als Könige werden die Magier erstmals von dem Kirchenschriftsteller Tertullian (etwa 160–225 n. Chr.) bezeichnet. Der aus Karthago stammende Anwalt leitete diese Auffassung nicht nur aus den wahrhaft königlichen Geschenken ab, sondern erinnerte zusätzlich an die Hinweise im Alten Testament, wo es beispielsweise in Psalm 71,10 heißt: »Die Könige von Tarsis und den Inseln sollen Gaben bringen, Tribut die Könige von Saba und Seba.« Und bei Isaias 60,3 steht: »Bei Deinem Lichte wandeln Heidenvölker und Könige im Glanze Deines Strahlens.«

Nachdem mit der Zeit endgültig die Zahl der Heiligen

Drei Könige (die im übrigen niemals offiziell heiliggesprochen worden sind) festgeschrieben war, mußten sie auch Namen erhalten. Ein fränkischer Mönch hatte im 6. Jahrhundert die Schrift eines alexandrinischen Priesters aus der Zeit um 500 aus dem Griechischen ins Lateinische übersetzt und dabei die Namen Bithisarea, Melichior und Gathaspa niedergeschrieben.

Seit dem 6. Jahrhundert nannte man sie im griechischen Sprachraum allerdings auch Galgalat, Magalat und Sacharin, im hebräischen dagegen Appelius, Amarius und Damascus, während sich im lateinischen seit dem 9. Jahrhundert die uns geläufigen Namen Kaspar, Melchior und Balthasar durchsetzten.

Noch im 13. Jahrhundert jedoch war es üblich, Balthasar als den »Niger«, den Schwarzen, zu bezeichnen, und erst in späteren Dreikönigsspielen wird es üblich, den Kaspar zum Mohren und zugleich zum »Ansager« zu machen, woraus sich schließlich eine komische Figur, unser Kasper eben, entwickelte. So weit, so schlecht, denn als einzige seriöse Quelle bleibt uns demnach das Matthäus-Evangelium.

Alles andere ist fromme Legende.

Die Kronen der Könige erscheinen von 1288 an im Wappen der Stadt Köln, die bis auf den heutigen Tag nicht nur materiell von der Verehrung der Gebeine profitiert. Um so verständlicher ist der Wunsch von Theologen und Wissenschaftlern, endlich festzustellen, wer denn tatsächlich in diesem wunderschönen Schrein liegt.

1864 sind die Gebeine zuletzt in Augenschein genommen worden. Dabei wurden die Berichte von Zeugen aus dem 12. Jahrhundert bestätigt, wonach es sich um die Überreste eines zehn- bis zwölfjährigen Knaben, eines knapp dreißig- und eines etwa fünfzigjährigen Mannes handelt. Alle sind nach ihrem Tod offensichtlich einbalsamiert worden. Eine genauere Untersuchung hat bislang noch nicht stattgefunden, aber immerhin wurden Proben der Stoffe entnommen, in die alle Gebeine eingewickelt sind.

Diese Stoffragmente wurden in verschiedenen Labors, unter anderem bei Bayer Leverkusen, untersucht, wobei zwei Tatsachen nachgewiesen werden konnten:

1. Der Stoff gehört zur Gruppe der seidenen Blöckchen-Damaste, die nach dem 4. Jahrhundert nicht mehr gewebt wurden.

2. Der Stoff enthält den extrem teuren Purpur, was auf hochgestellte, zumindest aber sehr wohlhabende Persönlichkeiten hinweist.

Das läßt mit der gebotenen Vorsicht immerhin den Schluß zu, daß die Gebeine von drei Menschen vornehmer Herkunft bereits in sehr früher Zeit in diese Tücher gehüllt worden sind. Nicht auszuschließen (wenn auch äußerst unwahrscheinlich) ist allerdings auch noch die Möglichkeit, daß man die Reliquien erst nach ihrer Bergung in Mailand oder gar erst nach ihrer Ankunft in Köln in fast tausend Jahre alte Tücher gehüllt hat.

Der frühere Direktor des Erzbischöflichen Diözesan-Museums und Kustos des Domschatzes, P. Walter Schulten, faßte leicht optimistisch das Ergebnis dieser Untersuchungen zusammen, indem er die Frage nach der »Echtheit« der Reliquien so formulierte: »Ein vorsichtiges Ja bringt die Achtung vor einer über zweitausendjährigen Überlieferung zum Ausdruck und würde weitergehende Forschungen nicht blockieren.«

Und Dompropst Bernhard Henrichs sagte dazu: »Die Frage nach der Echtheit der Reliquien spielt für mich keine Rolle. Wichtig ist doch vielmehr die Überzeugung der Menschen damals, die die Gebeine in ihre Stadt geholt haben. Die Kölner haben diesen Reliquien und dem Dreikönigenschrein zweifellos außerordentlich viel zu verdanken: beispielsweise den Bau des berühmten gotischen

Doms oder auch die großen Pilgerströme im Mittelalter; die Heiligen Drei Könige als Patrone der Stadt sind ebenfalls von hoher Wichtigkeit. Die Reliquien in diesem Schrein sind ihr Zeichen, sie bedeuten ihre Gegenwart bei uns. Ob die Gebeine wirklich die der Weisen aus dem Morgenland sind, diese Frage ist vor unserer Zeit im übrigen nie gestellt worden – auch nicht bei der heiligen Ursula und den vielen anderen Reliquien in unserer Stadt.«

Die Frage nach dem Alter der Reliquien könnte heute auf sechzig Jahre genau mit der Radiocarbon- oder auch C^{14}-Methode beantwortet werden, die zur Datierung archäologischer Funde dient. Dazu brauchte man jedoch Material von etwa fünfzig bis hundert Gramm.

Darf man deshalb die Ruhe der Toten noch einmal stören?

Feuer und Fundamente

Warum der karolingische Dom abbrannte

»O nein, nicht schon wieder«, dachte Guda, als sie ihren Mann schlaftrunken über den kleinen Hof stolpern und die niedrige Tür des halbzerfallenen Aborthäuschens aufreißen sah. Doch weil auch sie erst Minuten zuvor vom mißtönenden Krähen des Haushahns aus dem Tiefschlaf gerissen worden war, kam ihr Warnruf zu spät. Dem häßlichen Geräusch, das ein Kopf verursacht, der gegen einen massiven Holzbalken stößt, folgten ein paar lästerliche Verwünschungen.

»Du sollst nicht fluchen, Gerhard«, sagte die Frau tadelnd. »Gerade heute nicht.«

Und im stillen dachte sie bei sich, daß jemand, der sich in den Kopf gesetzt hatte, die schönste und größte Kathedrale dieser Welt zu bauen, auch in der Lage sein sollte, den Abort daheim in einen menschenwürdigen Zustand zu versetzen.

Während ihr Mann sich da drüben hörbar erleichterte, hängte sie den Kupferkessel mit Ziegenmilch über das leicht flackernde Feuer und stampfte mit dem Mörser Dinkelkörner klein. Das tägliche Frühstück für die Familie. Ein köstliches Frühstück übrigens. Nur wenige Leute konnten sich Mus mit Milch leisten. Auch nicht die drei anderen Familien, an die in dem geräumigen Haus bescheidene Wohnungen vermietet worden war.

Guda wartete darauf, daß die Milch zu kochen begann, und gab ihrem Jüngsten die Brust. In ihrem Leib strampelte ein zweites Kind dem Tag entgegen, an dem es sein Brüderchen kennenlernen sollte. Guda war zufrieden. Sie war eine glückliche Mutter, wohnte in einem komfortablen Haus und vor allem: Sie war die Frau des Dombaumeisters.

Mehr Glück war nicht vorstellbar.

Gerhard tastete nach der Schwellung an seiner Stirn. Wenn er jetzt sofort ins Haus ginge, würde Guda ihm vermutlich vorschlagen, sich im Zeughaus einen eisernen Topfhelm auszuleihen, um gefahrlos dem Balken über der Aborttür trotzen zu können. Auf derartige Sprüche konnte er frühmorgens verzichten. Deshalb schlenderte er betont gleichgültig in den Weingarten hinter dem Haus, wo die Reben aufgrund der Hitze der vergangenen Tage urplötzlich geschossen waren, so daß er sie hätte aufbinden müssen. Aber dazu war im Augenblick keine Zeit.

Es war das Fest des heiligen Quirinus, eines römischen Märtyrers, der vor allem im nahen Neuss verehrt wurde. Mehr wußte Gerhard nicht von ihm, und es war ihm auch gleichgültig. Viel wichtiger war, daß man den 30. April des Jahres 1248 nach der Geburt des Herrn zählte. Diesen Tag hatte er, der Dombaumeister, dazu bestimmt, den Chor des alten Doms zum Einsturz zu bringen. Und dieser Tag war keine schlechte Wahl gewesen: Strahlend war die Sonne jenseits des Rheins aufgegangen, und nichts und niemand würde ihn davon abhalten, den Heiligen Drei Königen endlich ein Gotteshaus zu bauen, das ihrer Würde angemessen war.

»Komm endlich frühstücken!« rief Guda.

Eine halbe Stunde später machte er sich auf den Weg. Er küßte das Kind, griff nach seiner Mütze, kniff Guda in den Allerwertesten (das einzige, das sie wirklich an ihm haßte) und marschierte – jetzt wieder ganz der strenge Vorgesetzte, als den ihn jeder auf der Bauhütte kannte – die Marzellenstraße entlang in Richtung Dom.

Irgendwann würde er sich ein kleines Türchen am

Ende seines Gartens bauen, das den Weg zur Arbeitsstätte wesentlich verkürzen würde.

Als er von der Trankgasse aus die Bresche durchschritt, wo sich das mächtige Nordtor der antiken römischen Stadtmauer erhob, und sich dann nach links wandte, dachte er angesichts der schmutzigweißen Seitenschiffe der alten Kathedrale nicht zum erstenmal, daß es weiß Gott Zeit sei, den Gebeinen der Heiligen Drei Könige einen grandioseren Tempel zu errichten.

Seine Leute erwarteten ihn vor dem Ostchor des Doms, dessen Zerstörung für heute geplant war. Teile des Atriums, jenes uralten Säulengangs, der diesen Teil der Kathedrale mit der tiefer zum Rhein hin gelegenen Kirche St. Maria ad Gradus verband, waren bereits eingerissen worden. Große Steinquader und schlanke Basaltsäulen hatten die Arbeiter sorgsam aufgeschichtet. Sie waren wie geschaffen für die Fundamente des neuen Doms.

Das Vorgehen war seit der Antike bekannt und wurde vornehmlich angewandt, um Stadtmauern oder Befestigungstürme zum Einsturz zu bringen. In solchen Fällen grub man – zuweilen aus großer Entfernung – einen unterirdischen Gang bis unter die Fundamente und schaufelte dort eine möglichst große Höhle frei, die mit Holzstempeln abgestützt wurde. Diese Stützen wurden später angezündet, und wenn sie zusammenbrachen, stürzte zugleich auch die Mauer oder der Turm ein.

Wenn die Verteidiger jedoch bemerkten, daß ein solcher Tunnel angelegt wurde, gab es nur ein einziges Gegenmittel: ebenfalls einen Gang zu graben, der möglichst weit vor der Mauer auf die feindliche Grabung treffen sollte. Stießen die beiden Tunnels tatsächlich aufeinander, begann in völliger Finsternis ein mörderischer Kampf Mann gegen Mann mit höchst unsicherem Ausgang.

Einfacher war die Abwehr, wenn die Verteidiger in der Lage waren, den feindlichen Tunnel zu fluten. In diesem

Fall starben die unter Tage schuftenden Mineure einen elendiglichen Tod. Sie wurden wie Ratten ertränkt.

Wenn es ihnen dagegen gelang, den Gang heimlich bis unter die gegnerischen Mauern voranzutreiben, luden die Belagerer in der Regel die Verteidiger höflich ein, sich die Bescherung anzuschauen, und dann folgte in den meisten Fällen die sofortige Kapitulation.

Was im Krieg üblich war, bewährte sich auch beim Abriß alter Kirchen. Nur braucht man hier nicht heimlich einen Tunnel zu graben. Es reicht, die Mauern in Kniehöhe auszuhöhlen. Zunächst wird auf diese Weise der alte Chor zum Einsturz gebracht. Das geht schneller und ist zudem weniger gefährlich, als Männer auf die hohen Mauern zu schicken, die dann mit Spitzhacken Stein für Stein losschlagen und nach unten fallen lassen. Einen eingestürzten Chor muß man nur noch abtragen und dabei die auseinandergebrochenen Steine nach Größe und Qualität ordnen.

Damit jedoch im alten Dom auch während der folgenden Bauzeit noch über einen längeren Zeitraum hinweg Gottesdienste abgehalten werden können, schließt man das Längsschiff mit einer Zwischenwand ab, so daß das Langhaus und – so vorhanden – der Westchor über Monate hinweg voll funktionsfähig bleiben.

So einfach ist das; zumindest theoretisch.

Gerhards Männer hatten schon vor Tagen damit begonnen, in regelmäßigen Abständen große Breschen in die Tragewände des Chors zu schlagen. Waren die Lücken etwa einen Meter hoch und einen halben breit, stützten die Arbeiter das darüberliegende Mauerwerk mit starken Eichenstempeln ab und wandten sich dem nächsten Loch zu. Nach und nach wurden auf diese Weise der gesamte Chor unterminiert und seine Wände letztendlich nur noch von den senkrecht stehenden Balken aufrecht gehalten.

Bis zum Mittag waren die letzten Lücken gebrochen

und mit Stempeln abgesichert. Die Männer begannen damit, Holzscheite und Reisigbündel heranzuschleppen, die seit Wochen im Säulengang des Atriums von St. Maria ad Gradus gelagert waren, um sie vor dem ausgiebigen Frühjahrsregen und den letzten Schneeschauern zu schützen.

Den keuchenden Männern lief der Schweiß aus den Haaren über die Stirn in die Augen. Kein Lüftchen rührte sich. Die Sonne stand hoch am Himmel, und es war schwül, viel zu schwül, zumindest für Ende April. Schließlich war gerade erst Ostern vorbei.

In der Ferne begann es zu grummeln. Gerhard schickte einen besorgten Blick zum Himmel. Über dem Kloster des heiligen Pantaleon zogen finstere Wolken hoch. Der Dombaumeister trieb die Leute an. »Beeilt euch, Männer! Ein Gewitter zieht auf, und es wird besser sein, wenn das Feuer ordentlich brennt, bevor der Regen es ertränkt!«

Die Männer hasteten hin und zurück, schleppten immer mehr Holz herbei und stapelten es rings um den Chor und die abgestützten Löcher oberhalb der Fundamente. Reisigbündel und armdicke Äste, knackende Zweige und klobige Scheite türmten sich bis fast an die Chorfenster, und als Gerhard rief, sie sollten in Gottes Namen endlich Feuer legen, tobten bereits die ersten Böen heran. Nur mit Mühe gelang es den Männern, Funken zu schlagen und das glimmende Werg zwischen die Zweige zu schieben.

Dann prasselten die Flammen hoch.

Welch atemberaubender Anblick! Gegen den nachtschwarzen Himmel erhob sich die rasende Feuerwalze, die sich in immer neuen Anläufen am Chor des Doms brach, in die Breschen hineinleckte und die das Mauerwerk tragenden Holzstempel zum Glühen brachte, zurückschnellte und die allzu Neugierigen aus der Schar der Gaffer vertrieb, die sich inzwischen um die Baustelle versammelt hatten.

Gerhard, der wie alle anderen fasziniert das Flammeninferno beobachtet hatte, wurde plötzlich unruhig. Irgend etwas stimmte nicht. Nervös spähte er nach dem Gewitter, das südlich vom Dom über St. Severin an der Stadt vorbei über den Rhein zog. Und dann wußte er, was nicht stimmte: Die orkanartigen Böen kamen jetzt ausschließlich aus östlichen Richtungen und trieben die Flammen am Chor hoch und wenig später auch links und rechts daran vorbei.

»Das Feuer ist zu groß«, schoß es ihm in den Kopf. »Wir müssen die Glut auseinanderreißen!« Aber noch während er das den Arbeitern zuschrie, wußte er schon, daß niemand mehr nahe genug an die Flammenhölle gelangen könnte, um dort irgend etwas zu bewirken.

Heiliger Petrus, hilf!

Es gab nur noch eines zu tun: »In den Dom, Männer! Mir nach, in den Dom!« Und er stürmte davon, den gleichen Weg, den er gekommen war, an der Römermauer entlang zum westlichen Atrium, denn die kleine Tür, die vorne in den Ostchor hineinführte, lag bereits inmitten der Feuerwalze.

Seine Männer rannten hinter ihm her, eifrig zwar, jedoch ohne seine Panik nachempfinden zu können. Vielleicht aber ahnten auch sie, daß etwas Schreckliches geschehen würde. Und dann hörten sie es, genau in dem Augenblick, als sie durch das Atrium in den Dom stürmten. Mit donnerndem Getöse brach der Chor zusammen, und durch die Staubwolke hindurch raste eine Feuerwand ins Langhaus der Kathedrale.

»Das Kreuz!« keuchte Gerhard, »helft mir bei dem Kreuz!« Und gemeinsam hoben sie das alte Gerokreuz aus der Verankerung und schleppten es nach hinten in Sicherheit, wohin man bereits vor Tagen vorsichtshalber den Schrein mit den Gebeinen der Heiligen Drei Könige gebracht hatte. Zwar gelang es ihnen danach noch, diese oder jene Kostbarkeit aus dem Inferno zu retten, aber dann gab es nur eins: den Rückzug.

Der Feuersturm tobte derweil in die alte Kathedrale und brachte die ebenso riesigen wie wertvollen Kronleuchter zum Schmelzen. Die Flammen fraßen sich in den offenen Dachstuhl hinein, und das flüssige Blei, mit dem das Dach des Langhauses bedeckt war, tropfte wie glühende Tränen durch die Flammen hindurch auf den marmornen Fußboden.

Als die Sonne am Abend hinter St. Gereon in einer Wolkenbank verschwand, standen von der alten Kathedrale nur noch die ausgeglühten Seitenwände und der stark in Mitleidenschaft gezogene Westchor. Schaler Brandgeruch lag über dem Domhügel. Die Gaffer hatten sich verlaufen, und Gerhards Männer waren erschöpft nach Hause gegangen. Nur der Dombaumeister kauerte auf einem Säulenstumpf im Säulengang des Atriums von St. Maria ad Gradus.

Ein Dominikaner mit ungepflegtem grauem Bart und schmutziger Kutte hatte einen Turm der Römermauer erklettert und predigte dort einer nicht existenten Menschenmenge über den Hochmut der Menschen, die Gottes Haus abreißen, um einen neuen Turm zu Babel zu errichten. Sei es nicht ein Zeichen höchster göttlicher Ungnade, daß Feuer vom Himmel gefallen sei, um die Frevler zu bestrafen? »Kehret um und tuet Buße!« rief der Mönch mit sich überschlagender Stimme. »Gebt das Geld den Armen, anstatt es im Tempel des Hochmuts zu opfern, denn das Geringste, das ihr meinen …«

An dieser Stelle unterbrach der Mönch seine Predigt, weil Gerhard einen faustgroßen Stein in seine Richtung geworfen hatte, der jedoch sein Ziel verfehlte. Immerhin vertrieb er den Dominikaner, der – Verwünschungen ausstoßend – aus dem Turm kletterte und die Treppen zur Trankgasse hinunterfloh. Dann kehrte wieder Stille ein auf dem Domhügel, die nur hin und wieder unterbrochen wurde von dem klirrenden Ton, den ein Stück Fensterglas verursacht, das in glühender Asche zerbirst.

Gerhard starrte mit tränenleeren Augen auf den gewaltigen Hügel aus Schutt, der fast die ganze Fläche bedeckte, auf die er seinen Chor hatte bauen wollen. Aus und vorbei. Zum Teufel werden ihn die hohen Herren jagen, und niemand könnte es ihnen verübeln. Nicht einmal er.

Schließlich war er es gewesen, dem sie blind ihr Vertrauen geschenkt hatten; er war es, der ihnen versichert hatte, daß er genug Wissen und Erfahrung besitze, ein solches Projekt zu leiten, und er war es, der ihnen diese Zeichnung gezeigt hatte, diesen Plan, der in seinem Kopf entstanden war, und den haargenau so auszuführen er ihnen versprochen hatte.

Er, der Versager.

Zwei Hände legten sich auf seine Schultern. Er wandte sich um und vergrub sein Gesicht in dem kühlen Stoff, der nach Milchmus und Windeln roch. Eine halbe Stunde lang schluchzte er haltlos gegen den gewölbten Leib seiner Frau.

»Es tut mir so leid, Guda«, flüsterte er. »Ich hätte es uns so gewünscht; nicht nur mir, auch dir und den Kindern. Jetzt wird man uns wegschicken, und ich weiß nicht, wovon wir ab morgen leben werden.« Sie streichelte leicht seinen Kopf und zupfte ein paar verbrannte Holzsplitter aus den staubbedeckten Haaren.

»Komm nach Hause, Gerhard«, sagte sie leise. »Noch haben wir eins.«

Und das nahm ihnen auch niemand weg. Im Gegensatz nämlich zu jenem eifernden Dominikanermönch sahen der Erzbischof und das Domkapitel die Brandkatastrophe mit ganz anderen Augen. Den Baumeister, der – so wenigstens urteilte Konrad von Hochstaden – seine Arbeit völlig korrekt verrichtet habe, treffe keinerlei Schuld an dem Unglück. Vielmehr habe ganz offensichtlich der HERR in seinem unerforschlichen Ratschluß ein deutliches Zeichen gesetzt und den alten Dom gänzlich abbrennen lassen. Nicht daß man die Kathedrale nicht wieder notdürftig herrichten könne, aber immerhin: Der plötzlich aufkommende Sturm habe den Wunsch des Allerhöchsten deutlich gemacht, daß man den neuen Dom so schnell wie möglich hochziehe, und wer sei dazu besser geeignet, schloß der Erzbischof mit einer rhetorischen Frage an das Domkapitel, wer wohl anders als eben »unser Freund Gerhard«?

Es gab ganz offensichtlich wirklich keinen besseren. Dombaumeister wuchsen nicht auf Bäumen, und unter denen, die von Baustelle zu Baustelle quer durch Europa zogen, war Gerhard ganz sicher einer der talentiertesten. Das war wohl auch dem Domkapitel bewußt, und so behielt Gerhard seine Arbeit und Guda einen Ehemann, der nach wie vor Dombaumeister war.

Viel wissen wir nicht über ihn, und das wenige, was uns überliefert ist, muß nicht unbedingt stimmen. Aus seinem Beinamen »von Rile« wird geschlossen, daß er aus dem (längst nach Köln eingemeindeten) Örtchen Riehl im Norden der Stadt stammte und ein Sohn des Gottschalk von Rile war. Vater Gottschalk hatte sich als quasi Zugereister den Hof Kettwig neben der Marzellus-Kapelle in Köln gekauft; Sohn Gerhard hatte sich, bevor er zum Dombaumeister berufen worden war, ein Haus in der Johannisstraße gebaut.

Um daselbst eine Familie zu gründen, verlobte er sich mit einer Jungfrau namens Gertrud, aber die Sache ging in die Brüche, und Gerhard erhielt die Verlobungsgeschenke zurück. Kurz darauf nahm er Guda zur Frau, eine zuverlässige Weibsperson und die Tochter eines Mannes, der dem Domdechanten als Kellermeister diente. Später bezog

Gerhard dann sein komfortables Haus in der Marzellenstraße, das ihm das Domkapitel in Erbpacht überließ.

Dieses Haus übrigens, die Nummer 20 auf der Marzellenstraße, wurde mehrfach umgebaut und trug später den Namen »Zum Riesen«. Es stand genau dort, wo jetzt die Bahnhofstraße in die Straße An den Dominikanern übergeht. Dieser Durchbruch existierte bis in die zweite Hälfte des 19. Jahrhunderts hinein nicht und wurde erst nach langen Diskussionen vom Stadtrat genehmigt. Im Zuge dieser Baumaßnahmen wurde das Haus abgerissen, in dem Gerhard mit seiner Familie gewohnt hat.

Über seine Jugend und Lehrzeit wissen wir nichts. Höchstwahrscheinlich war er Steinmetz und kannte vermutlich etliche der neuen französischen Kathedralen; mit absoluter Sicherheit jedoch die von Amiens, die an Kühnheit und Pracht zu übertreffen sein höchstes Ziel war, höchstwahrscheinlich auch die Sainte-Chapelle in Paris und vielleicht sogar den Architekten dieser beiden Gotteshäuser, den Baumeister Robert de Luzarches. Die Experten sind sich allerdings einig darin, daß er auf keinen Fall länger in der dortigen Bauhütte gearbeitet haben kann. Dazu fehlten Gerhard allem Anschein nach etliche moderne Fertigkeiten, die in Amiens zum handwerklichen Alltag gehörten.

Andererseits strebte Gerhard auch nicht nach technischer Vollkommenheit. Sein Traum bestand darin, die letzten Mängel in der Konzeption der Kathedrale von Amiens auszumerzen und ein Gotteshaus von so atemberaubender Schönheit zu schaffen, daß es nicht mehr zu übertreffen wäre. Tatsächlich hat es nach ihm niemand auch nur versucht.

Was uns gegenüber den Dombaumeistern jener Zeit die meiste Bewunderung abringt, ist ihr geradezu unglaublicher Mut zum Wagnis. Als Meister Gerhard beschloß, den alten Chor am 30. April des Jahres 1248 durch

Feuer zum Einsturz zu bringen, standen ihm keine satellitengesteuerten Wettervorhersagen zur Verfügung, und als er sich vornahm, eine Kathedrale zu bauen, deren Gewölbe über dreiundvierzig Meter hoch über dem Fußboden schwebten, da hatte er das Wort Statik noch nie in seinem Leben gehört.

Natürlich ging derartiger Wagemut hin und wieder auch ins Auge: Der Baumeister von Beauvais versuchte sich an einer Gewölbehöhe von achtundvierzig Metern. Die Kathedrale stürzte ein und steht bis heute als unvollendeter Torso inmitten der nordfranzösischen Stadt. Die Ulmer riskierten es, ihr Münster auf mittelalterliche Kellergewölbe zu setzen. Prompt fiel der halbfertige Turm zusammen, und es vergingen Jahrhunderte, bis er vollendet wurde.

Derlei Risiken ging Gerhard nicht ein. Seine Männer fraßen sich mit Hacken und Schaufeln durch die mehr als tausend Jahre alten Bebauungsschichten des Domhügels, die weder bei Gerhard noch bei den gelehrten Herren des Domkapitels auch nur die geringste archäologische Neugierde weckten.

Der Dombaumeister verzichtete auch darauf, von Zeit zu Zeit angespitzte Pfähle in den Grund schlagen zu lassen, um dessen Festigkeit auszuprobieren. Nicht einmal dieses damals übliche Verfahren schien ihm sicher genug. Vielleicht hatte ihm auch jemand von jenem merkwürdigen Campanile im italienischen Pisa erzählt, der bereits nach fünf Jahren anfing, sich zu neigen, so daß man die Arbeiten nach Fertigstellung des dritten Geschosses zunächst einmal einstellte.

Mit Sicherheit jedoch war er damals nicht in der Lage auszurechnen, wie schwer denn seine Kathedrale einmal werden würde. Heute kann man das sehr wohl. Der Dom – oder genauer: das, was man oberhalb der Erde von ihm sieht – wiegt um die hundertzwanzigtausend Tonnen.

Wenn man ihn abreißen würde, brauchte man, um die Steine wegzufahren, nach Berechnungen der Dombauhütte immerhin an die zweihundert Güterzüge mit jeweils vierzig Waggons oder aber vierzigtausend Lastwagen.

Auch wenn Gerhard und seine Nachfolger das nicht so genau ausrechnen konnten, ließen sie ihre Männer vorsichtshalber bis zu siebzehn Meter tief graben und erst dann die Baugrube verschalen und mit ausgesuchten Steinen füllen. Dazu gehörten viele freigelegte Kalksteinquader von den Fundamenten des alten Doms, aber auch Stümpfe von Marmorsäulen aus römischer oder romanischer Zeit, die bei Ausgrabungen nach 1945 wieder aufgefunden werden sollten.

Auf den ersten Sockel wurden die Außensteine der Fundamente freistehend gemauert und Schicht für Schicht mit Schutt und Mörtel ausgefüllt. Anschließend wurde diese Mischung festgestampft. Dann wurden die äußeren Fundamentmauern wieder höher gezogen und aufs neue verfüllt. So wuchsen die Fundamente Meter für Meter auf bestem Untergrund, so daß bis heute (trotz der Bombardements im Zweiten Weltkrieg) keinerlei Schäden zu verzeichnen sind.

Da wachsen sie also unaufhaltsam in die Höhe, die Fundamente des riesigen gotischen Chors, und es wird Zeit, danach zu fragen, wer den Anstoß gegeben hat zu diesem so überaus erstaunlichen Unterfangen. Schließlich stand auf dem Hang bereits eine ehrwürdige Kathedrale, die noch keine vierhundert Jahre alt war; außerdem gab es in Köln mehr als ein Dutzend großer romanischer Kirchen und schließlich noch unglaublich viele bescheidene Gotteshäuser, von denen die meisten inzwischen abgerissen worden sind. Allein in unmittelbarer Nähe des Doms zählte man wenigstens deren sechs, und es bestand keinerlei Notwendigkeit, auf diesem Gebiet schon wieder aktiv zu werden.

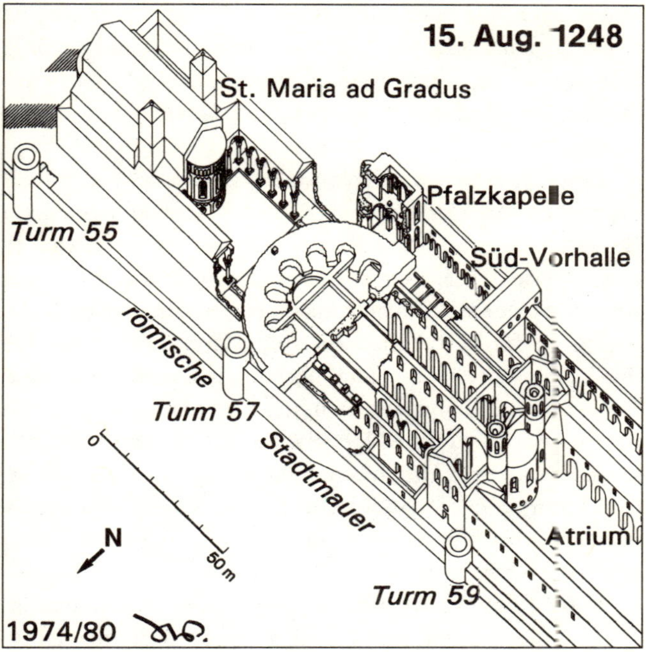

Oder eben doch.

Kaiser Friedrichs I. Erzkanzler und zugleich amtierender Erzbischof von Köln, Rainald von Dassel, hatte vom Italienfeldzug seines Herrn 1164 die Reliquien der Heiligen Drei Könige aus Mailand nach Köln gebracht In den Jahren von 1180 bis 1230 schufen Meister Nikolaus von Verdun und später seine Werkstatt den größten, je im Abendland hergestellten Goldsarkophag von 1,70 Meter Höhe und 1,80 Meter Länge sowie sechs Zentnern Gewicht, der schließlich von Kölner Goldschmieden vollendet wurde. Für einen solchen Schatz schien der alte Dom den Kölner Erzbischöfen, drücken wir es moderat aus, zu verstaubt.

Die Stadt Chartres hatte, nachdem ihr romanischer

Dom abgebrannt war, für ihre Marienreliquien sofort eine herrliche neue Kathedrale gebaut, und Frankreichs König Ludwig IX. (mit dem Beinamen »der Heilige«) hatte auf etwas merkwürdigen Wegen 1238 die Dornenkrone Christi erstanden.

Und das kam so: Ursprünglich befand sich die Reliquie, über deren Echtheit wir hier nicht streiten wollen, im Besitz des byzantinischen Kaisers Balduin II., der sich in einer Phase akuter Geldnot nach einem potenten Käufer umsah, den er auf Vermittlung eines venezianischen Kaufmanns in dem französischen König fand. Dieser ließ für die kostbare Reliquie eine überdimensionale und kostbare »Monstranz« bauen, nämlich die Sainte-Chapelle auf der Seine-Insel in Paris. Der Bau entstand in nur dreiunddreißig Monaten. Die Weihe fand am 25. April 1248 statt, und kaum war die Nachricht in Köln angekommen, da beschloß das Domkapitel: Das können wir auch! Und wir fangen gleich damit an.

Sollte Köln bei einem solchen Wettbewerb etwa hintanstehen? Ganz gewiß nicht, und deshalb mußte das Langhaus der Kölner Kathedrale auch um ein Winziges höher sein als das der Sainte-Chapelle, was nichts mit Gottesverehrung zu tun hatte, sondern mit politischem Prestigedenken.

In den Jahrzehnten zuvor hatten weder Rainald von Dassel noch seine Nachfolger genügend Energie aufgebracht, das gewaltige Werk anzugehen. Das tat erst Engelbert I. von Berg (1216–1225), wie uns der Mönch Cäsarius von Heisterbach glaubwürdig berichtet. Glaubwürdig vor allem deshalb, weil er die Geschichte Engelberts bereits schrieb, bevor 1248 die alte Kathedrale abbrannte, und überhaupt noch keine Notwendigkeit bestand, einen neuen Dom zu bauen.

Aber Engelbert wurde ermordet, bevor er seine hochfliegenden Pläne verwirklichen konnte, und erst unter der

Regentschaft von Erzbischof Konrad von Hochstaden ergriff das Domkapitel höchstselbst die Initiative. Die Namen der Wortführer sind uns überliefert: Der Domdekan Goswin von Randerath, der Domkanoniker und Propst von Münstereifel Godefried, der Subdekan Konrad von Rennenberg, der Chorbischof Reiner von Elsloo, der Kantor Ulrich vom Steine und der Kustos der Kammer, Winrich mit Namen, überredeten den Schatzmeister des Doms, Philipp von Altena, die Spenden, die außerhalb der Messe auf den Petrusaltar gelegt wurden und auf die er aufgrund seines Amtes Anspruch hatte, auf sechs Jahre gegen eine Rente von dreißig Mark Silber für den geplanten Dombau abzugeben.

Der Domschatzmeister wehrte sich, und zwar aus gutem Grund. Nicht nur, daß ihm dieses Geld persönlich zustand; davon mußte er auch die Fenster instand halten sowie Blei und Ziegel für notwendige Ausbesserungsarbeiten am Dach bezahlen. Aber schließlich gab er nach, und der Grundstock für den Bau war gelegt, auch wenn die Summe nicht allzu hoch erscheinen mag. Andererseits hatten zuvor schon einige Herren des Domkapitels in die eigene Tasche gegriffen und freiwillig Geld in eine Kasse eingezahlt, die ab sofort den Namen »Fabrik« erhielt.

Da eine Fabrik jedoch auch gemanagt werden will, wurden Verwalter berufen, und die besaßen den unschätzbaren Vorteil, daß sie in ihren Entscheidungen frei waren. Sie waren weder dem Erzbischof gegenüber Rechenschaft schuldig noch dem Domkapitel und erst recht nicht der Stadt und deren Vertretern. Und so merkwürdig das klingen mag: Das gilt bis auf den heutigen Tag. Der Dom gehört sich selbst. Punkt. Strenggenommen müssen noch heute sowohl der Kardinal als auch der Oberbürgermeister der Stadt höflich beim Dompropst um die Erlaubnis nachsuchen, die Kathedrale betreten zu dürfen.

Die Verwalter der »Fabrik« tragen unterschiedliche Titel. Mal nennt man sie *administrator* oder *gubernator*, bald heißen sie *magister*, dann wiederum tauchen sie in den Urkunden als *procurator* oder *provisor* auf. Manchmal jedoch wird auch der Dombaumeister als *magister operis* oder *magister fabricae* bezeichnet, obgleich der Baumeister-Architekt ebenfalls als *magister operis* auftaucht. Das ist verwirrend, aber damit mögen sich die Wissenschaftler herumschlagen. Uns sollte genügen zu wissen, daß es neben dem eigentlichen Baumeister auch Beauftragte des Domkapitels gab, die darauf schauten, daß beim Bau alles mit rechten Dingen zuging. Eine Art Rechnungsprüfungshof.

Selbst so starke und selbstbewußte Erzbischöfe wie Konrad von Hochstaden, Siegfried von Westerburg oder Heinrich von Virneburg respektierten die Selbständigkeit der »Fabrik-Verwalter«. Erst Walram von Jülich (1332–1349) riß die Oberaufsicht an sich, und daran änderte sich auch nichts mehr bis zur Mitte des 16. Jahrhunderts. Zur Ehre der Erzbischöfe muß allerdings gesagt werden, daß sie sich keineswegs an der Kasse bereicherten, vielmehr darauf achteten, daß der Dombau zügig fortschritt.

Und das tat er wirklich. Konrad von Hochstaden hatte am 15. August 1248 den Grundstein gelegt (der übrigens bis heute vergeblich gesucht wird). Bei dem feierlichen Akt waren die vornehmsten Vertreter des niederrheinischen Adels anwesend; unter anderen die Herzöge von Limburg und Brabant, die Grafen von Berg, Kleve und Geldern sowie der Bischof von Lüttich. Und von diesem Tag an wuchs der neue Chor in geradezu unglaublicher Geschwindigkeit in den Himmel.

Obwohl keine exakten Angaben überliefert sind, gehen Wissenschaftler heute von folgenden Daten aus: In den ersten drei Jahren wurden sage und schreibe siebentausendfünfhundert Kubikmeter Stein verbaut. Die Fertigstellung aller Fundamente im Chor wird vermutlich 1256 erfolgt sein, doch schon während die Fundamente im Westteil des Chors gelegt wurden, wuchsen auch die aufgehenden Mauern des Kapellenkranzes in die Höhe, so daß bereits 1257 die Pracht des neuen Doms für jedermann zu erkennen war.

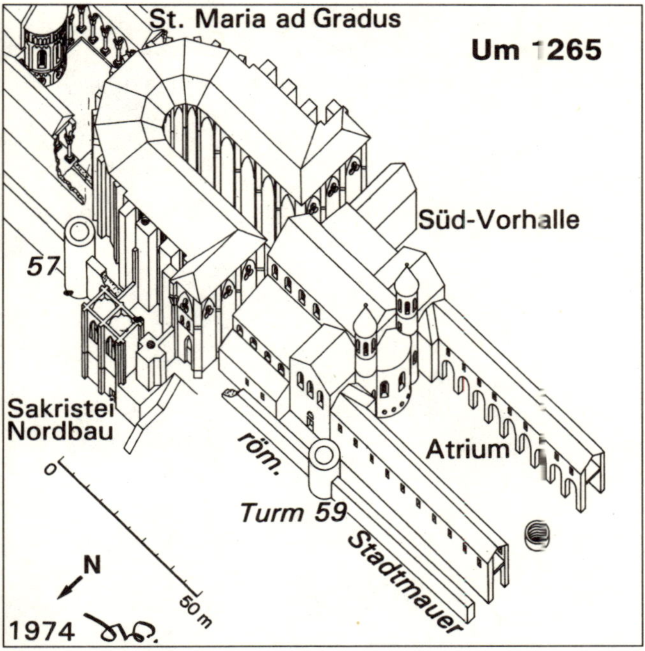

Baumeister Gerhard ist vermutlich um 1260 gestorben. Vielleicht hat er noch die Fertigstellung der Achsenkapelle erlebt, in der Konrad von Hochstaden beigesetzt wurde. Sein Nachfolger, Arnold mit Namen, beendete bis zum Jahr 1270 das Erdgeschoß des Chors, das mit steilen Treppen mit dem inzwischen tiefer liegenden, notdürftig wieder instandgesetzten alten Dom verbunden war und schon zu diesem Zeitpunkt in die Prozessionen mit eingeschlossen werden konnte.

Arnold, der den Bau wohl bis zum Jahr 1299 leitete, erlebte auch noch die Vollendung des Chors mit seinen phantastischen Fenstern und den schmalen Säulen, die das zeltartige Gewölbe tragen. Eine provisorische Wand schloß den Chor nach Westen zu gegenüber dem Langhaus des alten Chors ab.

Ein merkwürdiges Provisorium. Es sollte in dieser Form bis zum Jahr 1863 unverändert so stehen bleiben.

Spieße und Steine

Der Drachenfels und die Schlacht bei Worringen

Die Junisonne brannte an diesem Tag des Jahres 1288 gnadenlos von einem wolkenfreien Himmel, und der dicke Mann wischte sich den Schweiß aus den Augen. Er war unausgeschlafen, durstig und besorgt. Seine Männer hatten ihn zum werweißwievielten Male an diesem Samstag auf den untersten Ast einer abgestorbenen Eiche gehievt, die nahe am Ufer stand; er hockte da sehr unbequem, aber zumindest konnte er von hier aus das Geschehen beobachten.

Zuweilen schweifte sein Blick hinüber zu dem prächtigen Schiff, das hundert Meter flußabwärts im Rhein ankerte. Als es vor einer halben Stunde an ihnen vorbeigeglitten war, hatte er gesehen, daß sich Mitglieder des Hohen Domkapitels aus Köln an Bord befanden. Auch sie interessierten sich also für den Ausgang dieser Schlacht, aber er hatte nur einen der Männer erkannt: einen gewissen Gerhard Advocatus, dem er einmal auf der Kölner Baustelle begegnet war.

Ängstlich starrte der dicke Mann zum Schlachtfeld hinüber. Es sah nicht gut aus. Überhaupt nicht gut.

Vom Rheinufer her bedrängten jetzt die recht ordentlich bewaffneten Bürger aus Köln die Reiterei des Erzbischofs, dessen prachtvolle Rüstung selbst im dichtesten Getümmel auszumachen war. Doch irgendwie schien es, als würden die Reihen seiner Reiterei lichter. Zu denen aber gehörten auch die Herren vom Drachenfels, und denen durfte nun wirklich nichts geschehen.

Die Gebete, die der dicke Mann zum Himmel schickte, waren nicht gänzlich uneigennützig, denn der Ausgang dieser Schlacht konnte ihn möglicherweise ruinieren und seine ganze Familie ins Unglück stürzen. Obwohl, eigentlich konnte überhaupt nichts passieren. Schließlich war das Heer des Erzbischofs dem seiner Gegner haushoch überlegen.

Wenn es nur ein bißchen besser ausschauen würde, dahinten auf dem Schlachtfeld.

Angefangen hatte es erst vor einer Woche, als ein Bote sein schweißnasses Pferd am Eingang zum Steinbruch zügelte und ihn bat, sich baldmöglichst auf der Burg zu melden. Da diese höfliche Bitte natürlich einem Befehl gleichkam, mühte sich der dicke Mann noch zu gleicher Stunde den steilen Weg zu der kleinen Anlage hoch, die – warum auch immer – seit Menschengedenken »Drachenfels« genannt wurde.

Zwar erzählten die Alten gruselige Geschichten über die angeblich Feuer speienden Ungetüme, aber damit konnten sie allenfalls die Kinder erschrecken. Jedermann wußte, daß es solche Tiere nicht gab, obwohl sie seltsamerweise immer wieder auftauchten, sei es auf Wappen oder in Heiligenlegenden.

»Ludwig«, sagte Burggraf Heinrich, nachdem er den dicken Mann mit Handschlag begrüßt hatte, »Ludwig, ich brauche dich.« Sie setzten sich auf eine kleine Steinbank im Schatten des viereckigen Bergfrieds, der den engen Burghof überragte. Eine junge Magd brachte zwei Tonkrüge mit kaltem Wein, und die Männer tranken sich zu.

Der dicke Mann fühlte sich keineswegs unbehaglich. Burggraf Heinrich war, wie sein Bruder Rutger, keiner von den feinen Pinkeln, die nicht mehr mit den einfachen Leuten reden, nur weil sie in den Adelsstand erhoben worden sind. Die Vorfahren der Burggrafen waren Beamte der Bonner Kirche gewesen und hatten die Burg lediglich verwaltet. Sie hatten ihre Herkunft nicht vergessen, auch wenn sie jetzt mit dem Erzbischof persönlich verkehrten. Von ihrem Wesen her hätten sie immer noch Weinbauern sein können.

»Ludwig«, sagte der Burggraf nach einem weiteren Schluck, »du bringst jetzt schon, seitdem ich denken kann, Steine für den Bau der neuen Kathedrale nach Köln. Meinst du, du könntest auch mal einen Tag für mich opfern?«

Ludwig wußte sehr wohl, daß auch diese höfliche Frage im Grunde ein Befehl war, zögerte dennoch ein ganz klein wenig, weil sich Zögern zuweilen rentiert.

»Gegen Bezahlung natürlich«, fügte der Burggraf lächelnd hinzu.

»Aber natürlich«, strahlte der dicke Mann. Und es war ihm ganz gleichgültig, wofür der Burggraf ihn brauchte. Angenehmer als Steine zu transportieren wird es wohl allemal sein, dachte er bei sich.

Während die beiden Männer die Krüge leerten und im Laufe der nächsten Stunde noch einen weiteren, erhielt Ludwig Nachhilfeunterricht im politischen Alltagsgeschehen; was auch notwendig war.

Der Kurfürst, Territorialherrscher und Erzbischof von Köln, Siegfried von Westerburg, Lehnsherr derer vom Drachenfels, befand sich im Krieg mit Herzog Johann von Brabant. Der versuchte, sein Gebiet in Richtung Rhein auszudehnen, was der Erzbischof natürlich nicht dulden wollte. Aus dem kalten Krieg wurde ein blutiger, als der Herzog von Limburg, dem Gebiet südlich und westlich von Aachen, starb.

Als Erbe fühlte sich Graf Adolf von Berg, an der Wupper zu Hause, jedoch zu schwach, seine Ansprüche durchzusetzen. Also verkaufte er sie für zweiunddreißigtausend Gulden an den Herzog von Brabant und erklärte sich bereit, Seite an Seite mit ihm gegen den Erzbischof von Köln zu kämpfen.

Burggraf Heinrich ließ an dieser Stelle diskret die Tatsache aus, daß Adolf von Berg im Vorjahr bereits den Drachenfels erobert, aber gottlob nicht zerstört hatte. Der Burggraf und sein Bruder waren gerade in eine andere Fehde verstrickt gewesen und hatten die Burg nicht verteidigen können. Aber das gehörte nicht hierhin, befand Heinrich, und Ludwig hütete sich, die Sache zur Sprache zu bringen. Eine Heidenangst hatte er damals gehabt, als die Truppen aus dem Bergischen plötzlich aufgetaucht waren. Obwohl Soldaten (und feindliche dazu!), hatten sie sich ganz korrekt verhalten, und weder er noch die Leute vom Steinbruch hatten Schaden genommen.

Doch der Herzog von Brabant und der Graf von Berg waren nicht die einzigen Gegner des hochfahrenden Siegfried von Westerburg. Der versuchte auf sehr energische Weise, die Hoheit über die Stadt Köln zurückzuerobern, wogegen sich die Kölner naturgemäß mit aller Gewalt stemmten. Verträge wurden geschlossen und wieder gebrochen. Beide Parteien fühlten sich im Recht, aber den Ausschlag gab schließlich die Affäre Worringen.

In diesem kleinen Ort nördlich von Köln hatte Siegfried von Westerburg eine Raubritterfestung – anders kann man sie wohl nicht bezeichnen – gebaut, von der aus der Handel der Kölner Kaufleute, sei es auf der alten Römerstraße in Richtung Neuss und Xanten, sei es auf dem Rhein, empfindlich gestört wurde.

Immer wieder hatte der Erzbischof den Abbruch dieser Burg versprochen, und ebensooft hatte er dieses Versprechen gebrochen. Schließlich wandten sich die Kölner an den Intimfeind des Erzbischofs um Hilfe und öffneten dem Herzog von Brabant die Stadttore, was wiederum den Bruch einer Abmachung mit dem Erzbischof bedeutete.

Wie auch immer, hier ließ Heinrich einen vierten Krug kredenzen, ein Krieg sei unvermeidbar, denn der Brabanter sei mit einem starken Heer im Anmarsch und ziehe brandschatzend durch das Gebiet am linken Niederrhein. Man vermute, daß er den Kölnern helfen werde, die Worringer Burg ebenso zu zerstören, wie er das schon mit den Ortschaften Blatzheim und Lechenich getan habe. Deshalb werde das Heer des Erzbischofs sich ebenfalls sammeln, um ihm entgegenzutreten.

Der dicke Mann wartete mit wachsender Unruhe darauf, welche Rolle ihm in diesem Unternehmen zugedacht war.

Wenn es aber zu einer Schlacht in der Gegend von Worringen komme, fuhr der Burggraf fort, werde sie zum einen natürlich vom Erzbischof gewonnen. Daran bestünden keinerlei Zweifel. Zum anderen aber werde eine Menge Beute anfallen, und die sei nur höchst beschwerlich zu transportieren, weil man schlecht mit vollbeladenen Karren über das feindlich gesonnene Köln zurückkehren könne. Den Riesenumweg über die Voreifel zurück nach Bonn und zum Drachenfels auf sich zu nehmen, sei allerdings auch nicht gerade das Komfortabelste. Kurz: Er bitte Ludwig, daß er mit einem seiner Schiffe in der Nähe des Schlachtortes ankere, um dann den Burggrafen nebst seinen Männern und der (hoffentlich ansehnlichen) Beute ans andere Ufer zu bringen, um das Schiff von dort aus nach Hause zu treideln.

Ludwig seufzte erleichtert, wenn auch äußerst diskret auf. Er hatte Gefährlicheres befürchtet. Ein Krieg war immer schlecht fürs Geschäft. Krieg bedeutete unsichere Straßen und unsichere Flußwege. Der reine Horror für Transportunternehmer. So aber konnte man aus einer Schlacht sogar noch Profit ziehen. Und weil der Burggraf noch angemessene Bezahlung im voraus zu leisten gewillt war, schritt Ludwig nicht nur vom Wein beschwingt den steilen Weg hinunter zu dem Steinbruch, von dem aus er – Krieg hin, Krieg her – auch weiterhin die Steine auf die Großbaustelle nach Köln bringen wollte, bis ihm Herr

Heinrich eine Botschaft schicken würde, wann und wo genau er sich bei Worringen einzufinden habe.

Das war vor sechs Tagen gewesen, und es hatte sich alles ganz einfach angehört. Bislang war ja auch noch nichts passiert. Außer daß gestern abend ein berittener Bote des Burggrafen bei ihm aufgetaucht war mit der Nachricht, daß das Heer des Erzbischofs bei der Abtei Brauweiler lagere und tags drauf losziehen werde, um Worringen zu entsetzen. Der Burggraf erinnere ihn an sein Versprechen.

Na gut. Kurz nach Mitternacht hatte er mit einem Dutzend seiner Männer das Schiff klar gemacht, wenn man dieses schwimmende Etwas denn als Schiff bezeichnen will. Richtige Schiffe besaß Ludwig nicht. Wozu auch. Er transportierte keine verderblichen Kaufmannswaren, die vor Hitze bewahrt und gegen Regen geschützt werden mußten.

Sein Geschäft bestand ausschließlich im Transport von schweren Trachytsteinen vom Drachenfels nach Köln. Und dieses Geschäft würde noch seine Kindeskinder am Leben erhalten, ja sogar reich machen, denn mochte die Kathedrale auch erstaunlich schnell wachsen: Steine würde sie noch über Jahrzehnte hinaus brauchen, und niemand transportierte so preiswert wie er. Das lag vor allem an seinem Transportgerät, das Neider als »primitiv« bezeichneten.

Im Grunde handelte es sich dabei um Flöße aus roh zusammengezimmerten Baumstämmen, nur notdürftig geglättet, die viel zu leiden hatten unter dem Gewicht der riesigen Steinblöcke und deshalb jedes Jahr ausgewechselt wurden. Die Bordwand bestand ebenfalls lediglich aus zwei übereinandergesetzten Buchenstämmen und war gerade mal zwei Ellen hoch, damit das Wasser des Flusses den Boden nicht überspülte. Jeder Zoll höher wäre lästig gewesen, denn es war auch so schwierig genug, die Steine über zwei schräge Planken auf das Floß zu bugsieren.

Jetzt ankert Ludwigs Floß vertäut an einer Kribbe, und

die Planken liegen bereits auf dem trockenen Uferstreifen, so daß die erhoffte Beute leicht an Deck zu schaffen ist. So sie denn wirklich kommt.

Es ist längst Nachmittag geworden. Jenseits des linken Flügels, auf dem Graf Reinald von Geldern gegen die Brabanter unter Arnold von Looz und Walram von Jülich kämpft, sieht er in der Ferne den Hügel mit dem Lager des Herzogs Johann, über dem zahlreiche Wimpel flattern. Von dort aus haben sie anscheinend in den letzten Tagen versucht, die Worringer Burg einzunehmen. Noch ist es ihnen nicht gelungen.

Im Zentrum kämpft Graf Heinrich von Luxemburg, der ebenfalls Anspruch auf das verwaiste Herzogtum Limburg erhebt, gegen seinen Erzrivalen, Herzog Johann von Brabant, und ganz rechts, zwischen der Straße nach Neuss und dem Rhein wird – die Augen Ludwigs weiten sich vor Entsetzen – der Erzbischof von höchst unritterlich aussehenden Haufen bedrängt, deren Bewaffnung anscheinend lediglich aus Sensen und Morgensternen, Dreschflegeln und Keulen besteht.

Eben befand sich Siegfried von Westerburg doch noch eindeutig im Angriff. Ritt mit seinen Leuten eine Attacke nach der anderen gegen die Bürger von Köln, Fußvolk zumeist, das sich zwischen Dämmen und mit Wasser gefüllten Prielen verschanzt hatte. Aber jetzt ist da drüben eine Horde lärmender Lumpenkerle hervorgebrochen, die, geradezu unglaublich, offenbar von einem Mönch angeführt werden. »Hya, Berge roemeryke!« brüllen sie. »Ruhmreiches Berg« soll das wohl heißen, denkt Ludwig, der fassungslos zusieht, wie der Mönch den Männern, die jeden totschlagen, dessen sie habhaft werden können, die wahren Feinde zeigt und sie von den Kölner Bürgern fernhält, denen sie ebenfalls ans Leder wollen.

Und dann ist plötzlich das Banner des Erzbischofs verschwunden.

Aber das ist unmöglich, denkt Ludwig, das Banner steht auf einem Fahnenwagen aus massivem Holz, der mit Zinnen bewehrt ist wie ein richtiger Bergfried, und da oben stehen Elitesoldaten, die sich eher zerreißen lassen, ehe sie das Banner verloren geben.

Und doch ist es so. Anscheinend ist es dem entfesselten Bauerngesindel gelungen, den Karren umzukippen. Plötzlich sieht Ludwig auch die schimmernde Rüstung des Erzbischofs nicht mehr, dafür aber kurze Zeit später ein lahmendes Pferd, auf dem sich zwei erschöpfte Männer mühsam aufrecht halten und langsam auf das Rheinufer zu reiten. Ludwig erkennt in den Näherkommenden den Vogt des Burggrafen und einen Knappen, der erschöpft vom Rücken des Tiers gleitet. »Der Burggraf ist gefangen«, sagt der Vogt mit tonloser Stimme, »sein Bruder auch. Die anderen sind tot.«

Ludwig ist einen Augenblick nicht in der Lage, einen klaren Gedanken zu fassen. »Gefangen? Tot?« fragt er blöde. »Wieso denn?«

»Wieso denn?« äfft ihn der Vogt gereizt nach. »Wieso? Weil alle gefangen sind, auch der Herr Erzbischof! Und wer sich nicht gefangengegeben hat, ist umgebracht worden. Deshalb!« Unwillig wehrt er weitere Fragen ab. »Laßt uns sehen, daß wir hier wegkommen.«

»Ogottogottogott«, jammert der dicke Ludwig, als die beiden Männer schweren Schritts zum Floß hinuntergehen. Sie scheinen zwar unverletzt, aber völlig am Ende ihrer Kräfte. »Macht schnell«, sagt der Vogt. »Sie haben schon angefangen, das Schlachtfeld abzusuchen. Sie werden gleich hier sein.«

Ludwigs einzige Sorge gilt seiner unsicheren Zukunft. Er bezweifelt, daß der Burggraf das Lösegeld für sich und seinen Bruder wird aufbringen können, so daß der Graf von Berg sich wahrscheinlich den Drachenfels schnappen wird. Damit wäre das Schicksal des Burggrafen besiegelt, aber nicht nur das seine: Adolf würde dem Kölner Domkapitel die Steinlieferungen sperren, Ludwigs Flöße würden nicht mehr benötigt, und er müßte wieder als Tagelöhner arbeiten. Wenn ihn denn jemand nehmen würde.

Bei seinem Bauch.

Seine Männer holen den Anker ein und stoßen das Floß vom Ufer ab. Langsam gleitet es in die Strömung, und der Mann am Ruder versucht, nicht zu weit stromabwärts zu geraten. Dort liegt am anderen Ufer Monheim, eine kleine befestigte Anlage der Grafen von Berg, und dort darf man nun auf keinen Fall anlanden.

Das Geschrei auf dem Schlachtfeld ist verstummt. Raubvögel kreisen über der Heide. Sie werden in den nächsten Tagen mit Sicherheit keinen Hunger leiden.

Da Ludwig jetzt alle Hände voll zu tun hat, um das Floß mit den beiden Geretteten sicher ans andere Ufer und nach Hause zu schaffen, soll das Ende der Schlacht schnell nachgetragen werden: Tatsächlich hatte sich Erzbischof Siegfried, wenigstens den uns zur Verfügung stehenden, weder sonderlich reichhaltigen noch neutralen Quellen zufolge, strategisch nicht besonders geschickt verhalten. Das jedoch braucht hier nicht weiter erörtert zu werden. Jedenfalls brachte letztendlich wohl der wilde Ansturm der bergischen Bauern zusammen mit neu eintreffenden stadtkölnischen Einheiten die Entscheidung.

Worringen war eine der gewaltigsten und wohl auch blutigsten Ritterschlachten auf deutschem Boden. Und das hatte seinen Grund: Es entsprach ritterlichem Brauch, einen ebenbürtigen Gegner, der die Waffen streckte, zu schonen und später gegen entsprechendes Lösegeld wieder freizulassen. Ein Brauch, den die Bauern aus dem Bergischen nicht kannten und deshalb auch nicht einhielten. Sie schlugen ohne viel Federlesens tot, wem immer sie begegneten. Und häufig halt auch die eigenen Bundesgenossen.

An der Schlacht hatte fast der gesamte Adel des Niederrheins teilgenommen. Auf seiten des Grafen von Luxemburg kämpften, um nur einige Namen zu nennen, neben dem Kölner Erzbischof und seinem Bruder Heinrich beispielsweise Graf Heinrich von Nassau und Graf Adolf von Nassau, der von 1292 bis 1298 die deutsche Königskrone tragen sollte; ferner Reinald von Geldern, Dietrich von Moers, Wilhelm von Neuenahr, Dietrich von Hülchrath, genannt Luf von Kleve, ferner die Burggrafen von Drachenfels, Are, Rheineck, Wied und Hammelstein, Johann von Löwenburg und Salentin von Isenburg. Wenn uns auch die einzelnen Personen nicht geläufig sein mögen, ihre Stammsitze kennen wir fast alle.

Auf seiten des Herzogs von Brabant kämpften neben dem Grafen Adolf von Berg unter anderen Eberhard von der Mark, Simon von Tecklenburg, Graf Walram von Jülich, Heinrich von Windeck, Graf Arnold von Looz, Friedrich von Reifferscheid, Heinrich von Wildenburg, Hugo und Guido von Châtillon, Johann von Bedburg, Ruprecht von Virneburg, Gerhard von Caster, Hermann von Thomberg, Johann von Merode, Walter von Mechelen, Gerhard von Loewen und Arnold von Diest.

Viele von ihnen blieben auf der Walstatt. So Graf Heinrich von Luxemburg und seine Brüder, Heinrich von Westerburg, der Bruder des Erzbischofs, aber auch der Anführer der Kölner Truppen, der Patrizier Gerhard von Overstolz, der anscheinend während der Schlacht höchst unritterlich einem Herzinfarkt erlag.

Die Zwingburg des Erzbischofs in Worringen wurde dem Erdboden gleichgemacht und die Steine angeblich zum Ausbessern der Kölner Stadtmauer verwendet. Und da man gerade dabei war, wurden auch die Burgen Zons und Neuenburg (bei Rosellen) geschleift. Siegfried von

Westerburg, gegen Ende der Schlacht von seinen Gegnern gefangengenommen, wurde in Burg an der Wupper, dem Sitz des Grafen von Berg, festgesetzt.

Im Gegensatz zu dem, was sich die Leute erzählten, wurden adlige Gefangene niemals in einem feuchten und finsteren Loch festgehalten, sondern wohnten recht angenehm auf der Burg des jeweiligen Siegers. Doch auch ein komfortables Gefängnis bleibt stets ein Gefängnis, und der Erzbischof konnte sich erst nach einem Jahr aus der Haft freikaufen.

Wesentlich günstiger war das Schicksal dem Burggrafen Heinrich und seinem Bruder Rutger gesonnen. Heinrich behielt seine Burg, mußte aber dem Grafen Adolf von Berg dreihundert Mark, nennen wir es Aufwandsentschädigung, zahlen und ebenso wie sein Bruder einen Treueid schwören. Er war von Stund an ein Vasall derer von Berg.

Die Bürger von Köln hatten sich mit dem Sieg über den Erzbischof für alle Zeiten ihre Freiheit erkämpft; Siegfried von Westerburg indes hatte seine Vorherrschaft am Niederrhein endgültig verloren. Sein von den Bürgern erbeuteter Fahnenwagen wurde im Triumphzug nach Köln gebracht und als Trophäe aufbewahrt, bis Ende des 18. Jahrhunderts die Franzosen kamen, die den Karren verbrannten und aus den Eisenbeschlägen Hufeisen für ihre Pferde oder sonst etwas Nützliches machten. Eine getreue Nachbildung des Wagens ist heute vor dem Eingang zum Kölner Zeughaus zu bestaunen.

Die Stadt Köln indes hat bis heute nicht vergessen, wem sie den Erfolg in der Schlacht zu verdanken hatte. Und jetzt wissen wir auch, wo der Bauer im Kölner Dreigestirn seinen Ursprung hat. Auf einer Darstellung des Massakers bei Worringen, die ebenfalls im Kölner Zeughaus aufbewahrt ist und aus dem Jahr 1660 stammt, ist ein Bauer dargestellt, der in der einen Hand einen Dreschflegel hält und in der anderen die Stadtschlüssel. Auf dem dazugehörigen Spruchband heißt es:

Vor Worringen uf dem weiten plan
Lies ich mein flegel umbher gahn
Erwarb damit die Schlüssel fein
Und trag sie noch am armen mein.

Die gleiche Epoche, die dem Bauernstand diese Würdigung widerfahren ließ, schuf auch die allegorische Figur der Jungfrau, die uns ebenfalls im Karneval wiederbegegnet. Damals allerdings war sie das Symbol der (unangetasteten, also jungfräulichen) städtischen Freiheit, und auf dem oben geschilderten Bild wendet sie sich mit folgender eindringlichen Mahnung an den Bauern:

Drumb rath ich dir o Colnisch man,
Was dein vorfarn erworben han,
Dasselb beschutz bey deinem leib
Das ich ein wahre jungfraw bleib.

So viel zum Kölner Karneval. Nun aber zurück ins 13. Jahrhundert. Die Befürchtungen des dicken Ludwig erwiesen sich als völlig unbegründet. Dem Burggrafen vom Drachenfels wurde kein Haar gekrümmt. Er blieb nicht nur Herr seiner Burg, sondern vor allem auch Besitzer seines Steinbruchs, aus dem weiterhin Steine für den Kölner Dom geliefert wurden. Heute weiß man, daß der gesamte Chor sowie all jene Teile des Doms, die bis zur vorübergehenden Einstellung der Bautätigkeit im Jahr 1560 fertig wurden, aus eben jenem Trachyt errichtet waren, der den Dombaumeistern späterer Jahrhunderte derart viel Kopfzerbrechen bereitet hat.

Wie das? Gibt es denn gute und schlechte Steine? Zumindest existieren geeignete und weniger geeignete, je nach dem geplanten Verwendungszweck. Man braucht nicht die einschlägigen Werke des antiken römischen Militärtechnikers und Ingenieurs Marcus Vitruvius Pollio studiert zu haben, um herauszufinden, welche Eigenschaften ein Stein aufweisen muß, den man zum Bau einer Kathedrale verwenden will: eine gewisse notwendige Festigkeit, verbunden mit leichter Bearbeitbarkeit, dazu Beständigkeit gegenüber Witterung und Feuer.

Wenn der Stein zudem noch ansehnlich anzuschauen ist – um so besser. Besonders mit verschiedenfarbigem Gestein können wunderbare Effekte erzielt werden. Was allerdings sehr viel Aufwand beim Brechen und bei der Baustellenorganisation erfordert. Andererseits ist die Wirkung bestechend, wie die romanischen Dome in Pisa und Speyer oder die Klosterkirchen von Maria Laach oder im französischen Vézelay beweisen.

Und ein Letztes spielte natürlich vor allem in früheren Jahrhunderten eine entscheidende Rolle: die Nähe des Steinbruchs zur Baustelle und eine gute Transportverbindung; wenn eben möglich auf dem Wasserweg.

Was die Nähe und die günstigen Transportbedingungen anging, bot sich der Drachenfels natürlich an. Schon die Römer hatten jenseits des Rheins offensichtlich einen Brückenkopf auf germanischem Gebiet gebildet, ließen ihre Pferde dort weiden und eröffneten am unteren Westhang des Drachenfelses einen ersten Steinbruch. Der von dort stammende blaugraue Trachyt ließ sich zwar als Grobgestein verbauen (zum Beispiel in der römischen Stadtmauer des antiken Köln), eignete sich jedoch nicht für Steinmetzarbeiten, weil er zu hart war und leicht splitterte.

Man sollte sich an dieser Stelle in Erinnerung rufen, daß der Drachenfels, wie alle Bergkegel in der näheren Umgebung, ein erloschener Vulkan war. Innerhalb des Berges stieg in uralter Zeit flüssige Lava hoch, die zuweilen ausgespuckt wurde, später jedoch erkaltete. Was vereinfachend bedeutet, daß sich in dem Berg ein vulkanischer Pfropfen befand, dessen Gestein am unteren Ende sehr hart, weiter oben eher weich war.

Infolgedessen stießen die Römer, die mit dem unten abgebauten harten Gestein nicht zufrieden waren, in einem höher gelegenen Steinbruch auf weicheren grauen Trachyt, der sehr leicht zu bearbeiten war. Er wurde in großen Mengen sowohl in Bonn als auch in Köln verbaut. Warum der Steinbruch schon relativ früh aufgegeben wurde, ist unklar. Ausgebeutet war er jedenfalls noch lange nicht. Weihealtäre aus diesem Stein wurden noch weit vom Drachenfels entfernt gefunden. In Xanten beispielsweise und sogar in Nimwegen.

Die Erbauer des karolingischen Doms waren den Römern für ihre rege Bautätigkeit im übrigen außerordentlich dankbar. Die über den Rhein setzenden Franken hatten Köln bei ihrem Eroberungszug zwar weitgehend zerstört, aber es gab ohne Zweifel genug nur wenig beschädigte oder gar noch intakte Gebäude, die man leicht hätte wieder instand setzen können, aber die Franken waren nun einmal keine Städter.

So glich das antike Köln einem riesigen Steinbruch, und die karolingischen Baumeister brauchten sich nicht die Mühe zu machen, ihr Baumaterial vom Drachenfels herbeischaffen zu lassen. So unglaublich es klingt, aber am gesamten alten Dom war nicht ein »jungfräulicher« Stein verbaut worden. Genutzt wurden ausschließlich sogenannte Spolien, also Material, das von anderen (römischen) Gebäuden stammte und nun zum zweitenmal verwendet wurde.

Dombaumeister Gerhard und seine Nachfolger mußten sich für die neue und viel größere Kathedrale nach neuen (oder auch alten) Quellen umsehen und glaubten, wie die antiken Baumeister, im Drachenfelser Gestein das allen Erfordernissen genügende Material gefunden zu haben, so daß für alle Sichtflächen bis 1560 ausschließlich besagter Trachyt genommen wurde. Der ließ sich nicht nur zu Quadern und plastischen Kunstwerken verarbeiten, sondern besaß darüber hinaus den unschätzbaren Vorteil, daß sich seine Oberfläche mühelos glatt polieren ließ, was naturgemäß vor allem bei Profilen, Maßwerk und Basen unabdingbar war.

Versagt hat der hübsche, leicht grünliche Stein, der erst im Verwitterungszustand kalkig weiß wird, nur im Strebewerk, dort aber gleich so gründlich, daß man es in zwei Restaurierungsphasen, einmal 1829 bis 1842 und dann noch einmal zwischen 1926 und 1940, vollständig erneuern mußte. Im übrigen verwittert er lediglich dort, wo er Luft und Regen ausgesetzt ist.

Die meisten Menschen glauben, Schäden im Stein seien erst durch die rußigen, Qualm spuckenden Dampflokomotiven im Hauptbahnhof, den man in einem – aus heutiger Sicht – barbarischen Akt direkt neben die Kathedrale gesetzt hat, und die Abgase der Autos entstanden. Das ist nur zum Teil richtig. Es gibt auch andere Substanzen, die Gestein auf beängstigend schnelle Weise zerstören können. Salz zum Beispiel.

In der napoleonischen Zeit wurden bekanntlich alle Klöster und Stifte aufgelöst. So auch das hochadlige Kölner Damenstift Maria im Kapitol. Die prachtvolle romanische Hallenkirche wurde als Lagerraum vermietet, und der Pächter stapelte dort Tausende von Salzsäcken.

Mit verheerenden Folgen.

Salz an sich ist natürlich unschädlich, aber in der Kombination mit Feuchtigkeit dringt es in den Stein ein. Wenn es im Winter kalt wird, wandert das Wasser im Stein an die Oberfläche, verdunstet dort, und das mitgeführte Salz kristallisiert und entwickelt dabei eine Sprengkraft, der handtellergroße Gesteinsbrocken zum Opfer fallen. Inzwischen ist die gesamte Statik der Kirche, bei der übrigens auch viel Drachenfelser Trachyt verbaut wurde, ernsthaft gefährdet.

Was dagegen die Umweltverschmutzung durch Kohlendioxid angeht, so sollte man nicht allein den modernen Straßenverkehr verantwortlich machen. Vergessen wir in diesem Zusammenhang nicht die zahllosen Feuer, die in einer so großen Stadt wie Köln Jahrhunderte hindurch in den Wohnhäusern und den Handwerksbetrieben gebrannt haben.

Riesige Wälder sind im Verlauf der Jahrhunderte durch die Schornsteine gejagt worden, denn Holz wurde beileibe nicht nur zum Kochen und Heizen benötigt. Unglaubliche Mengen Holz verfeuerten die Bäcker sowie die Töpfer und die Schmiede, und es ist völlig gleichgültig, ob das gefährliche Schwefeldioxid aus einem offenen Holzfeuer oder aus einem Ottomotor stammt. In jedem Fall verbindet es sich mit dem Regen zu Schwefelsäure, die wiederum die im Stein befindlichen Bindemittel in lösliche Sulfate verwandelt, und das ist dann bereits der Anfang vom Ende. Im 19. Jahrhundert hat man versucht, die Steine zu retten, indem man sie »schälte« und um einige Zentimeter zurückarbeitete; aber das hatte nur aufschiebende Wirkung, und die zunächst wie neu wirkende Oberfläche wurde alsbald wieder zerfressen.

Retten kann man das Gestein nur, indem man die hoffnungslos zerstörten Partien erneuert und die verbleibenden alten wie auch die neu eingesetzten Steine auf höchst aufwendige Weise konserviert. Ein Problem, das die Dombauhütte mehr als alles andere beschäftigt. Was dagegen das Auswechseln von Bauteilen angeht, sei der dezente Hinweis auf die Anzahl der Türme und Türmchen gestattet, die den Dom zieren. Abgesehen von den beiden Haupttürmen, wie viele Minitürme und Säulen, Pfeiler und Fialen mag es geben?

Das weiß nicht einmal die Dombauhütte genau. Immerhin gibt es nach offiziellen Angaben allein eintausendeinhundertfünfundzwanzig Fialen, die höher sind als drei Meter. Die großen unter ihnen werden aber zumeist von jeweils vier kleinen flankiert. Wenn man alle Türmchen zusammenzählt, die zwischen einem halben und drei Meter hoch sind, kommt man auf etwa neuntausend.

Soviel zum Austausch gegen »gesunden« Stein.

Zurück zu den im Laufe der Jahrhunderte verwendeten Steinarten, deren genaue Zahl niemand kennt. Angeblich sind es mehr als fünfzig, wobei von einigen Sorten tatsächlich nur einige wenige Steine verbaut worden sind. Da gab es Keuper-Sandsteine aus der Heidelberger Gegend, aber auch solche aus den Steinbrüchen bei Udelfang, die vor allem die Bauhütte des Ulmer Münsters fütterten; da findet man die verschiedensten französischen Kalksteine, Türme und Kreuzblumen von Bückeburg, und für die Turmhelme hat man sogar von den Externsteinen Material herbeigeschafft, was aber nichts mit den muffigen Mythologieschwaden zu tun hatte, die um diese alte Kultstätte bis heute wabern.

Der Drachenfelser Trachyt war zwar relativ gut zu bearbeiten, aber für feinere Skulpturen bevorzugte man eher einen weichen Kalkstein, der zum Teil sogar aus der Normandie geholt werden mußte.

Beim einzigen noch aus dem Mittelalter stammenden Portal, dem Petersportal im Südturm, wurden das Tympanon, die fünf großen Apostelstatuen und die aus der Zeit um 1375 stammenden vierunddreißig Bogenlauffiguren aus einem feinen gelblichen Sandstein gearbeitet. Obwohl innerhalb des Portals relativ geschützt, waren sie doch bei windigem Wetter – und rund um den Dom ist es, wie jeder Kölner weiß, immer windig – häufig direkt dem Regen ausgesetzt und schließlich derartig verwittert, daß sie durch Abgüsse ersetzt wurden, während die Originale im Diözesan-Museum untergebracht sind.

Als besonders hart und selbst Schadstoffen gegenüber widerstandsfähig erwies sich der Basalt aus der Gegend von Niedermendig und Mayen. Er wurde bereits in der Bausicherungsphase ab 1828 verwendet, hat jedoch einen Nachteil: Er ist geradezu trostlos schwarz und wurde deshalb nur noch dort eingesetzt, wo er sich dem Blick des Betrachters entzieht. Es ist übrigens der einzige Stein, der dem Dombaumeister auch nicht die Spur von Sorgen bereitet.

Am 8. Oktober des Jahres 1841 legte – begleitet mit viel Humbarassa-Brimborium, Glockengeläut und feierlichen Reden – am Kölner Ufer ein Dampfschiff an, das mit Heilbronner Sandstein beladen war, einem großzügigen Geschenk des Stuttgarter »Kölner-Dom-Vereins«. Und Sandstein wurde von da an der vom damaligen Dombaumeister Zwirner bevorzugte Werkstoff. Elf verschiedene Sorten hatte er getestet und sich schließlich für den Schlaitdorfer Sandstein entschieden, der aber allgemein als »Stuttgarter Stein« oder auch »Neckar-Stein« bezeichnet wurde.

Er war hart und grobkörnig, aber anscheinend wetterfest und beständig, und wenn der Weg auch lang war, Neckar und Rhein sorgten für den reibungslosen Transport. Leider wurde das Unterfangen eine Riesenpleite. Obschon am Ulmer Münster mit Erfolg verbaut, erwies sich der Schlaitdorfer Stein als eine einzige Katastrophe, an der die Bauhütte noch heute zu knabbern hat.

Eine glücklichere Hand bewies Zwirner mit dem Stein, den er für die Turmfronten wählte. Es handelte sich um den aus dem Weser-Raum stammenden weißen, feinen und harten Sandstein aus Obernkirchen bei Bückeburg. Auch nach dort war der Weg weit, doch inzwischen existierte ein Eisenbahnnetz, so daß sich die Kosten für den Transport in überschaubaren Grenzen hielten. Aus diesem Stein wurden unter anderem auch die Kreuzblumen an der Spitze der Türme gefertigt, und noch sind keinerlei Schäden zu erkennen.

Nach dem Zweiten Weltkrieg mußte der damalige Dombaumeister Weyres für die gröbsten Reparaturen jeden Stein verbauen, dessen er habhaft werden konnte. Er erinnerte sich jedoch daran, daß er schon in den dreißiger Jahren in Hessen eine Basaltlava kennengelernt hatte, die nicht den Nachteil hatte, nach einiger Zeit schwarz und häßlich zu werden wie der Basalt aus Mayen und Niedermendig. Dieser sogenannte Londorfer Basalt, Lavagestein aus dem Vogelsberg-Massiv, kommt aus einem Steinbruch bei Gießen und hat noch weitere Vorteile: Er ist witterungsfest, läßt sich leicht bearbeiten, und – früher selten beachtet, aber heute besonders wichtig – er stellt keine Gefahr für die Gesundheit der Steinmetzen dar.

Noch sind die Fachleute begeistert. Zwar ist die Gewinnung des Basalts schwierig und kostspielig, weil über einer nur zwei Meter hohen Schicht guten Gesteins immerhin dreiundzwanzig Meter Abraum liegen, der zunächst beseitigt werden muß. Aber allen Nachteilen zum Trotz: Londorfer Basaltlava könnte die Zukunft bedeuten.

Die Hütte bei Hochwasser

Wie ein Handwerker durch den Winter kam

Graue Wolken trödeln unlustig über den Rhein und verlieren sich am jenseitigen Ufer in einem blaßblauen Himmel. Im Windschatten der Rheinhafenmauer versuchen zwei vermummte Männer ihre eiskalten Hände über einem kleinen Holzkohlenfeuer zu wärmen, das in der schwarzen Pfanne eines eisernen Dreifußes glimmt. Ein böiger Wind zerrt an ihren dicken Jacken, die wie die Wadenwickel und der lange Mantel aus Schafsfellen gefertigt sind. Ihr Schuhwerk besteht aus Biberfellen, die mit dünnen Lederriemen zusammengehalten werden. In den Bärten glitzern Eiskristalle, und Schneeflocken bedecken zentimeterhoch ihre Schultern.

»Sieht nicht gut aus«, sagt der eine, dessen lange schwarze Haare zu kleinen dünnen Zöpfen geflochten sind und bis auf den Rücken herabhängen.

Der andere nickt.

»Überhaupt nicht gut.«

Der andere, älter schon und fast kahlköpfig, gibt ein zustimmendes Grunzen von sich.

»Was machen die denn da bloß?« fragt der Dunkelhaarige und zeigt auf die Menschen am anderen Ufer. Es mögen ihrer fünfzig sein, vielleicht auch hundert, die hektisch primitive Hacken schwingen und den gefrorenen Boden aufreißen. Andere laden ausgehobene Erde auf Schlitten, die von geduldigen Ochsen irgendwohin gezogen werden. Man könnte meinen, sie wollten einen langgestreckten Berg errichten. Und das bei Eis und Schnee.

»Scheint, als wollten sie an dem Deich weitermachen«, sagt der Ältere.

Der Dunkelhaarige beschattet die Augen mit seiner mächtigen Pranke. Die Sonne steht selbst in den letzten Märztagen am frühen Morgen noch ziemlich tief, und das Wasser des Stroms blendet jeden, der versucht, nach drüben zu spähen.

»Wozu soll das gut sein?« fragt er den Älteren. »Da drüben wohnt kein Mensch; ist doch völlig gleich, ob das Land da überflutet wird. Hauptsache, es verschont die Stadt.«

Der Kahlköpfige schweigt. Er sieht die großen Schollen langsam stromabwärts treiben. Die unwirkliche Stille wird nur hin und wieder durchbrochen von dem leisen Scharren der Eisplatten, die sich knirschend übereinanderschieben, um sich zu meterhohen Blöcken aufzutürmen und dann wieder auseinanderzubrechen. Aber nur zuweilen. Einige treiben als kleine Eisberge weiter. Besorgt schaut der ältere Mann rheinabwärts. Vor Worringen, so heißt es, ist der Fluß zugefroren, und wenn sich das Eis zurückstauen sollte, vielleicht bis Riehl oder sogar bis nach Sankt Kunibert, dann gnade Gott der Stadt!

Robert, so haben ihn die Eltern vor etwa fünfzig Jahren getauft, weiß, warum die Männer da drüben schuften, und er weiß auch, wer sie sind. Er ist verantwortlich für den Transport der Steine vom Steinbruch am Drachenfels zum Lagerplatz unterhalb der neuen Kathedrale. Die Schiffseigner, die von der Bauhütte angeworben sind, unterstehen ihm zwar genausowenig wie die Treidler, die die entladenen Schiffe auf den schmalen Uferpfaden wieder stromaufwärts hochziehen und unabhängig sind, wenn man es genau betrachtet. Selbständig sind im Grunde auch die kleinen Leute, die nur ein Floß besitzen oder ein Ochsengespann, um einen oder höchstens zwei Steine nach Köln zu schaffen; aber abhängig von seiner Gunst sind sie alle. Nur: Im Augenblick kann er keinen einzigen von ihnen beschäftigen.

Am kleinen Hafen unterhalb des Hügels, auf dem St. Maria ad Gradus steht und wo der Chor des neuen Doms seine anderen Bauteile und die noch stehenden Reste der alten Kathedrale weit überragt, ist kein Anlegen möglich. Der Rhein führt Hochwasser, und jedermann wird glücklich sein, wenn es diesmal ohne allzu große Verwüstungen abgeht. Die Chancen stehen nicht sonderlich gut.

Ein flaches Boot, eher wohl ein Floß, mit einem Dutzend weiterer Männer, sucht einen Weg durch die treibenden Eisschollen ans andere Ufer.

»Wenn das mal gutgeht«, sagt der mit den Zöpfen. Er heißt Frido, ist Zimmermann und eben erst in der Stadt eingetroffen. Nein, es gibt noch nichts zu tun für ihn, nicht solange es friert, aber das ist nur eine Frage von Tagen. Sagt Robert, und der muß es wissen, weil er schon seit Jahren auf der Baustelle arbeitet. Er hat dem Neuankömmling einen Strohsack zugewiesen, und da Frido noch ein bißchen Geld hat, sehr zur Überraschung Roberts, dem am Ende eines Winters allenfalls halbverhungerte Handwerker zulaufen, kann er in einem Verschlag der Hütte bleiben, ohne auf die öffentliche Armenspeisung angewiesen zu sein.

»Wenn das mal gutgeht«, sagt Frido noch einmal, und auch Robert runzelt die Stirn. Die Männer in dem Boot versuchen verzweifelt, die Eisschollen von ihrem wackeligen Gefährt fernzuhalten, aber das gelingt nicht. Immer wieder rammen die großen Platten das Floß, und die Menschen darauf werden hin- und hergeworfen. Für jeden von ihnen würde ein Sturz ins Wasser den sicheren Tod bedeuten. Sie riskieren ihr Leben.

Doch die Alternative heißt Verhungern.

Allesamt sind sie Leute vom Bau: Maurer und Mörtelmischer, Zimmerleute und Dachdecker, Radtreter und Stellmacher, Wagner und Bleigießer, Fuhrleute und Knechte. Mitsamt ihren Frauen. Und den Kindern.

Robert kennt das Elend. Auch er hat einmal Mörtel gemischt. Dann ist Baumeister Michael auf ihn aufmerksam geworden. Das war an jenem Tag, als auf dem Bauplatz ein schlecht gestapelter Haufen grobbehauener Steine zusammengebrochen war und Robert mit seinem starken Kreuz die abwärts rutschenden Brocken so lange aufgehalten hat, bis der Zwölfjährige, der mit seinem linken Fuß unter einem Stein eingeklemmt lag, geborgen werden konnte. Seitdem ist Robert Aufseher. Das tut seinem Selbstwertgefühl gut.

Und auch seinem Rücken.

Die Menschen in ihrem armseligen Floß haben es inzwischen tatsächlich bis ans andere Ufer geschafft, ohne einen der Ihren zu verlieren. Erschöpft und völlig ausgepumpt lassen sie sich in den nassen Schnee fallen. Eine Viertelstunde später raffen sie sich auf und stapfen müde auf die anderen Arbeiter zu, die ausgehobenen Sand in große Körbe füllen. Gott sei Dank ist die Erde nicht sehr tief gefroren. Eine dicke Schneeschicht hat sie gegen den harten Frost geschützt, und wenn man die obersten Zentimeter mit der Hacke zerschlagen hat, läßt sie sich leicht ausheben.

»Sie sind wirklich drüben angekommen, die Verrückten«, sagt Frido anerkennend und fragt neugierig: »Aber was zum Geier wollen sie denn da? Was soll denn dieser blöde Deich?«

Robert seufzt müde. Wozu, wenn nicht nur als Anbaufläche für schwarze Zöpfchen, hat unser Herrgott diesem Menschen einen Kopf aufgepflanzt?

Dennoch versucht er ernsthaft, den für einen Handwerker doch erstaunlichen Mangel an Phantasie zu berücksichtigen: »Vor ein paar Jahren noch befand sich der Zoll in Neuss, einer Stadt, die du wahrscheinlich kennen wirst, weil du aus Friesland bist. Also bist du auf dem Weg nach hier auch an Neuss vorbeigekommen oder sogar durch die Stadt hindurch.«

Frido nickt stolz. Genauso war es. Er hat sogar in Neuss übernachtet und sich ziemlich betrunken, aber das muß er ja niemandem auf die Nase binden.

»Bei einem großen Hochwasser der letzten Jahre suchte sich der Rhein ein neues Bett weiter im Osten, und seitdem sitzen die Neusser buchstäblich auf dem Trockenen. Verstehst du das?«

Frido schaut nicht so drein, als habe er etwas begriffen.

Deshalb versucht es Robert erneut: »Wenn eine Stadt, die am Ufer eines Meeres oder eines großen Flusses steht, plötzlich vom Wasser abgeschnitten wird, bedeutet das eine Katastrophe. Kein Hafen mehr, kein Handel, keine Zolleinkünfte, kein Stapelrecht! Und genau das ist mit der alten Stadt Neuss passiert. Der Zoll wurde daraufhin nach Zons verlegt, einem kleinen hübschen Städtchen auf halbem Wege zwischen hier und Neuss, und rate, was zwei Jahre später passiert ist!«

Aber Frido ist kein guter Rater, und deshalb fährt Robert nachsichtig fort: »Der Rhein hat kurz darauf noch einmal sein Bett verändert, hat sich zurückgezogen von dem hübschen Städtchen, beim großen Hochwasser im vorigen Jahr. Und jetzt steht Zons auf der Wiese und ist so überflüssig wie ein Hufschmied bei einem Schweinezüchter.«

Robert sieht Frido zweifelnd an, glaubt aber immerhin den Schimmer eines Verstehens in dessen dunklen Augen zu entdecken, und so fährt er halbwegs ermutigt fort: »Genau das soll der Stadt Köln nicht passieren. Man will dem Strom das Ausweichen nach Osten, von den Stadtmauern weg, verwehren, und deshalb bauen sie jetzt da drüben den großen Deich. Und mit wem? Mit allen Handwerkern und Hilfskräften, die nach Köln geströmt sind, um bei der

Wiederaufnahme der Bauarbeiten an der neuen Kathedrale mitzuhelfen.«

»Gegen guten Lohn, hoffe ich«, sagt Frido.

»Gegen schlechtes Essen«, antwortet Robert trocken. »Man hat ihnen und ihren Familien ein Dach über dem Kopf angeboten, ein Pfund Brot pro Person und Tag und einen Teller heiße Suppe. Ein Viertel sauren Wein und für die Kinder einen halben Krug Milch.«

Und auf den fragenden Blick Fridos fügt er trocken hinzu: »Allemal besser als Erfrieren oder Verhungern.«

Und das war sogar richtig. Wer brauchte am Ende des 14. Jahrhunderts schon eine Menge Menschen, um einen Deich zu bauen? Wer als wandernder Handwerker mit seiner halbverhungerten Familie in anderen Städten an die Tür der Bauhütte – so es denn überhaupt eine gab – anklopfte, wurde nach alter Sitte für eine Nacht beherbergt und verpflegt, aber am nächsten Morgen mußte er schauen, wo er blieb.

Mit Sicherheit nicht in der Bauhütte.

Dafür sorgte schon der Dombaumeister, der vor allem für die Arbeiten an der Kathedrale geradestehen mußte, aber auch für die dort arbeitenden Menschen und in gewisser Weise auch fürs Geld.

Mitte der siebziger Jahre des 14. Jahrhunderts hörte der Dombaumeister oder einfacher der »Werkmeister« in Köln auf den Namen Michael. Er war Steinmetz wie viele seiner Vorgänger und übte das Amt zu diesem Zeitpunkt bereits seit über zwanzig Jahren aus. Er war nicht nur verantwortlich dafür, daß nach Möglichkeit das Gesamtkonzept von Meister Gerhard eingehalten wurde, sondern entwarf selber Einzelteile, zeichnete sie vor und fertigte Steinschablonen an. Ihm direkt unterstellt war der Polier, der damals noch Parlier hieß, und einer von ihnen sollte weltberühmt werden: Peter Parler, dessen Name auf seinen Beruf hinwies.

Es war die Zeit, als die Nachnamen aufkamen, und während die einen vom ausgeübten Beruf abgeleitet wurden, verwiesen die anderen auf den Herkunftsort des Betreffenden. So nannten sich Michaels Kinder »von Savoyen«, aber viel mehr über die Herkunft seiner Familie wissen wir leider nicht.

Wohl aber über die der Parler. Stammvater der Familie war Heinrich, einst Steinmetz in der Kölner Dombauhütte. Er wurde dann als Werkmeister des Heilig-Kreuz-Münsters nach Schwäbisch Gmünd berufen. Dort kam Anfang der dreißiger Jahre des 14. Jahrhunderts Sohn Peter zur Welt, der bei seinem Vater in die Lehre ging, was durchaus üblich war, und später zum Herkunftsort des Vaters zurückkehrte: nach Köln. Dort nannte er sich Peter von Gemünd, arbeitete als Steinmetz in der Hütte und lernte die Tochter eines Kollegen kennen, Gertrud mit Namen, die er auch ehelichte. Sie folgte ihm, als er von Kaiser Karl IV. als Werkmeister in die Dombauhütte des Veitsdoms nach Prag verpflichtet wurde. Da war er gerade mal dreiundzwanzig Jahre alt.

Hier in Prag, inzwischen nannte er sich nach seinem Beruf Peter Parler, wurde er auch als Bildhauer tätig und schuf die großartigen Grabmale von Ottokar I. und Ottokar II., die Porträts der Verwandten Karls IV., und im Kreis dieser vornehmen Gesellschaft hat er sich im Triforium des Doms auch selber dargestellt, so daß wir – was für die Werkmeister der damaligen Zeit keineswegs normal ist – auch sein Gesicht kennen.

Seine Verbindung zu Köln riß nie ab; schon deshalb nicht, weil sich seine und des Kölner Dombaumeisters Familie untereinander versippten. Michael selbst heiratete eine Tochter von Peter Parler, und Drutgin, eine Tochter Michaels, ehelichte einen Parler-Neffen, jenen Heinrich von Gemünd, der in Brünn Werkmeister des Markgrafen von Mähren war. Über den Kölner Werkmeister Michael wissen wir allenfalls noch, daß er eine zweite Tochter namens Lisa besaß und in einem Haus in der Enggasse wohnte, das sinnigerweise »Zum Kranen« hieß. Vielleicht hat er es auch selber so getauft.

Die enge Versippung der beiden Familien legt die Vermutung nahe, daß Mitglieder der Parler-Familie gegen Ende des Jahrhunderts an der Kölner Kathedrale mitgewirkt haben. Damals wurde der Südturm hochgezogen und in ihm das einzige mittelalterliche Portal des gotischen Doms geschaffen. Insgesamt scheint das Konzept des Petersportals der französischen Gotik entlehnt, doch die Handschrift der einzelnen Skulpturen ist zweifellos die der Parler.

Ernst und würdevoll, aber bei aller Feierlichkeit doch außerordentlich lebensecht blicken die fünf großen Apostelstatuen auf die Besucher herab. Oben in den Bögen sitzen vierunddreißig Figuren auf Thronen, ein bunter Reigen von Engeln und Heiligen. Im Bogenfeld selbst stürzt der Zauberer Simon zu Boden, der angeblich fliegen konnte, was die Apostel Petrus und Paulus allerdings durch inständiges Beten zu verhindern wußten. Ferner sieht man die Verurteilung der beiden Apostel und schließlich ihre Hinrichtung.

Das Wetter im 14. Jahrhundert war wohl ähnlich dem unsrigen, nachdem damals gerade eine Wärmeperiode zu Ende gegangen war. Zwar wuchsen auch in Köln noch immer Weinreben, aber vor ein paar hundert Jahren kelterte man schließlich sogar in Schlesien Wein; in Hamburg gedieh Hopfen, und die Wikinger, die um das Jahr 1000 herum nach Grönland segelten, wußten wahrscheinlich sehr wohl, warum sie das neu entdeckte Territorium »Grünland« nannten.

Davon ahnte der Werkmeister Michael jedoch nichts, wenn er sich an trüben Winterabenden in seinem Haus vergrub und in alten Folianten der Hütte herumstöberte, während der Wind die Gregorianischen Gesänge der Mönche vom nahen Dominikanerkloster zu ihm herübertrug.

Über die Frau des Dombaumeisters ist nichts überliefert, was aber Feministinnen nicht weiter aufregen sollte. Schließlich kennen wir seine Töchter Lisa, die sich von der Stadt eine Erbrente von zwanzig Gulden kaufte, und Drutgin, die ihrerseits einen Rentbrief der Stadt über zwanzig Goldstücke und das Haus »Zur Glocke« besaß. Eine hübsche Ausstattung, die sie in die Ehe mit Heinrich von Gemünd gebracht hat. Ob Michael Söhne hatte, wissen wir ebenfalls nicht. Wenn ja, haben auch sie mit einiger Wahrscheinlichkeit bei ihrem Vater in der Bauhütte gearbeitet. Bücherwürmer waren sie sicherlich nicht.

Es gehörte nicht zu den unabdingbaren Voraussetzungen des Steinmetzberufs, lesen und schreiben zu können. Für einen Dombaumeister dagegen war es notwendig, und so holte sich Michael vermutlich einen Mönch oder einen Zögling aus der Dominikanerschule, dem er ein paar Pfennige zahlte, und wenn der junge Lehrer geduldig war und der schon angegraute Schüler sich nicht zu blöde anstellte, konnte man es in einem Winter ohne weiteres schaffen, jede lateinisch geschriebene Urkunde und jeden Tätigkeitsbericht eines Vorgängers wenn schon nicht fließend lesen, so doch mit einiger Mühe entziffern zu lernen.

In der Chronik der Bauhütte war verzeichnet, wie Erzbischof Heinrich II. von Virneburg 1322 den Chor des neuen Doms eingeweiht hat. Viel Volk war zusammengelaufen, um die Prominenz zu bestaunen, die mit den Domherren feierlich in den neuen Chor eingezogen war.

Wenn der Dombaumeister Michael diese Jahreszahl in seiner Chronik gefunden hat, ist er bestimmt darüber gestolpert, denn der Chor muß viel früher fertig gewesen sein. Arnold nämlich, einer seiner Vorgänger im Amt, hatte bekanntlich den Chor an seinem westlichen Ende

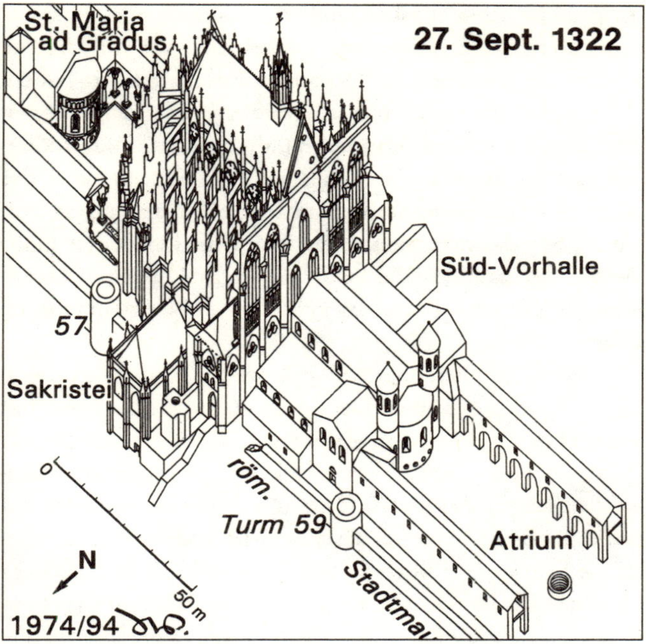

gegenüber dem noch stehenden Ostteil des alten Doms mit einer sechzig Meter hohen Zwischenwand abgeschlossen, damit der Gottesdienst im alten Dom nicht durch die Bauarbeiten im neuen Chor und später die Messen im neuen Chor nicht durch den endgültigen Abriß des alten Doms gestört würden.

In diese Trennwand, die bis zum Jahr 1863 stehen bleiben sollte und von der noch Reste unter dem Dom zu besichtigen sind, wurden nicht nur zwei Türen, sondern auch etliche Fenster eingebaut, und in eben diesen Fenstern sind unter anderem Wappen abgebildet, die beweisen, daß die Fenster dieser Trennwand spätestens im Jahr 1304 verglast worden sind und die Wand demzufolge schon ein bißchen länger gestanden haben muß. Das heißt zwar nicht, daß der Chor zu diesem Zeitpunkt völlig fertig war, aber es gibt Hinweise darauf, daß die Stiftsherren spätestens von 1304 an dort ihre Liturgie gefeiert haben.

Inzwischen konnten auch wieder große Prozessionen durch den geteilten Dom ziehen, dessen neuer Chor allerdings etwa zwei Meter höher lag als das Langhaus des alten. Infolgedessen mußte eine breite Treppe gebaut werden, über die man vom alten Dom in den neuen Chor hoch- und dann wieder zurück in den alten Dom hinabstieg. Auch diese Treppe ist noch heute unter dem jetzigen Dom erhalten.

Wahrscheinlich hat der Werkmeister Michael zuweilen Grund- und Aufrisse, Detailskizzen und Baupläne mit nach Hause genommen, um sie dort in Ruhe zu studieren. Nur ein ganz bestimmter Plan ist mit Sicherheit ausschließlich in einer Truhe in der Bauhütte aufbewahrt worden, denn es wäre beschwerlich, vielleicht auch gefährlich gewesen, ihn mit auf die Straße zu nehmen: Es handelt sich um den Aufriß der Westfassade, den vermutlich der Dombaumeister Johannes um 1300 herum gezeichnet hat. Er war über vier Meter lang und stellte eine Sensation dar, denn derartige Gesamtpläne waren höchst ungewöhnlich. Zumeist begnügte man sich mit Detailskizzen. Selbst von denen sind nur ganz wenige übriggeblieben, und auch die nur durch Zufall.

Die Werkmeister des Mittelalters waren praktisch veranlagte und sparsame Menschen. Zunächst einmal glaubten sie in ihrer bezwingend schlichten Logik, daß man den Plan eines Gebäudes, sei es nun Burg oder Kirche, das man aus solidem Stein erbaut hatte, nicht aufzubewahren brauche. Wozu auch? Der Dom ist fertig, und wenn er, was der Allmächtige verhüten möge, in fernen Zeiten einmal abbrennen sollte, würde man – gerade am Beispiel Köln hat man es ja erlebt – eine völlig neue Kathedrale bauen.

Außerdem: Dauerhafte Pläne konnte man nur auf Pergament zeichnen, das, da aus der Haut von Schweinen hergestellt, »schweinemäßig« teuer war. Und so ein teures Stück benutzte man nicht, um einen dummen Plan darauf zu malen, der später ohnehin niemanden mehr interessieren würde.

Tat man es dennoch hin und wieder, wurde besagtes Pergament später mit großer Sicherheit wiederverwendet. Zumeist, indem man den alten Plan vorsichtig wegschabte, also »ausradierte«. In einem solchen Fall war die Skizze für immer verloren. Es gab aber auch Mönche, die das Pergament einfach umdrehten und auf die Rückseite der Zeichnung ein frommes Traktat, eine Heiligenlegende oder eine Urkunde schrieben. So blieben uns einige seltene Baupläne, Lohnabrechnungen oder Listen von Baumaterial erhalten. Leider sind das sehr rare Ausnahmen.

Wichtig für die Steinmetzen und Maurer waren dagegen Detailskizzen, und die stellte man auf der Baustelle auf höchst simple Art her, indem man aus Brettern einen fußhohen Rahmen zimmerte und auf die Erde legte. Der wurde dann mit Gips ausgefüllt, und in die glatte Oberfläche ließen sich ganz leicht Pläne und Skizzen zeichnen, die man später einfach wegwischte, um Platz für neue zu schaffen. Daß davon nichts erhalten blieb, ist einleuchtend.

Und so gab es auch unter den verschiedenen Baustellen keine »Korrespondenz«, anhand derer man seine Pläne austauschte. Wohl übte eine große Bauhütte wie die Kölner entscheidenden Einfluß auf andere Hütten aus. Ebenso wie der erste Kölner Baumeister ganz sicher von Amiens profitiert hat, sind dessen Ideen zweifellos in anderen Kirchen Kölns, in St. Ursula zum Beispiel oder in der Sakristei von St. Gereon, aber auch in der Zisterzienser-Abteikirche Altenberg, im Dom zu Metz oder im Domchor von Utrecht erkennbar.

Mitgenommen wurden die Kölner Traditionen natürlich auch von den Parlers, nach Prag und von dort weiter nach Wien und Straßburg, nach Ulm und Freiburg. Dieser gedankliche Austausch war aber nur möglich, weil die Steinmetzen und Werkmeister quer durch Europa wanderten. Pläne trugen sie keine bei sich.

Allenfalls in ihrem Kopf.

Aber nicht nur alten Chroniken und den Überlegungen, wie denn der Bau im Frühjahr fortgesetzt werden sollte, werden die winterlichen Abende des Werkmeisters gewidmet gewesen sein. Eine seiner Hauptaufgaben bestand darin, sich um seine Mitarbeiter zu kümmern, ihre Zahl festzulegen und ihre Leistung zu bewerten, ihren Lohn gerecht auszuzahlen sowie, auch das gehörte zu seinen Pflichten, über ihre Moral zu wachen.

An die hundert Leute würden sich in den nächsten Wochen, wenn der Schnee getaut und das letzte Aufbäumen dieses frostigen Winters beendet wäre, bei ihm einfinden, und ein paar hundert weitere würde er abweisen müssen. Bis auf die Steinmetzen und die meisten Schmiede waren im November vergangenen Jahres bei einbrechender Kälte alle Handwerker und Hilfskräfte entlassen worden, nachdem man das frische Mauerwerk so weit wie möglich mit Mist und Stroh abgedeckt hatte, um es notdürftig gegen die zu erwartenden Minusgrade zu schützen. Frischen Mörtel darf man keinem Frost aussetzen, wenn er nicht brüchig werden soll.

Dann gab es eine letzte Mahlzeit, und am nächsten Morgen hieß es Abschied nehmen und schauen, wo man den Winter verbrachte. Manche Handwerker gingen zurück zu ihren Familien, die irgendwo in der näheren oder weiteren Umgebung wohnten, in Nettersheim oder Siegburg, in Brauweiler oder Ratingen. Zu Hause gab es einiges zu tun, nicht nur in den eigenen vier Wänden. Gute Handwerker waren in jedem Dorf willkommen, solange sie niemandem zur Last fielen, sondern ihr erlerntes Wissen nutzten, um Dächer zu reparieren und Sensen zu schmieden, Ställe zu bauen oder Sattelzeug zu flicken.

Besonders schwer war es für wandernde Familien mit Kindern, irgendwo Unterschlupf zu finden. Sie mußten sich jede Nacht ihren Schlafplatz in einer Scheune oder in einem Stall erbetteln und waren dankbar, wenn sie, was selten genug geschah, auf einem Acker ein paar vergessene Steckrüben fanden oder im verschneiten Wald beim Stochern im Laub auf Bucheckern, Eicheln oder Kastanien stießen, die von den Schweinen nicht entdeckt worden waren. Mit sehr viel Glück konnte man mittels einer Schlinge ein Kaninchen fangen und mit der Schleuder ein Eichhörnchen oder eine Krähe erwischen.

Wenn der Frühling kam, tauchten die Menschen halb verhungert und völlig ausgemergelt in der Bauhütte auf und mußten erst einmal wieder zu Kräften kommen. Bei weitem nicht alle überlebten die kalte Jahreszeit. Und der Werkmeister war immer von neuem froh, wenn er diejenigen einigermaßen gesund wiedersah, die er im Herbst schweren Herzens hatte wegschicken müssen.

Daran würde Werkmeister Michael sich wahrscheinlich nie gewöhnen.

Wer indes in die Bauhütte aufgenommen worden war, genoß deren Schutz, oder besser: den des Domstifts. Wer fehlte, bekam zwar normalerweise keinen Lohn, nachweislich Kranke dagegen wurden für die Zeit ihrer Arbeitsunfähigkeit finanziell unterstützt, mußten das Geld aber später zurückzahlen. In Todesfällen übernahm die Hütte die Begräbniskosten und ließ die üblichen Totenmessen lesen. Was immer ein Angehöriger der Bauhütte angestellt haben mochte – nicht die Schöffen der Stadt waren berechtigt, ihn festzunehmen oder gar vor Gericht zu stellen. Verfolgung und Bestrafung oblagen allein den Domherren und in deren Auftrag dem Werkmeister, der schon im eigenen Interesse streng auf die Einhaltung der Sitten achtete.

Auch auf die der Arbeitszeit. Der Tag begann im Sommer um fünf Uhr morgens und endete am Abend um sieben Uhr. Allerdings gab es auch ordentliche Pausen. Morgens und mittags immerhin eine volle Stunde und am späten Nachmittag noch einmal eine halbe dazu. Da am Samstag ebenfalls gearbeitet, allerdings nur bis fünf Uhr, und lediglich der Sonntag geheiligt wurde, ergäbe das immerhin eine 67,5-Stunden-Woche – wenn, ja, wenn da nicht die Feiertage gewesen wären, an denen die Arbeit ebenfalls ruhte.

Feiertage nämlich gab es in der Tat ein paar mehr als heutzutage. In einigen Gegenden Deutschlands immerhin deren fünfundvierzig, so daß, wenn man bedenkt, daß es noch keine Trennung von staatlichen und kirchlichen Feiertagen gab, und man die Sonntage hinzuzieht, an die hundert arbeitsfreie Tage im Jahr zusammenkamen.

1748 hob Papst Benedikt XIV. zwar etliche von ihnen auf, aber selbst um das Jahr 1770 herum gab es in der Erzdiözese Köln immer noch diese: Weihnachten, Beschneidung des Herrn, Erscheinung des Herrn, Ostern (drei Tage), Christi Himmelfahrt, Pfingsten (drei Tage), Fronleichnam und Auffindung des heiligen Kreuzes. Dazu folgende Marienfeste: Mariä Reinigung, Verkündigung, Himmelfahrt, Geburt und Empfängnis. Ferner die Heiligenfeste Michael, Johannes' Geburt, Peter und Paul, Andreas, Jakobus, Johannes, Thomas, Philippus und Jakobus, Bartholomäus, Matthäus, Simon und Judas, Matthias, Stephanus, Unschuldige Kinder, Laurentius, Silvester, Josef, Anna, Allerheiligen und das Fest des jeweiligen Ortspatrons.

Leider gab es noch keine Gewerkschaften und deshalb auch keinen Urlaub. Allerdings durften die Gesellen alle zwei Wochen des Samstags bereits um drei Uhr die Baustelle verlassen, um ins Bad zu gehen, wo man sich nicht nur waschen konnte; aber davon wird noch die Rede sein.

Jedenfalls war die Arbeit in der Bauhütte kein Zuckerschlecken. Vielmehr war sie nicht nur extrem anstrengend, sondern auch gefährlich. Die zuständigen Schutzheiligen, Capophorus, Severus, Severinus und Victorinus, hatten alle Hände voll zu tun, im Verein mit den jeweiligen Schutzengeln größere Katastrophen zu verhüten. Unter den prominenten Opfern, die der Bau von Kathedralen forderte, befanden sich beispielsweise der heilige Aethelwood, seines Zeichens Bischof von Winchester, der von einem herabstürzenden Balken getroffen wurde, Werkmeister Wilhelm von Sens, der beim Bau der Kathedrale von Canterbury mitsamt seinem ganzen Gerüst fünfzehn Meter tief abstürzte und bald danach verschied, sowie der Bischof Poppo von Trier, der auf dem Gerüst einen Sonnenstich bekam.

Nun mag man sich fragen, was ein Bischof auf dem Gerüst zu suchen hatte, wo doch an jeder besseren Baustelle ein Schild mit dem Hinweis steht, daß ihr Betreten allen Unbefugten untersagt ist, aber vielleicht war der Bischof ja befugt. Wir wissen es nicht. Fest steht dagegen, daß es schon damals beträchtliche Arbeitsschutzbestimmungen gab, die auch eingehalten wurden.

Die Gerüste waren ordnungsgemäß zu sichern, die Arbeiter hatten sich anzuleinen. Steinmetzen trugen ein Holzbrett mit Sehschlitz vor dem Kopf, damit ihnen nichts ins Auge fliegen konnte, andere hängten sich ein schleierartiges Netz mit gleicher Funktion vors Gesicht. Schwämme oder feuchte Tücher banden sich die Dachdecker vor Mund und Nase, um sich vor den giftigen Dämpfen zu schützen, die heißes Blei verströmt.

Aber auch ohne Gewerkschaft war das Lohnniveau zumindest für die qualifizierten Kräfte sehr hoch, wobei es allerdings Probleme gab, die der Natur der Sache entsprangen: An einigen Bauhütten war es die Regel, einen stets gleichen Tagelohn zu zahlen; andere wiederum entlohnten nach abgegebenen Stücken, also Akkordarbeit. In diesem Fall war es auf vielen Baustellen üblich, daß der Parlier zwei gleich aussehende Stöcke für jeden Steinmetz bereithielt und für jedes abgelieferte Stück im Beisein des Handwerkers in beide Hölzer eine entsprechende Kerbe ritzte. So hatten beide Seiten die notwendige Kontrolle und wurden Irrtümer ausgeschlossen.

Es sind Predigten überliefert, in denen Mönche die Akkordarbeiter anhielten, in ihrer gierigen Hast keine Werkstücke von mangelhafter Qualität abzuliefern, wohingegen die Tagegeldempfänger ermahnt wurden, ihren Aufgaben nicht lustlos und träge nachzukommen.

Unabhängig von der Art der Entlohnung wurden Erschwerniszulagen gezahlt, beispielsweise für die Arbeit in schwindelnder Höhe, für das Bewegen besonders schwerer Stücke, für ausgesprochene Qualitätsarbeit. Von einer Hütte ist sogar überliefert, daß es Zusatzgeld für Getränke gab, mit der bemerkenswerten Begründung, »damit die Zimmerleute und Dachdecker ordentlich schwitzen können«.

Hoffen wir, daß sie das Geld bei ihrem luftigen und extrem gefährlichen Arbeitsplatz nicht für Wein ausgegeben haben!

Fest steht jedenfalls, daß die qualifizierten Kräfte auf der Bauhütte wesentlich besser bezahlt wurden als ihre Kollegen in anderen städtischen Handwerksbetrieben, was hin und wieder wohl auch zu neidischen Reaktionen seitens der vermeintlich Benachteiligten führte, wenn die Burschen beider Seiten bei einem Bier in der Altstadt aufeinandertrafen.

Ein direkter Vergleich mit heutigen Löhnen ist wegen der unterschiedlichen Kaufkraft natürlich nicht möglich, aber zumindest aus Meißen und Nürnberg sind Lohnsowie Preislisten überliefert. Danach verdiente ein Baugeselle in Meißen das Vierfache eines Schlossers oder

Schmiedes und gar das Zwölffache eines Schneiders. Trotzdem mußte er für ein Paar Schuhe immerhin vier Tage arbeiten. Da geht es Handwerkern von heute doch schon etwas besser.

Ein Dachdeckermeister aus Nürnberg verdiente (pro Tag) achtundzwanzig Pfennig, ein Maurergeselle zwanzig Pfennig und ein Hilfsarbeiter zehn Pfennig. Zur gleichen Zeit kostete ein Huhn fünf Pfennig, eine ungemästete Gans sechs Pfennig, ein Kilo Brot zwei Pfennig, ein Pfund Butter acht Pfennig, ein Pfund Pfeffer achtundvierzig Pfennig und ein Pfund Zucker sogar sechzig Pfennig. Für ein Pfund Zucker mußte ein Maurergeselle also drei Tage schuften! Und deshalb aß er keinen.

Die Steinmetzen dagegen konnten sich fast alles leisten. Sie waren die ungekrönten Könige der Bauhütte und duldeten allenfalls noch die Schmiede neben sich, die ähnlich wie sie den Winter durchgearbeitet hatten und auf der Baustelle gleichfalls unentbehrlich waren.

Wieso das? Besteht eine Kathedrale nicht ausschließlich aus Stein (und allenfalls aus Glas)? Wo gibt es denn da überhaupt Arbeit für Schmiede?

Zunächst: Ein Bauunternehmen von heute holt sich sein Werkzeug in einem Baumarkt. Derartiges war im 14. Jahrhundert und noch lange Zeit danach natürlich unbekannt. Jedes einzelne Werkzeug, das man beim Bau der Kathedrale brauchte, wurde auf der Baustelle selbst hergestellt; einiges von den Zimmerleuten, das weitaus meiste dagegen von den Schmieden.

Sie fertigten Meißel und Sägen, Stecheisen und Maurerkellen, Spaten und Eisenringe, Ketten und Eimer, Hämmer und Zangen, Schlösser und Beschläge. Und vor allem Zigtausende von Nägeln, die alle einzeln geschmiedet werden mußten, und das Wichtigste von allem: die Klammern und Dübel. Niemand denkt darüber nach, und doch ist es sehr einfach zu begreifen, daß man die Fialen, jene schlanken Türmchen, von denen es am Kölner Dom Tausende gibt, nicht einfach mit ein bißchen Mörtel verbinden und dann da oben dem Sturm oder auch nur den leichten Stößen eines Erdbebens aussetzen kann.

Man muß sie sehr sorgfältig miteinander verbinden, und das geschieht heute noch immer so wie damals, wenn auch die Methoden inzwischen natürlich verfeinert wurden. In die Oberfläche des unteren Teils der Säule wird ein eiserner Dübel gesetzt (heute besteht er aus rostfreiem Stahl). Dann werden in die Oberfläche des Steins kreuzförmige Rillen geschlagen, und das gleiche geschieht mit dem Boden des oberen Teils, in den zusätzlich ein Loch gemeißelt wird, das den von unten kommenden Dübel aufnehmen soll.

Wenn dann der obere Teil auf den unteren gesetzt worden ist, werden alle Fugen mit Blei ausgegossen, das auch in die kreuzförmigen Rillen läuft und so zweierlei bewirkt: Zum ersten wird verhindert, daß sich das obere Teil drehen kann; zum anderen werden die Fugen exakt verschlossen und so das Eindringen von Nässe vermieden. Mörtel dagegen würde bei den geringsten Erschütterungen aus den Fugen bröckeln und Feuchtigkeit eindringen lassen, die dann nicht nur den Stein, sondern vor allem die eisernen Dübel zerfressen würde.

Mit Eisen verklammert werden aber nicht nur die Fialen, sondern alle Bauteile, auch die Quader in Mauerwerk, Pfeilern und Säulen. Wiederum sind es die Schmiede, die nicht nur die (unseren Blicken verborgenen) Klammern herstellen, sondern auch die Geräte, mit denen man diese schweren Brocken bewegt.

Was ist daran so kompliziert? Kann man sie nicht mit starken Seilen umschlingen und so transportieren?

Eben nicht. Man stelle sich einen dieser schweren Steine vor, der mit Seilen an die Stelle im Mauerwerk gebracht werden soll. Wenn er abgesetzt wird, befinden sich die Stricke noch darunter. Jetzt könnte man ihn natürlich wieder etwas anheben, um die Seile fortzuziehen, aber paßgenau wird sich das nicht machen lassen. Und wenn nun der Stein ein paar Zentimeter schräg liegt? Was dann? Hochheben kann man ihn nicht mehr, allenfalls hochstemmen, wobei er wiederum etwas weiter rutschen wird. So jedenfalls geht es nicht.

Die Dombaumeister des Mittelalters haben deshalb den »Wolf« erfunden. Das ist, vereinfacht ausgedrückt, ein Eisengerät, dessen untere Teile sich spreizen, wenn man an ihm zieht. Die Steinmetzen schlagen in die Oberseite des zu transportierenden Blocks einen knapp handgroßen Schlitz, der oben relativ schmal ist und sich im Inneren vergrößert. Da hinein wird der »Wolf« gesteckt, und wenn das Gewicht anzieht, spreizen sich im Inneren des Steins die »Arme« des Geräts, und man kann den Stein mittels eines Krans über die vorgesehene Stelle im Mauerwerk bugsieren und millimetergenau dirigieren. Sollte doch etwas schiefgehen, läßt sich der Stein wieder anheben und erneut plazieren; und das Schönste bei der Methode ist, daß das in den Stein geschlagene Loch später durch den darüberliegenden Stein verdeckt wird.

Aber auch nebeneinanderstehende Steine sind durch unsichtbare Eisenklammern miteinander verbunden, denn man kann nie sicher sein, daß die schweren Brocken durch Verschiebungen im Fundament oder starken Druck von oben nicht dazu neigen, irgendwann einmal zu verrutschen. Von all dem sieht und weiß der Besucher der Kathedrale nichts.

Doch so wichtig die Schmiede auch gewesen sein mögen, in einem unterschieden sie sich weder von den Steinmetzen noch von den Hilfsarbeitern: Wie alle anderen Menschen sehnten sie den Frühling herbei.

Und eines Tages war er da. Von heute auf morgen, und an diesem Vormittag begleiten wir den Werkmeister

Michael aus seinem Haus in der Enggasse zu seinem Arbeitsplatz. Ein letztes Mal hatte er sich den Luxus erlaubt, bis in den hellen Tag hinein zu schlafen; ab morgen würde er wie alle anderen mit dem ersten Hahnenschrei aus dem Bett springen.

Michael nahm seinen Weg wie immer durch die Straße, die heute Unter Sachsenhausen heißt, aber nicht weil dort die Sachsen gehaust haben, sondern weil man dort (aus Ersparnisgründen) sechs Häuser unter ein einziges großes Dach gebaut hatte. Dann bog er nach rechts in die Marzellenstraße ein, ließ die Kirche des heiligen Andreas rechts liegen und blieb einen Augenblick stehen, um den Anblick des Südturms zu genießen, der bereits ein ganzes Stück hochgewachsen war.

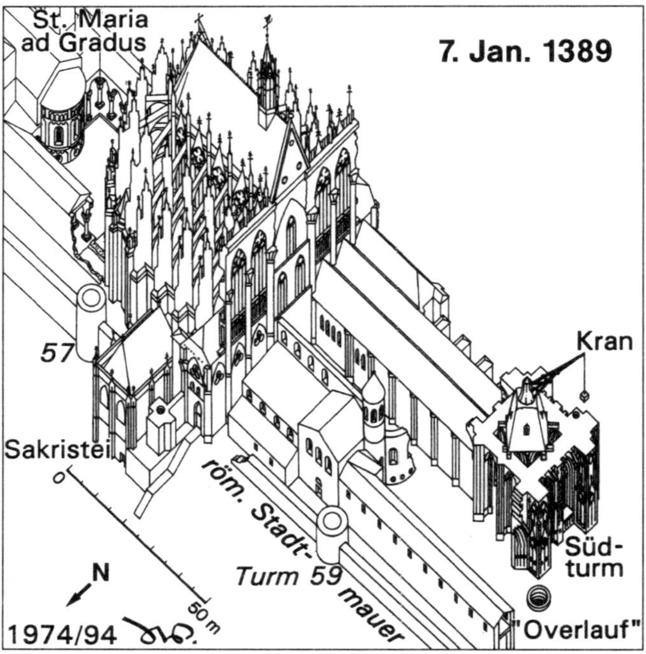

Zwei dieser Türme waren im Plan des Johannes eingezeichnet. Wenn sie fertig waren, würden sie höher emporragen als alle anderen bis dahin errichteten Gebäude auf dieser Welt. Das war einer der Gründe dafür, daß der Bau dieser Kathedrale in seiner Gesamtheit durchgezogen wurde. Michael und seine Vorgänger hätten sich nach der Vollendung des Chors damit bescheiden können, erst einmal das rechte Querschiff fertigzustellen, dann das linke, und nacheinander das Langhaus sowie die inneren Seitenschiffe, dann die äußeren und zum Schluß die Türme.

Aber dazu waren sie viel zu ungestüm. Die Kathedrale sollte so schnell wie möglich fertig werden, und während dort noch die Fundamente gelegt wurden, konnten hier schon Mauerwerk und Säulen hochgezogen werden; während dieser Teil gerade eingerüstet wurde, konnte man dicht daneben bereits die Gewölbe erstellen.

Alles lief wunderbar. Wenn nur das Geld weiterhin floß.

Die großen Türme an der Westfront der Kölner Kathedrale symbolisierten, das wußte Michael wohl, die weltliche Macht des Kaisers als Gegenpol zu der konzentrierten kirchlichen Macht im prächtigen Ostchor. Sie bewiesen aber auch Reichtum und Glanz des Stifts, und in Reims und Laon waren angeblich sieben, in Chartres gar neun Türme geplant. Aber auch die beiden Kölner Türme sind Beweis genug für die unglaubliche Kühnheit, mit der die ersten Baumeister zu Werke geschritten waren.

Die Grundfläche eines Turms beträgt am Boden in etwa dreißig mal dreißig Meter, eine ungeheure Fläche, und bei Baubeginn war das der mächtigste Kirchturm, der je in Angriff genommen wurde. An die siebzehn Meter tief reichen die Fundamente in die Erde, wo sie auf einem stabilen Kiesbett gründen. Selbst die halbfertige Ruine des Südturms von 1560 enthielt vierzigtausend Kubikmeter umbauten Raums, was in etwa dem des gesamten Altenberger Doms entspricht.

Aber Michael, der mit großer Mühe einen Kran auf dem dicken Stumpf hat aufstellen lassen, weiß nicht, daß das Geld entgegen seinen Hoffnungen doch eines Tages ausgehen wird, und auch nicht, daß dieser Kran deshalb fast drei Jahrhunderte hindurch da oben verrotten wird.

Vorerst einmal ist er stolz auf das Geleistete, und das darf er auch sein.

Er geht an der Nordseite des Doms vorbei, einer einzigen Bau- und Lagerfläche. Eine breite Straße zieht sich, vom Rhein kommend, die Trankgasse hoch und steigt allmählich zum Domhügel empor. Im vergangenen Jahr hat er sie anlegen lassen. Sie wird nicht die letzte sein, und sie ist auch nicht die erste, die hier aus Schutt und Aushub gebaut worden ist. Die letzte hatte einer seiner Vorgänger vom Rhein her durch die im Bau befindliche Sakristei hochgeführt, wobei man, was immer wieder lästig und zeitraubend ist, die hier inzwischen im Boden liegende alte Römermauer durchstoßen mußte. Aber irgendwie muß man die Steine vom Drachenfels und die Hölzer, die unten am Hafen ankommen, nach oben bringen. Senkrecht den Hügel hoch geht das nun einmal nicht.

Jetzt, wo der Rhein eisfrei ist und der Wasserstand sich normalisiert hat, werden große Mengen Holz erwartet. Die Stämme kommen zum Teil von weit her und sind im Winter geschlagen worden. In der Nähe ist kein gescheites Nutzholz zu finden. Schließlich wird noch keine sinnvolle Forstwirtschaft betrieben, und in einem Urwald wächst alles mögliche, nur nicht die kerzengeraden Lärchen, die man für Dachstühle braucht, oder die klobigen Stämme von Eichen, Ulmen und Erlen, die man beim Fundamentieren in die Erde treibt.

Aber man braucht auch Holz für Träger und Rahmen, für Pfosten und Dachlatten, für Axtstiele und Karrenräder. Das meiste kommt per Schiff, aber erst einmal muß es bis zum Wasser gebracht werden. Das besorgen Leibeigene und Hörige, Freiwillige und zuweilen auch Büßer, die sich damit ein wenig Fegefeuer ersparen wollen.

Normalerweise verschwendet unsereins keinen Gedanken daran, wie man aus einem dichten Wald, durch den weder Weg noch Steg führen, auch nur einen einzigen Baum bis zu einer Straße (was immer man darunter im 14. Jahrhundert verstehen mag) oder bis zu einem schiffbaren Gewässer schleppte. Vielleicht denken wir hier ausnahmsweise einmal darüber nach, um die Leistung der damaligen Menschen ein bißchen zu würdigen.

Wie die Holzfäller hatten die Männer im Steinbruch gleichfalls den Winter durchgearbeitet, was durchaus Sinn machte, weil die Steinmetzen in der Bauhütte auch dann Steine anforderten, wenn der Bau selbst ruhte. Das lag an einer grundlegenden Veränderung, die wir heute als Rationalisierung bezeichnen würden.

Anfangs hatte man im Steinbruch möglichst große Steine gebrochen, sie zur Baustelle gebracht, und dort setzten Steinmetzen und Maurer gemeinsam diesen Stein an die jeweilige Stelle der Mauer oder des Pfeilers. Es liegt in der Natur der Sache, daß all diese Steine unterschiedlich hoch waren und jeweils individuell eingepaßt werden mußten.

Solche Steine hätte man natürlich gleichfalls während des Winters im Steinbruch vorbereiten und sogar nach Köln bringen können, aber auch dann hätte es vor Ort wiederum der Zusammenarbeit von Steinmetz und Maurer bedurft, um den Stein paßgerecht an der richtigen Stelle einzufügen.

Dann aber setzte, in Frankreich sehr viel früher als zum Beispiel in Köln, das radikale Umdenken ein: Von nun an gab es Normhöhen für alle Steine, und somit konnten sowohl die Steinbrecher auf Vorrat arbeiten als auch die Steinmetzen, so daß im Frühling, wenn Mörtelarbeiten wieder möglich waren, die Maurer sich die genormten Steine abholen und sie gleichzeitig an verschiedenen Stellen im Dom in Akkordarbeit neben- und aufeinandersetzen konnten.

Im Steinbruch wurden fortan die Blöcke von sogenannten Bossierern grob zurechtgeschlagen, so daß die zu transportierende Gesteinsmenge möglichst gering gehalten wurde. Die Steinmetzen machten aus diesen Brocken dann rechtwinklige Quader mit ebenen Flächen, die sofort in der Mauer verwendet werden konnten. Ansonsten legten die Steinmetzen die vom Werkmeister nach seinen Vorstellungen angefertigte Schablone an, um die entsprechenden Profile auszumeißeln.

Damit die Maurer schließlich die Teile auch in der richtigen Reihenfolge einsetzten, entwickelten die verschiedenen Hütten Kennzeichen, die in die Steine an Stellen eingeritzt wurden, wo man sie später nicht mehr sehen konnte. Diese Zeichen waren im Grunde lediglich Nummern und dürfen nicht verwechselt werden mit jenen Zeichen, die man bis heute diskret versteckt an manchen Steinen findet. Bei letzteren handelt es sich gewissermaßen um eine Visitenkarte, die dieser oder jener der etwa fünfundzwanzig Steinmetzen, die jeweils in der Kölner Dombauhütte gearbeitet haben, uns bewußt hinterlassen hat.

An diesem schönen Frühlingstag läßt sich Werkmeister Michael wie an jedem Tag zu Arbeitsbeginn von dem Kran, in dessen Holzgehäuse zwei Hilfsarbeiter wie Eichhörnchen in einem Rad laufen, auf das Dach des Chors ziehen, vorbei an den wunderschönen Fenstern, deren Maßwerk in dunkelroten Farben strahlt. Oben angekommen, betrachtet er stolz den golden schimmernden Stern von Bethlehem, der die Zwischenwand krönt und ebenso in der Morgensonne leuchtet wie der kleine Dachreiter mit dem vergoldeten Kreuz, und das Bleidach, worauf mit flachen Zinnlötungen sowohl kunstvolle Ornamente aufgebracht worden sind als auch fromme Verse auf die Heiligen Drei Könige.

Ein eindrucksvolles Bild, ohne Zweifel; aber kaum weniger eindrucksvoll, wenn auch für ihn gewohnt, ist der Eindruck des geordneten Chaos tief unten zu seinen Füßen. Ochsen ziehen mit Holzstämmen beladene Schlitten die Rampe vom Hafen hoch, andere bringen halbbehauene Steine von zum Teil beträchtlichem Ausmaß. Karren rumpeln durch die Trankgasse und schaffen Kalk herbei, mit dem die Brennöfen gefüttert werden. Daneben sieht er das Mörtelmischwerk und Hilfsarbeiter, die auf Tragen Schutt aus dem Dom schleppen.

Der Baumeister hat es versäumt, er gesteht es sich ein, während des Winters von seinen Schmieden noch mehr von diesen neumodischen offenen Kisten herstellen zu lassen, die am hinteren Ende zwei Griffe aufweisen und vorne auf einem Rad aufliegen. Mit diesen Schubkarren, wie die Leute sie nennen, könnte man glatt jeden zweiten Mann einsparen.

Dabei sind alle froh, daß es endlich wieder Arbeit gibt. Michael läßt sich wieder abseilen. Unten bahnt er sich den Weg durch die Baustelle. Dort mühen sich Zimmerleute mit den Zargen einer neuen Tür ab, Seiler flechten Seile, die sie mit Hammelfett einreiben, Dachdecker schmelzen Blei, ein Stellmacher flickt ein zerbrochenes Rad. Dann läutet ein Glöckchen.

Frühstückspause.

Die Männer ziehen ihre Arbeitshandschuhe aus, setzen sich auf ihre Lammfelljacken und genießen im Windschatten des Chors die warme Frühlingssonne; Frauen geben ihren kleinen Kindern die Brust und den älteren Brot, das sie zuvor in Bier getunkt haben. Weinkrüge kreisen. Die Menschen singen. Es gibt Arbeit und Essen.

Der Winter ist vorbei.

Stifter und Spender

Warum ein jäher Tod höchst unerwünscht war

Es war sehr still im Zimmer, wenn man von der dicken Fliege absah, die über das Bettzeug krabbelte und sich nur sporadisch erhob, einen Ausflug durch das Zimmer unternahm, um sich dann wieder auf dem weißen Laken niederzulassen, das sich über der Brust des Sterbenden sanft hob und senkte. Selbst die üblichen Geräusche, die durch das kleine, mit Butzenscheiben versehene Fenster vom Markt her nach oben drangen, wurden nach und nach leiser. Das Quietschen der hochbeladenen Heuwagen hatte sich irgendwo in den Gassen verloren, die herumtollenden Kinder waren zum Mittagessen heimgegangen, und auch die Bauersleute, die den Preis für ihre Heuballen ausriefen, waren angesichts fehlender Kundschaft nach und nach verstummt.

Die Stadt lag da wie eingeschlafen.

Der Mann auf dem Bett war der wohlhabende Kaufmann Matthias von Zülpich. Sein Haus gehörte zu den besonders stattlichen am Heumarkt, und es gab wenig, auf das er, wäre es nur dem Geld nach gegangen, hätte verzichten müssen. Aber die Zeitläufte waren unruhig, und man wußte nicht, was sich die vornehmen Patriziergeschlechter, die in diesem Sommer des Jahres 1396 den Kampf um die Macht gegen die Handwerker und Kaufleute endgültig verloren hatten, demnächst einfallen lassen würden.

Er selbst hatte sich an den Auseinandersetzungen nicht beteiligt, sondern es vorgezogen, eine längere Reise nach

Burgund anzutreten, um sich dort nach gutem Rotwein umzuschauen. So konnte er nichts falsch machen. Schließlich muß man seine Nase nicht allzu weit aus dem Fenster stecken, wenn sich die Leute draußen streiten. Als er zurückkam, war alles entschieden und die Urkunde der neuen Verfassung, der sogenannte Verbundbrief, unterzeichnet. Von nun an lag alle Macht in der Stadt bei ihren Bürgern, vertreten durch die Zünfte und Gaffeln. Das war gut so, aber wer konnte schon wissen, ob es auch so blieb. Da ist es besser, das Geld erst einmal zusammenzuhalten.

Matthias öffnete mühsam die Augen. Sie waren alle da: seine Frau Gertrud, die in ihren hageren Händen ein kleines Tuch zerdrückte, obwohl sich ihre Trauer in engen Grenzen hielt; seine Söhne Arnold und Ludwig mitsamt ihren breithüftigen Ehefrauen, Tochter Gretchen, die schon über zwanzig war und wohl keinen Mann mehr finden würde (aber es gab genügend Stifte in Köln, wo man sie schon allein wegen ihres Erbteils nur zu gerne aufnehmen würde); Muhme Anna war ebenso gekommen wie Bruder Anton, der vom Kindbett seiner Frau herbeigeeilt war; der Gehilfe Heinrich sowie der Lehrling Wilhelm und noch ein paar Nachbarn mit ihren Kindern.

Und ganz hinten stand – für alle unsichtbar – der Gevatter Tod.

Direkt neben dem Kopfende des Bettes kniete der Vicarius Jakob, der einen abgegriffenen Rosenkranz in seinen rosafarbenen Händen hielt und unaufhörlich die Lippen bewegte. Der Sterbende sah ihn an und lächelte. Der Vicarius hatte ihm die Sterbesakramente gereicht und nicht nur die Beichte abgenommen, sondern auch ein Versprechen, und das war so gekommen:

Tags zuvor beim Mittagessen, Gertrud trug soeben gestampfte Äpfel mit gebratener Blutwurst auf, hatte Matthias sich plötzlich vor Schmerzen gekrümmt. Seit dem Morgen hatte er schon dieses beunruhigende Ziehen im

Unterbauch verspürt, aber an eine leichte Kolik geglaubt, wie sie ihn häufiger plagte. Jetzt aber hatte ihn der Schmerz wie ein Faustschlag getroffen, und er wand sich auf dem Boden.

Gertrud, eher unmutig als entsetzt, half ihrem Mann die steile Holztreppe nach oben und in den hohen Bettkasten. Schließlich fand sie sich sogar bereit, nach einem Medicus zu schicken, der aber nichts ausrichten konnte. Ein Kollege, der hinzugezogen wurde, verordnete einen Aderlaß, und als auch der nichts half, noch drei weitere.

Einen großen Krug voller Blut zapften sie ihm ab, so daß er zusehends verfiel, aber die Krämpfe wurden schlimmer, sein Körper glühte, und gegen Abend mischten die Ärzte aus allerlei geheimnisvollen Zutaten einen Trunk, der dem sich unter Schmerzen Windenden eine ruhige Nacht verschaffen sollte.

Doch sie wurde zum Alptraum.

Matthias war nie ein besonders frommer Mensch gewesen, aber er hätte sich als gottesfürchtig bezeichnet, und das waren nahezu alle Menschen, obwohl man sie, um genau zu sein, eher höllenfürchtig nennen sollte. Die Angst vor der ewigen Verdammnis begleitete die Menschen ihr Leben lang, auch und gerade wenn sie in die Kirche gingen.

Im Tympanon, dem Bogenfeld oberhalb der Portale, wird an vielen Kirchen und Kathedralen mit liebevollen Details das Weltgericht dargestellt. Da thront Christus als Richter, während sich unten auf der Erde die Gräber auftun. Die Verstorbenen entsteigen unverwest ihren Särgen und werden von Engeln sortiert. Während die »Guten« mit fröhlichem Lächeln über eine Himmelsleiter nach oben steigen dürfen, werden die »Bösen« kopfüber in den Abgrund gestoßen, wo sie von übel aussehenden Ungetümen schon erwartet und zur weiteren verschärften Behandlung nach unten durchgereicht werden.

Es ist bezeichnend für die Auffassung der damaligen Zeit, daß diese unverblümte Darstellung höllischer Fratzen nahezu ausschließlich an der Außenseite der Kirchen zu finden ist. Das gilt auch für die als Wasserspeier dienenden Dämonen. Sie sind weit oben angebracht, also fast außer Sichtweite, und auch die wenigen anderen »Verworfenen« an der Außenfassade sind nur mit Mühe auszumachen: Man entdeckt sie zuweilen in den Höhlungen der Konsolenbaldachine, auf denen die Heiligenfiguren stehen, von denen sie symbolisch in den Staub getreten werden.

Teufel und Dämonen wurden grundsätzlich als fratzenhafte, verkrümmte Gestalten in verrenkten Stellungen dargestellt, Figuren in einem wahnwitzigen, verrückten und im Sinne des Wortes »heillosen« Durcheinander. Im Inneren eines geweihten Gotteshauses hatten sie nichts zu suchen. Von der Fassade aus jedoch mahnten sie nicht nur den Kirchenbesucher, sondern jedermann, der am Gotteshaus vorbeiging, an das, was ihn nach seinem Tod erwartete.

Und die Prediger malten aus, was sich in Stein (zumindest im Detail) nicht ausdrücken ließ. Dabei bezogen sie sich vornehmlich auf das Evangelium des heiligen Matthäus, wo es im dreizehnten Kapitel, Vers 41 bis 42, heißt:

»Der Menschensohn wird seine Engel aussenden, und sie werden aus seinem Reiche alle zusammenholen, die andere verführt und Gottes Gesetz übertreten haben, und sie werden sie in den Ofen werfen, in dem das Feuer brennt. Dort werden sie heulen und mit den Zähnen knirschen!«

Predigten dieser Art hatte nicht nur Matthias, sondern auch jeder seiner Zeitgenossen Dutzende von Malen auf Marktplätzen und von Kanzeln herab gehört; besonders in Köln, einem der Zentren des Dominikanerordens, dessen Mönche in rhetorischer Hinsicht geschult waren.

Als Matthias an diesem Abend, vom Trank der Ärzte benebelt, in einen Fiebertraum verfiel, sah er sich selbst in einem Bottich voll siedenden Öls sitzen, und zwei bucklige Zwerge mit Affengesichtern fachten mit einem Blasebalg die Flammen an, die unter seinem Kessel züngelten. Matthias spürte, wie seine Haut Blasen warf, war jedoch nicht in der Lage zu schreien, weil er krampfhaft auf die Zähne biß, woraufhin ein anderer Dämon ihm mit einem Stock die zusammengepreßten Kiefer öffnete und mittels einer langen Zange die Zunge herausholte, um sie unter grellem Lachen abzuschneiden. Ein vierter Teufel mit dem Kopf eines Hundes riß ihm mit bloßen Händen ein Auge aus, und ein fünfter zog ihm mit einem kleinen Messer die Haut vom Rücken ab.

Matthias erwachte von seinem eigenen Gebrüll, und Gertrud, die es vorgezogen hatte, bei Tochter Gretchen zu nächtigen, stürzte herein und tappte im Dunkeln nach ihm, um ihn zu beruhigen. Sein Herz raste, und er bat seine Frau, bei ihm zu bleiben, aber die knurrte nur, bei seinem Zustand sei es wohl besser für ihn, alleine zu schlafen, und dann klappte die Tür hinter ihr zu.

Matthias wurde in dieser Nacht gevierteilt und gerädert, von Pferden zerrissen und geröstet, zersägt und lebendig verscharrt, gepfählt und ausgedärmt, gekocht und verbrannt. Man zerschlug ihm die Fingerkuppen mit einem Hammer, zerbrach Zoll für Zoll seine Schienbeine, trieb Holzspäne unter seine Fingernägel und schnitt ihm die Augenlider ab.

Als der Morgen kam, flehte Matthias seine Frau an, seinen Beichtvater zu holen, besagten Vicarius Jakob vom Domkapitel. Der kam alsbald, hörte die Beichte, und Matthias fragte ihn, ob es denn wirklich wahr sei, was die Prediger über die Hölle sagten. Jakob hielt es für wahrscheinlich, und möglicherweise sei es noch schlimmer, aber da Matthias gebeichtet habe, sterbe er ja, ohne eine Todsünde auf dem Gewissen zu haben. Er wisse doch, daß Christus es selber war, der einem zusammen mit ihm gekreuzigten Verbrecher in letzter Minute die Sünden vergeben habe. Deshalb werde auch Matthias wahrscheinlich mit dem Fegefeuer davonkommen.

Ob man dort auch derart leiden müsse, fragte Matthias mit schwacher Stimme, und vor allem wie lange?

Der Vicarius runzelte die Stirn, denn er war ein ehrlicher Mann und hatte nicht die Spur einer Ahnung. So sagte er letztlich nur das, was jedermann bekannt war: »Bis zum Jüngsten Tag.«

Wobei man allerdings, fuhr er ohne jegliche Hinterlist fort, die Leiden durch gute Taten und das Gebet der Angehörigen wesentlich erträglicher machen könne, doch für gute Taten sei es nun wohl zu spät.

Und auf Gertrud und ihre Gebete ist auch kein Verlaß, dachte Matthias. Aber ein vermögender Mann wie er mußte doch auch in seinem letzten Stündlein noch eine gute Tat vollbringen können, und deshalb fragte er Jakob: »Und wenn ich für die neue Kathedrale spenden würde?«

»Das würde Gott mit Sicherheit erfreuen«, sagte der Vicarius überzeugt.

»Und wieviel braucht es dazu?« fragte Matthias.

»Willst du angesichts deines nahen Todes mit dem Allmächtigen schachern?« fragte Jakob streng.

Und damit hatte es sich.

Genau in diesem Augenblick ebbte der Schmerz im Leib des Matthias von Zülpich urplötzlich ab, was ihm mit einigem Recht als wahres Wunder erscheinen mußte. Er bat den Vicarius, seine Lieben zu versammeln, und verkündete der entsetzten Familie, daß er hiermit unwiderruflich ein Drittel seines Vermögens dem Domkapitel für den Bau der neuen Kathedrale vermache.

Ein paar Stunden später starb Matthias, noch immer leicht besorgt, aber fast glücklich und vor allem schmerzfrei an seinem durchgebrochenen Blinddarm.

Spätestens an dieser Stelle wird uns bewußt, daß der schnelle, unerwartete Tod, der heutzutage für die weitaus meisten Menschen als die ideale und wünschenswerte Form des Ablebens gilt, lange als das Schlimmste betrachtet wurde, was einem Christenmenschen zustoßen konnte. Bis in unsere Tage hinein liest man in der Allerheiligenlitanei die Bitte: »Von einem jähen und unversehenen Tode verschone uns, o Herr!« Sterben ohne Beichte und den Empfang der, wie es früher hieß, Letzten Ölung bedeutete für jedermann (bis auf die wenigen heiligmäßig lebenden Menschen) die ewige Verdammnis.

Es gibt Wissenschaftler wie den französischen Historiker Jacques Le Goff, die behaupten, daß das Fegefeuer von der Kirche im 12. Jahrhundert regelrecht erfunden wurde; zum einen, um ihre schwindende Macht über die Gläubigen zurückzuerlangen, zum anderen aber auch als Mittel, um von den armen Sündern Geld zu erpressen. Das ist in dieser Zuspitzung sicherlich falsch. Andererseits kann nicht bestritten werden, daß die angebliche Existenz des Fegefeuers der Kirche Jahrhunderte hindurch nachweislich einen enormen Spendenstrom eingetragen hat, und der bis hin zur Perversion betriebene Ablaßhandel war bekanntlich einer der entscheidenden Gründe für die Reformation.

Nun stellt sich jedoch zunächst einmal die Frage, warum in Köln die Spenden der Bürger so wichtig waren, da nicht die Bürger der Stadt den Beschluß zum Bau der neuen Kathedrale gefaßt hatten, sondern – auf Anregung des Erzbischofs – das Domkapitel, das deshalb auch in erster Linie für die Finanzierung des Unternehmens verantwortlich sein mußte.

Wohl wahr, aber wer oder was war denn dieses Domkapitel, und wie setzte es sich zusammen?

In den ersten Jahrhunderten der Kölner Gemeinde bildeten der Erzbischof und die Geistlichen am Dom eine geschlossene Einheit, die sich im Laufe der Jahrhunderte jedoch langsam auflöste. Die Gemeinschaft zerbrach, und das Vermögen des Erzstifts wurde an die Mitglieder des Domkapitels verteilt. Da dieses Vermögen beträchtlich war, warf es auch enorme Zinsen ab, so daß die Mitglieder dieses Gremiums entsprechend wohlhabend wurden, sofern sie es nicht bereits von Hause aus waren.

Am Dom zählte man fünfzig Kanonikerstellen, wobei zwei nur auf dem Papier standen, denn sie waren dem Kaiser und dem Papst vorbehalten. Die restlichen achtundvierzig Mitglieder teilten sich in zwei Gruppen zu je vierundzwanzig Domherren, von denen sechzehn aus dem Hochadel kamen, während je acht Stellen an Priester vergeben wurden, die entweder dem niederen Adel angehörten oder Söhne Kölner Bürger waren. Zu dem Gremium, dessen Aufgabe vornehmlich darin bestand, beim Tod des Erzbischofs einen Nachfolger zu wählen und bis dahin die Amtsgeschäfte zu führen, gehörten neben den Domherren auch die Prioren der Kölner Kirche, das heißt sämtliche Pröpste der Stifte in Köln, Bonn, Xanten und Soest, die aber nach hartnäckigen Auseinandersetzungen mit dem Domkapitel am Ende des 13. Jahrhunderts ihren Einfluß verloren und von der Wahl ausgeschlossen wurden.

Das Amt eines Domherren oder Kanonikers war vor allem für die zweitgeborenen und daher nicht erbberechtigten Söhne der Adelsfamilien außerordentlich verlokkend. Zum einen warf es sehr viel Geld ab, zum zweiten wurde von dem jungen Mann keine Ehelosigkeit auf Dauer verlangt. Er konnte das Domkapitel jederzeit verlassen, um zu heiraten. Andererseits erwartete man von ihm (seit dem 15. Jahrhundert) ein abgeschlossenes Studium, aber es mußte nicht unbedingt Theologie sein, Jura tat es auch, und die höheren Weihen wurden schon gar nicht erwartet. Dafür gab es schließlich die Priester und etliche Vikare, die Hilfskapläne.

Im Laufe der Zeit wurde die Zusammensetzung des

Domkapitels immer elitärer. Die meisten Kanoniker von niederem Adel schieden aus und wurden durch Mitglieder aus Grafen- und Fürstengeschlechtern ersetzt. Schließlich war die Bedeutung des Kapitels so gewachsen, daß ein Kanoniker aus Köln dem Ansehen nach ohne weiteres auf einer Stufe mit einem Reichsfürsten stand, und in Köln besaßen lediglich die Stiftsherren von St. Gereon einen halbwegs vergleichbaren Status. Erasmus von Rotterdam spottete über die Domherren von Straßburg, als Sohn eines Zimmermanns hätte Christus nie die Spur einer Chance gehabt, ins dortige Kapitel aufgenommen zu werden; das gleiche hätte er auch über Köln sagen können.

Aufgrund der hochadligen Herkunft der Kanoniker wuchsen leider auch Dünkel und Nachlässigkeit. Die Hauptaufgabe des Domkapitels bestand darin, für einen würdigen Verlauf des Gottesdienstes im Dom Sorge zu tragen. Wer aber von ihnen, wo auch immer, Pfründen besaß, mußte sich, um sie nicht zu verlieren, dort hin und wieder sehen lassen, sonst gingen diese Einkünfte verloren.

Da die Domherren jedoch an sehr vielen Stiften im Erzbistum derartige Einnahmen besaßen, zwang sie das zu häufigen Reisen; jedenfalls waren die hohen Herren, die inzwischen nur noch mit roten Talaren und rotem Pelzbesatz auftraten, mehr unterwegs anzutreffen als beim Gebet im Hohen Chor. Weil aber das Gescherr, wie der Volksmund weiß, nicht besser ist als der Herr, kamen auch die Vikare ihren Pflichten nicht mehr nach.

Die bestanden unter anderem darin, abwesende Domherren beim kanonischen Stundengebet zu vertreten. Ihnen oblag es aber auch, an den vielen Altären des Domchors die von Gläubigen bestellten Messen zu lesen, die von den Stiftern mit harter Münze zu bezahlen waren. Im voraus, versteht sich.

Das war ein einträgliches Geschäft. Viele Vikare nahmen zwar das Geld, drückten sich aber vor dem Lesen der

Messe, und uns ist das Protokoll einer Domkapitelsitzung überliefert, wo säumigen Vikaren angedroht wird, sie von allen Zuwendungen auszuschließen, sofern sie nicht den Pflichten nachkämen, die auf ihrer Vikarie lägen. Schließlich sei den armen Seelen, und hier denken wir wieder an den verblichenen Matthias von Zülpich, nicht zuzumuten, nur deshalb länger im Fegefeuer zu brutzeln, weil ein nachlässiger Vikar es versäume, die von der Witwe Gertrud (hoffentlich) gestifteten Totenmessen zu lesen.

Nachlässig wurden die Herren des Domkapitels in der Tat mehr und mehr. Der Volksmund jedenfalls nannte Menschen, die als besonders ausgeprägte Faulenzer angesehen wurden, »Domjrof« – Domgraf. Eine noch derbere Bezeichnung für einen Tagedieb gab es damals nicht.

Das allerdings spielte sich bereits in der Renaissance ab, und niemand wird bestreiten können, daß eine Reform der Kirche zu diesem Zeitpunkt notwendig war. Ob aus der Reform eine Reformation werden mußte und damit zugleich eine Spaltung der Kirche, steht auf einem anderen Blatt.

Domkapitel und Erzbischof bildeten auch nach dem Zerbrechen der ursprünglichen Gemeinschaft und selbst nach der Vertreibung der Erzbischöfe aus der Stadt eine Einheit. Nicht nur daß die Kanoniker den Erzbischof wählten; da sie inzwischen allesamt aus dem Hochadel stammten, bildeten sie auch politisch eine starke Macht, die sich, von Ausnahmen abgesehen, mit dem ebenfalls hochadligen Erzbischof zumeist zu arrangieren wußte, zumal die Domherren den Erzbischof stets aus den eigenen Reihen zu wählen pflegten. Eine Ausnahme bildeten lediglich Rainald von Dassel, der von Kaiser Friedrich Barbarossa dem Domkapitel außerordentlich nachdrücklich »empfohlen« worden war, und Kuno von Falkenstein, der von 1368 bis 1370 als Administrator amtierte.

Ihrerseits waren die Kirchenfürsten meist pragmatisch

genug, sich nicht allzu heftig mit dem Domkapitel anzulegen, da sie sich ohnehin mit der freien Reichsstadt Köln herumzuschlagen hatten und das Domkapitel auf keinen Fall ins feindliche Lager treiben wollten.

Man sollte annehmen, daß in Zeiten einer wirtschaftlichen Hochblüte die Versammlung von achtundvierzig schwerreichen Männern zusammen mit dem Erzbischof durchaus in der Lage sein sollte, den Bau einer Kathedrale zu finanzieren. Dem war allerdings nicht so, denn auch und vor allem reiche Leute haben häufig den berüchtigten Igel in der Tasche.

Reich war das Domkapitel wahrlich. Am Ende des 13. Jahrhunderts besaß es, abgesehen von den Renten, die es von zahlreichen Häusern in der Stadt Köln bezog, nachweislich einen großen Weingarten an der Marzellenkapelle, Häuser auf dem Domhof (dem heutigen Roncalliplatz), in der Klappergasse, in der Streitzeuggasse, auf dem Alten Graben, am Malmannspütz und am Zederwald; ferner Höfe, Weinberge und Ländereien in Königswinter, Worringen, Zons, Friesheim, Geyen, Inden, Aldenhofen, Eschweiler, Vilich, Erpel, Unkel, Linz, Paffrath, Lechenich, Hamm, Frechen, Cuchenheim, Oidtweiler, Remagen, Efferen, Brühl, Mohrendorf, Gohr, Nideggen, Hüchelhofen, Königshofen, Wickrath, Niederzier, Rheinbach, Bedburg, Löwen, Dyck, Hersel, Esch, Bergheim, Richrath, Niederkrüchten, Weiler, Sinzig und Walporzheim.

Das ist ja schon was, und trotzdem mußten die Domherren für jede nennenswerte Spende anscheinend angebettelt werden. Nicht so Erzbischof Engelbert I., der auf derart scheußliche Art ermordet werden sollte. Er wollte, wenn das Domkapitel mitziehen würde, jährlich fünfhundert Mark spenden, was eine große Summe war, wenn man bedenkt, daß ein pensionierter Bischof damals nur rund dreihundert Mark Rente im Jahr bezog.

Aber die Bluttat in jenem Hohlweg bei Gevelsberg verhinderte die Inangriffnahme des Projekts, das erst unter Konrad von Hochstaden begonnen wurde und auch nur deshalb, weil der Thesaurar (Schatzmeister) des Doms, Philipp von Altena, großzügig auf die ihm zustehenden Spenden verzichtet hatte, die von frommer Hand auf den Petrusaltar gelegt wurden. Zwar werden auch die anderen Mitglieder des Domkapitels sowie die Erzbischöfe selber immer wieder helfend mit kleineren Beträgen eingegriffen haben, worüber wir zwar nichts wissen, aber es ist einfach logisch, daß sie es taten. Nur: Es reichte vorne und hinten nicht.

Von der Stadt Köln, die sich in ständiger Fehde mit dem Erzbischof befand, wie immer er gerade heißen mochte, war nicht viel zu erwarten. Allenfalls die Stiftung einer Monstranz oder eines Fensters. Allen Kanonikern im Kapitel muß deshalb von Anfang an klar gewesen sein, daß der Löwenanteil der benötigten Gelder durch Vermächtnisse und Kollekten, kurz: durch Spenden der Gläubigen aufgebracht werden mußte.

Und durch Ablässe.

Bei Papst Innozenz IV. fand man ein offenes Ohr. Bereits am 6. April und am 31. Juli 1247, also mehr als ein Jahr vor der Grundsteinlegung, versprach der Heilige Vater allen denjenigen, die am Tage der Kirchweihe den Kölner Dom »mit reumütigem Herzen« besuchen und ihr Scherflein dort abgeben würden, Nachlaß der zeitlichen Strafe im Fegefeuer.

Das war zwar ein Anfang, aber mehr auch nicht; dadurch kam vorläufig kein einziger Pfennig in die Baukasse, denn der Tag der Kirchweihe, sogar der der Chorweihe lag noch in weiter Ferne. Vielleicht hatte der Papst aber auch gar nicht von der Weihe des Doms gesprochen, sondern vom Kirchweihfest in der Pfarrei des Spenders. Jedenfalls wurden außer dem Papst auch andere hohe Kirchenfürsten angesprochen, und man möge die Länge der folgenden Liste verzeihen, aber die Aufzählung aller Würdenträger beweist die erstaunliche Popularität der gerade erst entstehenden Kathedrale. Oder galt die Aufmerksamkeit weniger ihr als vielmehr dem Schatz, den sie barg: den Heiligen Drei Königen?

Wie dem auch sei: Einen Ablaß von einem Jahr und vierzig Tagen versprachen allen Stiftern und Spendern

– der Kardinalpriester von Sankt Sabina, Hugo von Sankt Caro, sowie der Kardinallegat Peter Capocci,

– die Erzbischöfe und Bischöfe von Mainz, Trier, Bremen, Lüttich, Utrecht, Münster, Osnabrück, Minden, Paderborn und Cambrai,

– der frühere Bischof von Regensburg und jetzt in Köln lebende Albertus Magnus, ferner der Kölner Erzbischof Engelbert II. von Falkenburg

– sowie vierundfünfzig Erzbischöfe und Bischöfe, die am Konzil von Lyon im Jahr 1274 teilnahmen.

Eine weitere Geldquelle waren die Kollekten. Anscheinend unterhielt die Dombauverwaltung eine regelrechte Mannschaft, die das Recht hatte, in der Erzdiözese von Kirche zu Kirche zu eilen und unmittelbar nach der Verlesung des Evangeliums die Gläubigen ungeniert um eine Spende anzugehen. Die Sammler erhielten sogar die Erlaubnis, an Orten, die mit dem Kirchenbann belegt waren, zumindest einmal im Monat einen feierlichen Gottesdienst abzuhalten (was ansonsten streng untersagt war), um im Verlaufe desselben ihre Kollekte durchführen zu können. Zum einen bemühten sich die Erzbischöfe um die Erlaubnis, auch in anderen Diözesen sammeln zu dürfen, verboten aber andererseits in ihrem Sprengel strikt alle Kollekten, die nicht zugunsten des Doms veranstaltet wurden.

Eine dritte Form der Geldbeschaffung glich schon eher einer Erpressung. Hatte der Vicarius Jakob gegenüber dem sterbenden Matthias allenfalls die Nützlichkeit einer möglichen Spende angedeutet, so bedrohte Erzbischof Wikbold Anno Domini 1300 seine Pfarrer sogar mit Exkommunizierung und Amtsenthebung, falls sie es unterlassen sollten, bei ihren Predigten und bei der Abfassung von Testamenten nachdrücklich die Bedürftigkeit des Bauprojekts darzustellen. Außerdem hatten die Pfarrer im Beichtstuhl bei allen Sündern, insbesondere natürlich bei Dieben, Wucherern und anderen Verbrechern, die Absolution davon abhängig zu machen, daß die Delinquenten als Beweis tätiger Reue den gesamten Gegenwert des zu Unrecht erworbenen Gutes für den Dombau spendeten.

Mit den härtesten nur denkbaren Strafen wurden diejenigen bedroht, die Teile des gesammelten Geldes unterschlugen, und insbesondere die Betrüger und Scharlatane, die in der Spendenwilligkeit der Bevölkerung eine wunderbare Aufbesserung ihrer Einkünfte sahen und sich den naiven Menschen als Sammler der Dombauverwaltung vorstellten.

Bei Schiedssprüchen, die mit einer Geldstrafe geregelt wurden, war die festgesetzte Summe an die Dombauverwaltung zu zahlen, was an die heutige Praxis der Gerichte erinnert, bei der Verhängung von Geldstrafen ebenfalls zu verfügen, daß sie einem guten Zweck zufließen sollen.

Zuweilen nutzte der Kölner Erzbischof auch seine Stellung als »Königsmacher« aus, um ein bißchen politische Erpressung zu betreiben. Während des Interregnums, der »kaiserlosen, der schrecklichen Zeit«, die von 1254 bis 1273 währte, machte sich, da der deutsche Thron verwaist war, Graf Richard von Cornwall, der Bruder des englischen Königs Heinrich III., Hoffnungen auf die deutsche Krone, woran auch sein königlicher Bruder interessiert war; beide waren nicht nur wohlhabend, sondern auch über ihre Schwester Isabella mit dem ehemaligen Stauferkaiser Friedrich II. verschwägert.

Heinrich herrschte über England und den ganzen Westen Frankreichs. Wäre es Bruder Richard tatsächlich gelungen, als König eine Machtgrundlage im Reich zu schaffen, hätte die Familie Plantagenet über einen großen und mit Sicherheit den bedeutendsten Teil Europas geherrscht und vor allem den Erbfeind Frankreich in die Zange nehmen können.

Konrad von Hochstaden, der als Kölner Erzbischof nicht nur zum Wahlkollegium gehörte, sondern traditionsgemäß auch dem deutschen König in Aachen die Krone aufzusetzen hatte, wußte natürlich sehr wohl, wieviel den Engländern an dieser Krone lag. Da er anscheinend von keinerlei Skrupeln befallen war, deutete er ziemlich unverblümt an, wie man ins Geschäft kommen könnte.

Im einzelnen hatte sich König Richard zu verpflichten,

– nach seiner Krönung allen Besitz des Kölner Erzbischofs und alles, was noch hinzukommen werde, mit allen Kräften zu schützen,

– im Gebiet zwischen Aachen, Mosel und Dortmund, also im gesamten Erzstift, nur solche Amtmänner und Richter einzustellen und nur solche Adlige, Ritter und Bürger in sein Gefolge aufzunehmen, die dem Erzbischof genehm seien,

– innerhalb eines halben Jahres eine Aussöhnung zwischen Konrad und dem mit ihm zerstrittenen Heiligen Stuhl herbeizuführen, wobei ein mögliches Scheitern dieses Versuchs Richard eine Konventionalstrafe in Höhe von zweitausend Mark kosten würde,

– und letztlich als Entgelt für Mühe und Unkosten, die dem Kölner Erzbischof bei der Durchdrückung der Königswahl entstehen würden, an Konrad eine Summe von achttausend Mark und für jeden seiner Diener noch einmal vierhundert Mark zu zahlen.

Wir erinnern uns bei dieser Gelegenheit, daß die Jahresrente eines pensionierten Bischofs dreihundert Mark betrug. Daß Richard von Cornwall diese Bedingungen tatsächlich erfüllte, beweist, wie sehr ihm an der Krone des Heiligen Römischen Reiches gelegen war. Konrad setzte sie ihm in Aachen auch tatsächlich auf, aber lange konnte sich Richard daran nicht erfreuen, so daß das schöne Geld zum Fenster hinausgeworfen war.

Sehr christlich waren die Erzbischöfe damals wirklich nicht. Aber immerhin erreichte Konrad von Hochstaden, daß der englische König auf der Insel von den Kölner Sammeltruppen sogar Kollekten durchführen ließ; wir wissen aber nicht, wieviel dabei zusammengekommen ist.

Das trifft auch für andere Anlässe zu. Es fügte sich glücklich, daß der Kölner Erzbischof die deutschen Könige in Aachen krönte. Gemeinhin schauten sie danach in Köln vorbei, um den Heiligen Drei Königen ihre Aufwartung zu machen, und dabei haben sie sich bestimmt erkenntlich gezeigt, Geld geschenkt oder Wertvolles gestiftet. Der Dänenkönig Waldemar Atterdag beispielsweise brachte drei goldene Kronen mit und Herzog Philipp der Gute von Burgund eine goldene Lampe.

Auch andere gekrönte Häupter zählten zu den Besuchern, so der englische König Eduard III., Kaiser Sigismund, Kaiser Friedrich III., Kaiser Maximilian, Kaiser Karl V. sowie eine große Zahl anderer Besucher. Ein Gästebuch ist leider nicht erhalten, und falls es jemals eines gegeben hat, dann haben die Franzosen es, wie so vieles andere auch, Anfang des 19. Jahrhunderts mitgehen lassen.

Eitler als die Könige waren die Kölner Bürger, die sehr wohl niederschreiben ließen, was sie im einzelnen für die neue Kathedrale getan hatten. Hier nur ganz wenige Beispiele:

– 1304 überließ Johann von Rodenberg der Dombauverwaltung die Hälfte seines Hauses auf dem Buttermarkt.

– 1333 vermachte der Domschmied Werner sein gesamtes Vermögen der Dombaufabrik.

– 1481 schenkte ein gewisser Dietrich Perselmann der Domkirche fünfeinhalb Morgen Ackerland.

Diese Schenkungen erfolgten keineswegs nach dem Ableben der Stifter. Sie trennten sich frühzeitig davon in der Erkenntnis, die dem mittelalterlichen Menschen im Gegensatz zu uns stets gegenwärtig war: Reichtum kann ins Verderben führen, wenn man ihn hortet und nur für sich behalten will. Reichtum dagegen wird zum Segen, wenn man ihn zu Wohltaten benutzt, sei es, daß man dem Bettler abgibt, sei es, daß man ihn für den Dombau stiftet.

Schließlich und endlich gab es da noch die von Erzbischof Heinrich II. von Virneburg (1304–1332) gestiftete Bruderschaft des heiligen Petrus, deren Mitglieder alljährlich einen erheblichen Betrag zum Bau der neuen Kathedrale lieferten. Immerhin so viel, daß Papst Johannes XXII. ihr etliche Begünstigungen verlieh, unter anderem die für die damalige Zeit wesentliche, daß ihre Mitglieder selbst an Orten, die vorübergehend mit dem Kirchenbann belegt waren, vom Priester beerdigt werden durften. In Anbetracht der stets gegenwärtigen Heidenangst vor einem unchristlichen Tod eine tröstliche Gewißheit.

Trotzdem ist bereits vom 14. Jahrhundert an ein deutliches Nachlassen der Spendenbereitschaft zu verzeichnen. Und einige der Erzbischöfe, die nahezu alle kühl kalkulierende Politiker und nicht gerade fromme Schwärmer waren, mögen schon früh an der Vollendung des Bauwerks gezweifelt haben. Erzbischof Heinrich von Virneburg jedenfalls, der 1322 den Chor eingeweiht hatte, ließ sich zehn Jahre später in einer eigens für sein Grab gebauten Kapelle beim Bonner Münster beisetzen.

Vielleicht wollte er nicht auf Dauer in einer Ruine ruhen.

Der knausrige Künstler

Mit Dürer gingen Gotik und Dombau zu Ende

Hinter dem gewaltig aufragenden Dom ging an diesem Sommerabend des 25. Juli 1520 die Sonne unter. Der blutrote Ball verblaßte langsam, bis er hinter einem schmalen Wolkenband endgültig verschwand. Der Mann, der argwöhnisch zusah, wie schmutzige Burschen die Gepäckstücke auf den Kies des Ufers wuchteten, war übellaunig. Und seine Stimmung besserte sich keineswegs, als er an die paar Pfennige dachte, die ihm diese Spitzbuben gleich abverlangen würden.

»Gib ihnen nur nicht zuviel«, keifte Agnes, seine Frau, während er sorgfältig die Münzen aus seiner Geldkatze in der offenen Hand studierte. Wie leicht konnte man sich dabei vertun! Allein die Reise flußabwärts von Mainz bis hier hatte ihn drei Gulden gekostet. Susanne, die junge und ziemlich dralle Magd, beobachtete die beiden belustigt. Sie hatte sich an das ewige Zanken gewöhnt und den Anblick genossen, als der Nachen, mit dem sie vor zwei Tagen von Mainz aus losgefahren waren, an der atemberaubenden Kulisse vorüberglitt, die sich den Reisenden darbot.

Zunächst war der Bayenturm in Sicht gekommen, das südlichste Bollwerk der Stadt; dahinter waren die Türme einer Kirche zu sehen, und natürlich wußte Susanne nicht, daß es die war, die dem heiligen Severinus geweiht war. Und sie konnte weder Maria im Kapitol identifizieren noch das Pantaleonskloster, weder Groß St. Martin noch St. Aposteln, noch St. Gereon, St. Ursula und St. Kunibert weiter flußabwärts. Aber der Schiffer, der den lebensgefährlich schaukelnden Kahn gesteuert hatte, wußte ihr wenigstens den Rathausturm zu zeigen und den hohen Chor der neuen Kathedrale, der allerdings weitgehend von der Kirche St. Maria ad Gradus verdeckt war.

Albrecht Dürer dagegen hatte all das nicht einmal zur Kenntnis genommen.

Natürlich, er kam aus Nürnberg, einer ebenfalls freien Reichsstadt mit einer imposanten Burg und schönen gotischen Kirchen, doch ein solches Panorama hatte sie nun einmal nicht zu bieten. Aber Susanne kannte die Herrschaften lange genug, um zu wissen, daß dieses ewige Kassieren von Zöllen sie maßlos aufgeregt hatte. Zweiunddreißig derartiger Kontrollen hatte es auf ihrer Reise von Süddeutschland nach hier gegeben, und abgesehen davon, daß es außerordentlich lästig war, alle paar Flußmeilen anzulanden, war fast immer irgendeine Gebühr zu entrichten.

Dabei mußte jedermann zugeben, daß das Reisen über Land nicht billiger, sondern eher noch kostspieliger war. Der Wasserweg flußabwärts galt nach wie vor als sehr viel schneller als der zu Lande, und außerdem gab es schließlich auch auf den Straßen Zollstationen in Hülle und Fülle.

Und Wegelagerer.

Susanne schmunzelte, als ein großer hagerer Mann auf dem Steg versuchte, den Meister mit wildem Herumfuchteln seiner Arme und dem Schwenken seines breitkrempigen Hutes auf sich aufmerksam zu machen. Das mußte Vetter Niklas sein, Niklas mit dem Beinamen Unger, weil er von irgendwoher im Südosten der ihr bekannten Welt stammte, aus einem ähnlich klingenden Land, an einem Fluß, der Donau hieß und irgendwo nach Osten floß.

Der Meister hatte es ihr in einem seiner seltenen Anflüge von Geduld zu erklären versucht, aber außer dem

Namen jener Hauptstadt, aus der Niklas' Vorfahren angeblich gekommen sind, hat sie nichts behalten: Buda, wo immer das sein mochte. Jedenfalls war Vetter Niklas ein gutmütiger und hilfsbereiter Mann, der zwei Esel mitgebracht hatte, auf deren Rücken mit einiger Mühe das Reisegepäck der Familie Dürer verstaut wurde, und dann zogen die vier los, am Rathaus vorbei, langsam zur Stadt hinauf und dann die lange Straße schnurstracks nach Süden, bis sie zum Waidmarkt kamen, wo Niklas, der Goldschmied, ein beachtliches Haus sein eigen nannte.

Zwar war es etwas schmalbrüstig, aber dafür wies es vier Obergeschosse auf, in Fachwerk gebaut, versteht sich, und nicht mit Stroh gedeckt, sondern mit hölzernen Schindeln. Es gab einen schmalen Durchgang, groß genug, um die Esel nach hinten in den Stall führen zu können, und natürlich auch, um als Eingang in die Diele zu dienen.

Linker Hand befand sich die Werkstatt des Goldschmieds, mit gekacheltem Boden und hohen Hockern, auf daß weder der Meister noch die Gesellen während der kalten Jahreszeit ihre Füße auf die eisigen Kacheln zu setzen brauchten, sondern sie auf die Querhölzer der Hocker stellen konnten. Holzkohlenbecken standen in den Ecken, und das Fenster zum Garten hin war groß genug, um zumindest in den Frühjahrs- und Sommermonaten ausreichend Licht ins Innere gelangen zu lassen. Im Herbst arbeitete man, sofern es das Wetter noch gestattete, im Garten, und den Winter nutzte man, um lästige Arbeiten zu verrichten, die im Laufe des Jahres liegengeblieben waren. Feine Goldschmiedearbeit war bei den dann herrschenden Lichtverhältnissen nicht zu leisten.

Hinter der Diele zum Kräuter- und Gemüsegarten hinaus lag die große Küche, in der Maria, des Goldschmieds Frau, zusammen mit der Magd Johanna seit den frühen Nachmittagsstunden mit der Zubereitung des Abendessens befaßt war. Sie wischte sich die Hände an der

Schürze ab, um die Verwandtschaft ihres Mannes willkommen zu heißen, und Johanna stieg vor den Gästen die gewundene Treppe hoch in den dritten Stock, um ihnen ihr Zimmer zu zeigen.

Stolz öffnete sie eine kleine Tür zu einem winzigen Nebengemach. Dort befand sich neben einer Fensterluke lediglich eine Sitzbank, in die ein rundes Loch geschnitten war, das im Augenblick allerdings mit einem hölzernen Deckel verschlossen war. »Die Heimlichkeit«, sagte sie leicht errötend.

Dabei hätte sie stolz sein können auf den Fortschritt, der vor einigen Wochen seinen Einzug ins Haus gehalten hatte. Einen Keller, der ohnehin nicht gebraucht und einmal im Jahr von den sogenannten »Goldgräbern« geleert wurde, als Sammelbecken für den Abort zu benutzen – das war nicht gerade normal in einer Zeit, in der die meisten Menschen ihren Nachttopf auf die Straße leerten. Und zwar zumeist aus den Fenstern der oberen Stockwerke.

»Ziemlich kleine Fenster«, bemerkte Agnes, die immerzu etwas zu mäkeln fand, zumal sie beim Umziehen auf die Hilfe Susannes verzichten mußte, die wer weiß wo untergebracht worden war. »Vermutlich bei den Knechten«, wie Dürers Ehefrau säuerlich argwöhnte.

Beim Abendessen jedoch fand man sich wieder zusammen, und nicht nur Susanne, sondern auch die beiden Gesellen und der Lehrling sowie Johanna nahmen am gleichen Tisch Platz wie die Herrschaften.

Zur Begrüßung wurde in silbernen Bechern, die nur zu besonders festlichen Anlässen aus der mit schweren Eisenbeschlägen versehenen Truhe geholt wurden, kühles Bier angeboten, von dem alle ein paar ordentliche Schlucke zu sich nahmen, »um den Staub der Reise hinunterzuspülen«, wobei übersehen wurde, daß es auf dem Rhein nicht sonderlich gestaubt haben konnte, im Haus am Waidmarkt wohl auch nicht. Dann trank man auf das Wohl der Gäste und anschließend auf das der Gastgeber, auf die Stadt Köln, die Zunft der Goldschmiede und zum Schluß, dem Gast zu Ehren, auch auf die der Schilderer.

Dann trugen Johanna und Susanne, die ihr zur Hand ging, gebratene Wachteln und die Leber von Gänsen auf, die man mit leichtem Wein genoß, der von der Saale stammte. Danach aß man Krebse aus dem Rhein, Karpfen aus Zuchtteichen im Bergischen und fetten Aal aus der Ostsee. Dazu wurde weißer Wein von der Mosel gereicht, der allgemein als nicht besonders gut galt, was Dürer seinem Schwager bestätigen mußte. Anschließend wurde Wildschweinbraten aufgetragen, dazu Hasenkeulen und Lammkoteletts, wozu schwerer roter Wein von der Ahr eingeschenkt wurde.

Nach einer guten Stunde murmelte Meister Dürer etwas von irgendeinem Tuche, das er oben im Zimmer vergessen habe, eilte die Treppe hoch und übergab sich ausgiebig in das runde Loch, das sich dankenswerterweise in der »Heimlichkeit« neben dem Gästezimmer befand. Seit Tagen quälte den immerhin schon Neunundvierzigjährigen sein Magengeschwür, aber es wäre sehr unhöflich gewesen, aus einem so nichtigen Grunde eine Speise auszulassen. Tapfer kehrte er deshalb an den Tisch zurück und ließ sich ergeben gebratene Äpfel, Marzipan, Mandeln und extra ihm zu Ehren gekaufte Nürnberger Küchlein auftragen, die zusammen mit einigen Krügen vom – laut Niklas – besten aller Weine, dem edlen Tröpfchen von einem Steilhang bei Andernach, serviert wurden.

In der Nacht mußte sich Albrecht, sehr zum Mißfallen seiner Ehefrau, die lediglich von einigen heftigen und hörbaren Blähungen geplagt wurde, noch zweimal übergeben, und am nächsten Morgen, an dem es übrigens allen ziemlich schlecht ging, vertraute er sich seinem Vetter an. »In Nürnberg«, flüsterte er außer Hörweite der Frauen,

»in Nürnberg wird Wein gebrannt zu einem sehr hülfreichen Trunk.« Ob es derartige Medizin auch hier gebe?

»Allenfalls in der Apotheke«, sagte Niklas zweifelnd, weil er noch nie von dieser Medizin gehört hatte. Aber der Apotheker am Alter Markt, den sie aufsuchten, hatte es sogar vorrätig, riet indes zu sparsamer Dosierung; doch weil der Magen arg schmerzte, schüttete Dürer, unter heftigem Schütteln, das ganze Glas in sich hinein und übergab sich noch vor der Apotheke ein weiteres Mal.

Aber es kam nicht mehr viel.

Die nächsten Tage verbrachte er im Bett, um wieder einigermaßen auf dem Damm zu sein, wenn er zu der geplanten Weiterreise in die Niederlande aufbrechen würde. Das aber sollte nur ein Abstecher sein. Wichtig war ihm einzig und allein der Besuch Seiner Allerheiligsten Majestät, Karls V., der am 23. Oktober in Aachen gekrönt werden sollte. Anschließend würde er wie alle seine Vorgänger nach Köln kommen, um hier den Gebeinen der Heiligen Drei Könige seinen schuldigen Besuch abzustatten. Er würde, das stand bereits fest, im Hof der Familie Hackeney absteigen, und dort wollte Dürer versuchen, vorgelassen zu werden, um von Karl die Bestätigung seiner Rente zu erhalten, um die er lange Jahre gebangt und gekämpft hatte.

Das muß bei einem Künstler verwundern, der anders als viele seiner Kollegen schon zu Lebzeiten berühmt und keineswegs notleidend war. Im Gegenteil: Seine Skizzen, Zeichnungen und Bilder verkauften sich so gut, daß es selbst einem Geizhals wie ihm offensichtlich leichtfiel, sich von dem einen oder anderen zu trennen.

So schenkte er während seines Aufenthalts in Köln (weshalb auch immer) einer Nonne »drei halbe Bogen Kupferstiche«, einem jungen Grafen einen Druck der »Melancholie«, und sogar der Knecht von Vetter Niklas erhielt von unserem Künstler – wohl als Trinkgeld – die

Kupferstiche »St. Eustachius« und »Nemesis«. Wenn dessen Erben sie nicht auf dem Flohmarkt verscherbelt haben, sind deren Erben wiederum heute reiche Leute.

Dürer dagegen, so freigebig er mit seinen Stichen war, feilschte um jeden Pfennig und trug alle Ausgaben fein säuberlich in sein Reisetagebuch ein, in dem wir lieber mehr über das alte Köln gelesen hätten als die Tatsache, daß er drei Pfennig für Obst ausgegeben hat oder einen Weißpfennig für einen Rosenkranz.

Immerhin, seiner schrulligen Art, über alles Buch zu führen, verdanken wir den einzigen verläßlichen Beweis dafür, daß das berühmte, vom Rat in Auftrag gegebene sogenannte Dombild der Kölner Stadtpatrone, das die Gottesmutter umringt von den Heiligen Drei Königen, dem heiligen Gereon und der heiligen Ursula zeigt, tatsächlich von dem in Meersburg geborenen Stephan Lochner stammt, der dann in Köln Ratsherr wurde und 1451 an der Pest gestorben ist.

In Dürers Tagebuch nämlich ist zu lesen, daß er drei Pfennige bezahlt habe, damit ihm ein Bediensteter den damals noch in der Kapelle des Rathauses stehenden verschlossenen Flügelaltar des »maister Steffan« öffne. Zum Vergleich: Das war etwas weniger als der Preis für ein Ei!

Was uns lehrt, daß selbst Geiz zumindest den Kunsthistorikern zuweilen nützt.

Was Albrecht Dürer in den Niederlanden getan und gesehen hat, braucht hier nicht zu interessieren. Jedenfalls war er rechtzeitig zurück in Köln, um mit Tausenden von Menschen die Ankunft von Karl V. zu bejubeln, der mit großem Gepränge in die Stadt einzog. Ihn begleiteten nicht nur die sieben Kurfürsten, unter denen sich natürlich auch der Kölner Erzbischof Hermann V. von Wied befand, sondern auch nahezu der gesamte deutsche Episkopat, dazu Herzöge und Grafen, und angeblich zehntausend Berittene, was immer man sich darunter vorzustellen hat. Die Palette der Möglichkeiten reicht vom Ritter über Lanzenreiter bis zum Pferdeknecht. Hauptquartier war, warum auch immer, das Karmeliterkloster am Waidmarkt, ganz in der Nähe des Hauses, in dem Dürer bei seinem Vetter wohnte, aber Übernachtungsmöglichkeiten gab es im Karmel natürlich nicht. Das Gefolge quartierte sich, zur Freude oder zur Übellaunigkeit der Gastgeber, je nach dem eigenen Stand in Bürgerhäusern, Herbergen und zum Teil auch in Stiftsgebäuden ein. Hotels in unserem Sinne waren so gut wie unbekannt, und um die vorhandenen Herbergen machten wohlerzogene Leute besser einen Bogen.

Karl und sein engstes Gefolge stiegen, wie schon erwähnt, im Hackeneyschen Hof am Neumarkt ab, der einst dem Grafen Friedrich von Moers gehört hatte. Dessen Enkel verkaufte das Doppelgrundstück an den kaiserlichen Rechenmeister und Zeit- und Zunftgenossen des sprichwörtlich bekannten Adam Riese, Nicasius Hackeney aus Mechelen, der den Hof (wohl im allerhöchsten Auftrag) zu einem stattlichen Palais umbauen ließ, und zwar mit einem der wenigen Wohntürme, die in Köln je gestanden haben.

Des Kaisers Wahl wird des Nicasius Hackeneys Nachbarn, dem reichen Tuchhändler und Reichshofrat Arnold von Siegen, mächtig gestunken haben. Der hätte Seine Majestät nur zu gerne bei sich untergebracht, aber die Ehre widerfuhr ihm rund zwanzig Jahre später.

Kaiser Karl hätte sicherlich auch in der Nähe des Rathauses ein Domizil gefunden, aber er war eher melancholisch veranlagt und scheute das chaotische Leben in den Gassen der Altstadt.

Und am Neumarkt? Ging es da vielleicht ruhiger zu?

Und ob! Der Neumarkt, obwohl innerhalb der großen Stadtmauer gelegen, war im Grunde unbewirtschaftetes Bauernland, die Allmende, wohin jedermann sein Vieh treiben konnte. Aus eben diesem Grund befand sich dort auch eine öffentliche Tränke, und die Tatsache, daß das alte Tor in der an St. Aposteln verlaufenden Römermauer »Schafstor« hieß und daß es bis auf den heutigen Tag in unmittelbarer Nähe des Neumarkts eine Schaafenstraße gibt, erinnert daran, daß das gesamte Gebiet bis ins hohe Mittelalter hinein eine öffentliche Weidefläche war.

Besonders die Schafe, die natürlich auch außerhalb der Stadtmauern weideten, waren für die damals blühende Kölner Weberzunft von großer Bedeutung. Dagegen wurde die Gegend um die heutige Straße Auf dem Berlich als Schweinetrift für größere Herden benutzt, während die Kölner Durchschnittsfamilie ihr »Hausschwein« im Normalfall vor dem Haus nach Eßbarem suchen ließ und ansonsten mit dem ernährte, was so an Abfall anfiel. Was nicht gerade viel war, so daß die damaligen Schweine recht mager waren und nicht etwa fett und rosig, sondern dunkelgrau und insgesamt eher dem heutigen Wildschwein ähnlich.

In dieser Umgebung gefiel es Seiner Majestät, und es kam ihn arg an, daß das Protokoll für den Abend des 4. November ein Bankett im Festsaal der Stadt, dem Gürzenich, vorsah. Dieses Haus hatte sich die Stadt von Johann von Bueren errichten lassen, einem Neffen des damaligen Dombaumeisters Nikolaus von Bueren (gestorben 1469), und man hatte extra einen neuen Steinbruch am Drachenfels eröffnen müssen, um das notwendige Baumaterial zu beschaffen. Außerdem waren zweihundert Balken von jeweils fast zwölf Meter Länge vonnöten. Insgesamt sah sich die Stadt gezwungen, achtzigtausend Gulden aufzunehmen, was damals eine Stange Geld war.

Zunächst mußte der Rat mehrere Grundstücke aufkaufen, die an dem dichtbesiedelten Platz in der Altstadt lagen. Auf einem davon befand sich das Anwesen »Louvenbergh«, das zwei Bürgern gehörte, die wahrscheinlich sehr froh waren über das plötzliche Interesse der Stadt, weil sie sich bis über die Ohren verschuldet hatten. Früher indes hatte sich das Grundstück im Besitz des Landadelsgeschlechts derer von Gürzenich befunden, und davon leitet sich bis heute der Name des Festsaals ab.

Im prunkvollen zweischiffigen Obergeschoß des Hauses hielt Karl V. Audienz, und dort hörte er auch den ihm durchaus bekannten Meister aus Nürnberg an. Der trug ihm die flehentliche Bitte um eine Rente vor, die ihm der Kaiser gnädigst bewilligte, was Dürer derart erfreute, daß er schnurstracks nach Hause lief und seinem Vetter Niklas zum Abschied seinen Rock schenkte, der nicht nur, wie der Meister akribisch festhielt, schwarz war, sondern obendrein auch noch gefüttert.

Wenn auch getragen.

Spätestens an dieser Stelle wird sich der Leser fragen: und der Dom? Was ist mit dem Dom? Und die Antwort lautet ebenso schlicht wie korrekt: Der interessierte niemanden mehr.

Wenn der vielleicht bedeutendste Künstler seiner Zeit sich zwar schweren Herzens, wegen der drei Pfennige, das Altarbild von Stephan Lochner aufschließen ließ – in seinem sonst so peniblen Tagebuch jeden ausgegebenen Pfennig notierte –, ein Kunstwerk wie den Dom jedoch mit keiner Silbe erwähnt, so spricht das für sich. Die Gotik siechte dahin. Schlimmer noch, sie lag im Sterben.

Unumstritten war sie nie gewesen. Der Florentiner Bildhauer und Baumeister Filarete schrieb schon 1460 über sie: »Verflucht sei diese Pfuscherei (!). Ich glaube, nur Barbarenvolk konnte sie nach Italien bringen.« Aber erst ein halbes Jahrhundert später bekam sie ihren Namen, als sie von dem italienischen Kunsthistoriker Giorgio Vasari der »stilo gotico« genannt wurde. Wieso, bleibt schleierhaft, denn die Reste der besagten Ostgoten waren schon im 5. Jahrhundert nach ihrer Niederlage am Vesuv im italienischen Volk aufgegangen.

Vielleicht aber hatte Vasari gedacht, daß dieser Drang ins Unendliche ein typischer Charakterzug der germanischen Völker war. Tatsächlich glauben namhafte Historiker, daß der für die Gotik wesenhafte Spitzbogen eine Erfindung der Normannen gewesen ist, die sich bekanntlich in jenem französischen Landstrich niedergelassen hatten, der bis heute »Normandie« heißt.

Soweit das Kunsthistorische, aber es gab auch theologische Vorbehalte. Bernhard von Clairvaux, der bekannte Zisterzienserabt, wetterte gegen den neuen Stil: »Die ganze Kirche funkelt, die Armen aber haben Mangel an allem. Die Steine der Kirche scheinen vergoldet, und ihre Kinder haben keine Kleider. Die Schaulust der Kenner wird befriedigt, doch die Armen finden nichts, was ihr Elend lindern könnte!«

Folgerichtig waren die Klosterkirchen der Zisterzienser von nahezu asketischer Strenge. Ein gutes Beispiel dafür finden wir ganz in der Nähe Kölns im Altenberger Dom, wohingegen die neugegründeten Bettelorden der Franziskaner und Dominikaner Hallenkirchen bevorzugten, in denen die Prediger von den Gläubigen nicht nur gut gesehen, sondern vor allem auch gut verstanden wurden.

Das alles hatte die Menschen des 13. und 14. Jahrhunderts nicht interessiert. Gotik, das war keine Architektur, das war das aus Stein erbaute himmlische Jerusalem. Unvorstellbar heute, daß es ein Kunstwerk gibt, dessen Schöpfer wir nicht kennen. Damals war es normal. Erinnern wir uns, daß die frühen deutschen Könige und Kaiser mit keinem einzigen Denkmal verewigt worden sind. Wir wissen nicht einmal, wer den berühmten Bamberger Reiter geschaffen hat und wen er damit darstellen wollte. Ganz gewiß einen König oder einen Kaiser. Aber welchen? In Zeiten der Renaissance wäre so etwas undenkbar gewesen, aber die Gotik wollte den göttlichen Herrscher verherrlichen und eben nicht die menschlichen Machthaber; noch nicht einmal die begnadeten Baumeister ihrer Kathedralen.

Das galt auch für die Architektur. Niemandem heute käme der Gedanke, irgend etwas Besonderes zu schaffen, um es dann zu verstecken. Anders die Menschen in dieser Zeit. Sie brachten ihre kleinen Kostbarkeiten auch am Turm und in den Regentraufen an, wo niemand sie bemerkte. Außer Gott, und für ihn wurde die Kathedrale gebaut; ausschließlich für ihn. Dabei war die romanische Vorstellung vom unnahbaren strengen Gott bereits merklich aufgeweicht. In Frankreich ist dieser strenge Weltenrichter erstmals zum »Bon Dieu« geworden, zum »Lieben Gott«, wie wir ihn heute noch nennen.

Aus der Höhle der romanischen Dome wurde ein »Kirchenschiff«, das majestätisch mitsamt seinen Besuchern nach vorne, dem Allerheiligsten entgegen, gleitet. Und wer bis dato nur die schwerblütigen romanischen Kirchen kannte und plötzlich in eine gotische Kathedrale trat, kann nur einen einzigen Gedanken gehabt haben: »Wo sind bloß die Mauern geblieben?«

Dabei waren sie noch vorhanden, nur bestanden sie inzwischen aus Glas, aber nicht aus durchsichtigem, sondern aus farbigem, das ein diffuses, wundersam warmes Licht durchließ. Und wenn wir uns vorstellen, daß ein Mensch vom Lande – und da lebten wenigstens zu Beginn der Gotik über neunzig Prozent der Bevölkerung – aus seinem Dorf kam, das aus armseligen, strohgedeckten ebenerdigen Hütten bestand, und eine solche Kathedrale betrat, dann mußte er sich tatsächlich »wie im Himmel« vorkommen.

Das aber war Unfug, befanden sowohl der Protestantismus als auch die Humanisten. Luther glaubte, daß ein solcher Hokuspokus den Menschen nur in die Irre führe.

Ohne Schnickschnack habe sich der Mensch mit seinem Herrgott auseinanderzusetzen und sowieso ohne eine zwischengeschaltete Geistlichkeit, wie immer sie sich darstelle, ob mit Pomp oder Prunk oder Kardinälen oder Kathedralen. Das eben sei die »Freiheit eines Christenmenschen«.

Die Humanisten dagegen lehnten die Lehre der christlichen Prediger ab, die da behaupteten, der Sinn des Glaubens bestehe darin, den Menschen von seinen Sünden und die Welt in ihrer Gesamtheit zu erlösen. Die Humanisten forderten, wie manche auch heute noch, die Selbstverwirklichung des Menschen als alles überragendes Endziel. Die Idealfigur war der befreite, intelligente, gebildete und aufgeklärte Bürger.

Das alles ist natürlich mehr als fahrlässig verkürzt, aber es geht hier auch nicht um eine theologische Deutung der komplizierten Entwicklung im 16. Jahrhundert, sondern lediglich um den Versuch, halbwegs verständlich zu machen, warum das »Unternehmen gotische Kathedrale« plötzlich mehr als drittrangig wurde.

Und noch eines müssen wir uns vor Augen halten: Das Zeitalter der Gotik fasziniert uns Menschen von heute hauptsächlich deswegen, weil wir uns, zumindest in vielen Orten Deutschlands, noch immer darin bewegen können. Wir beten in den damaligen Kathedralen, wir kaufen ein auf Marktplätzen, die noch immer von Häusern aus dem 16. Jahrhundert umstanden sind, wir durchschreiten gotische Stadttore und besichtigen Burgen aus jener Zeit. Und vergessen wir nicht: Die Gotik ist, abseits jeder Wertung, ganz einfach romantischer als die bei aller Pracht eher kühle und spröde Renaissance.

Wie stellte sich der Dom dar, als Dürer ihn besuchte? Der Chor war fertig und mit einer hohen, prächtig bemalten und mit Fenstern geschmückten Wand gegen das Langhaus hin versperrt. Dies wiederum und die vier Seiten-

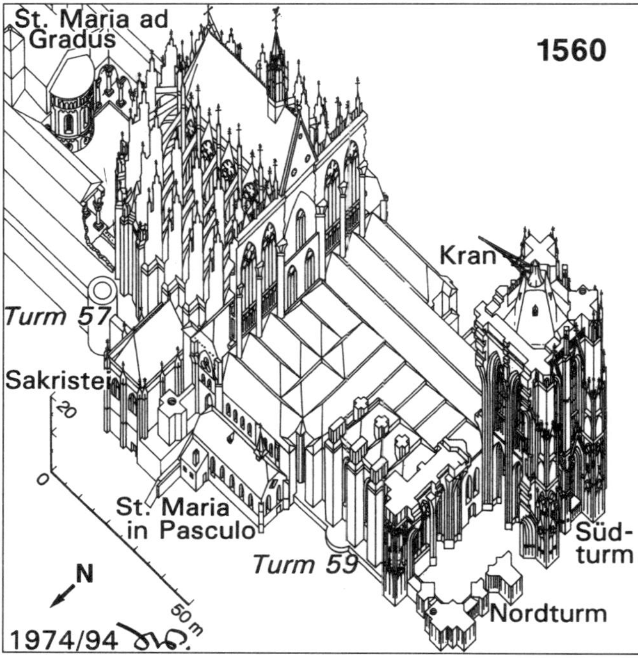

schiffe waren bis in eine Höhe von gut dreizehn Metern gezogen und mit Notdächern versehen worden. Der südliche Turm war an die achtundfünfzig Meter hoch gediehen, während mit der Arbeit am nördlichen gerade erst begonnen worden war. Aber in der Dombauhütte wurde noch immer gearbeitet.

Wenn auch nicht mehr ganz so enthusiastisch wie dreihundert Jahre zuvor.

Auch in der Bauhütte hatten sich die Sitten allmählich gelockert. Noch immer durften die jungen Steinmetzgesellen kein »liderliches Weib« mit auf die Baustelle bringen; wenn sie dennoch aus irgendwelchen Gründen mit einem zu sprechen hatten, mußte das in so weitem Abstand vom Dom geschehen, wie man einen Steinmetzhammer werfen konnte. Andererseits, wenn die Burschen am Samstagnachmittag ihr »Badegeld« abholen gingen, wußten die älteren Kollegen sehr wohl, wo zumindest einige von ihnen das ausgeben würden: in Häusern, wo man zwar baden konnte, aber keineswegs ausschließlich.

Unverheiratete junge Männer mußten Dampf ablassen, damit sie nicht ehrbaren Bürgersfrauen oder deren Töchtern nachstiegen. Das gestanden ihnen sowohl der Klerus als auch die Stadtväter zu, und deshalb tolerierte man ganz offiziell die diversen Häuser, deren Besuch allerdings verheirateten Männern streng untersagt war. Und da sich am und im Dom für die nächsten Jahrzehnte überhaupt nichts mehr tut, können wir unsere Steinmetzburschen auch bei ihrem Samstagnachmittags- und Abendprogramm begleiten.

Nachdem sie den Lehrlingen geholfen hatten, die Baustelle zu säubern, die Geräte geordnet, die teureren davon weggeschlossen, die Höfe gekehrt und frisches Mauerwerk abgedeckt hatten, bahnten sie sich einen Weg durch die Fuhrwerke, die vom Rhein her die Trankgasse hochkamen, und brachten ihre Bündel in die kleinen, billigen Kammern am Marsilstein oder dem Sträßchen Unter Goldschmied, wo nichts anderes auf sie wartete als ihr Bett und eine alte Holztruhe mit ihrer geringen Habe.

Für eine halbe Stunde später hatten sie sich auf dem Alter Markt verabredet, direkt gegenüber dem Drillhäuschen, einer Art Käfig mit Stangen, in dem an diesem Nachmittag zwei Frauen eingesperrt waren, die sich tags zuvor gegenseitig mit Pferdeäpfeln beworfen und derart geprügelt hatten, daß der halbe Markt zusammengelaufen war. Jetzt hatten sie Gelegenheit, sich abzukühlen, aber es fanden sich nur wenige Passanten ein, die gaffend stehenblieben oder die beiden Weibsleute gar, was auch vorkam und durchaus statthaft war, mit Gemüseabfällen bewarfen.

Zwei Marktfrauen hatten sich geprügelt. Na und?

Da fand der ebenfalls dort angebundene »blutige Joseph« schon mehr Aufmerksamkeit. Er stand direkt neben dem Drillhäuschen auf dem Kax, der Kölner Variante des Prangers. Das war ein auf einer hohen Stange befestigtes Wagenrad, auf dem man – ebenfalls als Schandstrafe – Delinquenten festband. »Der blutige Joseph« stammte aus irgendeinem Flecken am Niederrhein und pflegte auf den Kölner Marktplätzen und vor den Kirchen zu betteln, indem er sich auf seine gekreuzten Unterschenkel setzte und unter seinen Lumpen ein halbverfaultes Bein herausschauen ließ, das ein paar Wochen zuvor noch zu einem Hingerichteten gehört hatte. Derlei grausiges Zubehör konnte man, obwohl es streng verboten war, für einen Pfennig bei einem der Gehilfen des Henkers bekommen, der heimlich ein paar Leichenteile beiseite schaffte, bevor er die Reste der Gehenkten neben dem Galgen verscharrte.

Jetzt hatte man das faulige Bein dem »blutigen Joseph« um den Hals gebunden, was ihm erbärmlich in die Nase stank, und ihm darüber hinaus angedroht, wenn er noch einmal beim Betteln unter Zuhilfenahme von Leichenteilen erwischt werde, würde man ihm beide Backen mit einem glühenden Eisen durchstechen und beim dritten Mal würde er selber auf Melaten, der inzwischen offiziellen Hinrichtungsstätte der Stadt, enden.

Nun darf man aber nicht meinen, die Stadtväter seien gegen alle Armen derart harsch vorgegangen. Zum einen war es den Bettlern strikt untersagt, ihre widerlichen Wunden und Gebrechen zu zeigen, damit die braven Leute (die »gude lude«) nicht durch Anblick oder Geruch belästigt würden; zum anderen kam der »blutige Joseph« vom Niederrhein, war demzufolge ein Fremder, dem es nicht zustand, »den armen heimschen das broith us dem mund ze rouffen«, also den Einheimischen das Brot aus dem Mund zu raufen.

Zu deutsch, mit den Kölner Armen hatte man genug hungrige Mäuler zu stopfen, und die anderen sollten bleiben, wo der Pfeffer wächst. Was nicht heißt, daß nicht auch die Einheimischen zumindest theoretische Auflagen erhielten. So hieß es, daß von allen, die grundsätzlich die Erlaubnis zum Betteln hatten, nur diejenigen um Almosen nachkommen dürften, die aufgrund von Alter oder Krankheit nicht arbeiten konnten. Wobei keinerlei Rücksicht darauf genommen wurde, ob denn auch Arbeit vorhanden war.

Aufzupassen, daß alles seine Richtigkeit hatte mit den Lotterbuben, hatte der sogenannte Bubenkönig; eine Art Fußstreife, die im Auftrag des Rates für Ordnung sorgen sollte. Aber da man bis auf den heutigen Tag nicht bereit ist, für die öffentliche Sicherheit auch die notwendigen Gelder zur Verfügung zu stellen, wurden die Bubenkönige derart schlecht besoldet, daß sie sogar von Bettlern bestochen werden konnten und sich von Zeit zu Zeit selber im Turm wiederfanden.

Unsere jungen Männer trödelten weiter, vorbei an den zahlreichen und häufig baufälligen Gaddemen, kleinen Holzbuden wie die auf heutigen Weihnachtsmärkten, die zumeist außen vor die Häuser gebaut waren. Einige waren als armseliges Übernachtungsquartier an arme Leute vermietet, die meisten dienten jedoch den in den dahinter stehenden Häusern wohnenden Handwerkern als Verkaufsladen, der sich zum Markt oder zur Straße hin mit einer Klappe öffnen ließ.

Weiter unten am Heumarkt trafen die Steinmetzgesellen noch auf einen Spaßmacher, der einen großen Bären an der Leine führte, auf dem ein kleiner Affe thronte. Jetzt aber drängte es sie eher zu anderen Vergnügungen, und sie beratschlagten lange, wohin sie zunächst gehen sollten. Der eine wollte in den »Schwan« auf der Weberstraße, aber da war der Wein zu teuer, der zweite in die alte

Badestube in der Trankgasse, aber das war zu nahe bei der Hütte, und wer weiß, wen man auf dem Weg dorthin treffen würde! So einigten sie sich auf die neue Badestube Auf dem Berlich, von der man schon so einiges gehört hatte, was einen jungen Burschen interessieren konnte.

Und das gab's da tatsächlich. Vor allem einen stämmigen Wirt, der sie nur kurz ansah und dann nach hinten rief, daß heißes Wasser benötigt werde für drei besonders schmutzige Kerle, die sich anscheinend seit Wochen nicht gewaschen hätten.

Das bewies einen sicheren Blick: Am vergangenen Samstag hatten sie das Badegeld gespart, weil über einem Seitenschiff des Doms das vorerst letzte provisorische Dach geschlossen worden war. So etwas wurde in der Bauhütte ausgiebig begossen, woher im übrigen noch immer der Brauch des Richtfestes stammt. Jedenfalls hatten sie schon seit vier Wochen keine Wanne mehr gesehen und rochen entsprechend streng.

Ungefragt knallte der Wirt drei Krüge Bier vor sie hin, und den ersten folgten noch ein paar weitere, bis eine Mädchenstimme vom Hof her rief, die Wannen seien gefüllt. Also tranken sie aus und gingen in die Hinterstube, wo zwei junge Mädchen warteten, die nichts außer einem Leinenkittel trugen und das Haar hochgebunden hatten. Alle drei Burschen waren zwar nicht zum erstenmal in einer Badestube, aber es war immer wieder peinlich, sich vor den Augen junger Frauen seiner Kleider zu entledigen, und sie waren aus allen möglichen Gründen froh, als ihre Körper in das heiße Wasser eintauchten.

Die Mädchen machten sich mit einem Schwamm an ihnen zu schaffen, aber nur einer von ihnen blieb, als die Säuberungsprozedur vorbei war, in der hinteren Stube, während die beiden anderen vorne nach einem frischen Bier fragten. Sie hatten mit einigem Grund Angst vor der Franzosenkrankheit, die seit einiger Zeit grassierte, und von der man nur wußte, wie man sie sich einfing. An ihre Behandlung wagten sich lediglich die Quacksalber, und die waren teuer und unzuverlässig. Die Mädchen schienen zwar noch sehr jung und sauber dazu, aber schon hörte man von Kindern, die mit Syphilis geboren wurden, und das trug bei den meisten Junggesellen erheblich zu einer enthaltsameren Lebensweise bei.

Zumindest, was die Mädchen anging. Aber unsere drei Gesellen hatten sich an diesem Samstagabend auch in eine besonders üble Ecke der Stadt gewagt. In dem von ihnen auserwählten Haus Auf dem Berlich befand sich vorne das Wirtshaus und hinten die lockere Abteilung, und daß sie dort zwei junge Mädchen angetroffen hatten, war höchst erstaunlich. Die ganze Gegend war übel beleumundet. Auf dem Berlich und direkt um die Ecke in der Schwalbengasse waren normalerweise die eher gereiften Damen des Gewerbes beheimatet, um es einigermaßen galant auszudrücken.

Aber es gab in der Stadt auch nach außen hin ehrbare Frauenspersonen, die heimlich diesem Nebengewerbe nachgingen, um ihr Haushaltsgeld aufzubessern oder das Ersparte aufzustocken. »Schlupfhennen« hießen sie im Volksmund, und es konnte durchaus passieren, daß die professionellen Damen zum Wohnhaus einer solchen Amateurin zogen und sie vor der Nachbarschaft demonstrativ an den Pranger stellten, um so die unerwünschte Konkurrenz auszuschalten.

Zumindest einmal wurden alle bekannten Schlupfhennen mit tatkräftiger Mithilfe des Henkers, der als oberster Dienstherr aller Huren galt, gewaltsam in das Frauenhaus Auf dem Berlich gebracht. Wer aber einmal dort oder gar in dem noch schlimmeren Viertel am Altengrabengäßchen im Sprengel Maria Ablaß gelandet war, der fand den Weg zurück in die Gesellschaft nur noch in seltenen Ausnahmefällen.

Von dieser Gegend hielt man sich, vornehmlich nach einbrechender Dämmerung, tunlichst fern, und wenn unsere jungen Freunde gescheit genug waren, werden sie sich eines der alten Brauhäuser wie das »Zum Hirsch« in der Cäcilienstraße oder »Zum Slyen« in der Herzogstraße ausgesucht haben, um sich einen ordentlichen Rausch anzutrinken, wie sich das in allen Zeiten anscheinend für junge Männer gehört. Besonders gut ging das, wenn man nach ein paar Litern Bier langsam auf süßen Wein überging.

So torkelten unsere drei Gesellen dann hochwahrscheinlich sturzbetrunken nach Hause und traten in den stockfinsteren Straßen wohl auch einmal in tiefe, mit trübem Wasser gefüllte Pfuhle, aus der sie schlafende Enten aufscheuchten. Ins Ballhaus an der Gereonstraße ließ man sie wegen offenkundiger Volltrunkenheit nicht mehr ein, was insofern erstaunlich war, weil auch im Inneren des Ballhauses kein nüchterner Gast mehr anzutreffen war. So wankten sie denn weiter, stolperten über die Kette, die an der Ecke Marzellenstraße/An den Dominikanern jede Nacht über die Straße gespannt wurde, und fanden endlich das Haus, in dem ihre Schlafkammer war.

Morgen war Sonntag und arbeitsfrei.

So etwa dürfen wir uns den freien Samstagnachmittag eines Steinmetzgesellen zu Anfang des 16. Jahrhunderts in Köln vorstellen. Wenig war mehr zu spüren von der ernsthaften Frömmigkeit früherer Jahrhunderte.

Zu dieser Zeit entstand auch das letzte gotische Kunstwerk im neuen Dom: ein Sakramentshäuschen, das sich auf der Evangelienseite des Hochaltars erhob und nach Augenzeugenberichten mit »bewundernswerther Kunst reich verziert« war.

Leider ist uns kein Abbild erhalten. Außerordentlich schwierig, so heißt es, sei es gewesen, selbst aus Wachs oder einer anderen weichen Masse ein derart filigran gearbeitetes Tabernakel zu schaffen. Dennoch wurde dieses gotische Prunkstück später ohne viel Federlesens von barbarischer Hand, und nicht etwa von der eines französischen Soldaten, in Stücke zerschlagen und in den Rhein geworfen.

Es paßte nicht mehr in die moderne Zeit.

Politik und Pilger

Drei seltsame Bischöfe und die Reliquienverehrung in Köln

Bei den von Mansfelds war Familienversammlung. Erregt lief der Graf in dem getäfelten Saal auf und ab. So hatte er sich das nicht vorgestellt, als er seine Schwester Agnes in das vornehme Stift des seligen Gerricus im Osten von Düsseldorf geschickt hatte. Nur wenige Jahre hatte sie es in dem verträumten Flecken ausgehalten, der sich nach seinem Gründer Gerresheim nannte. Dann war sie diesem Luftikus begegnet und hatte sich Hals über Kopf in ihn verliebt!

Gut, der Kerl stammte aus vornehmem Hause, und insofern wäre es sogar zu begrüßen gewesen, wenn das etwas späte Mädchen noch einen ordentlichen Mann mitbekommen hätte. Die nämlich waren dünn gesät, und die Grafen von Mansfeld gehörten nicht gerade zu den Reichsten in der Gegend und Agnes nicht zu den Hübschesten.

Leider war ihr Galan der Erzbischof von Köln.

»Da seht ihr mal wieder, wie weit es gekommen ist, seit sich Protestanten hier breitmachen«, wütete der Graf, und seine Familie lauschte ihm teils zerstreut, teils ergeben. »Erst dankt der Erzbischof Salentin ab, weil er unbedingt noch einen Erben in die Welt setzen will – na gut, er war noch nicht zum Priester geweiht. Aber sein Nachfolger, der sehr wohl geweiht ist, hält sich eine Geliebte, die er abwechselnd zum Stelldichein nach Kaiserswerth oder nach Poppelsdorf bittet. Unglaublich! Und unsere Schwester ist sich nicht zu schade, einem Priester, was sage ich, einem Erzbischof, als Mätresse willfährig zu sein.«

»Sie liebt ihn«, warf sein Bruder mit sanftem Vorwurf in der Stimme ein.

»Sie liebt ihn«, äffte der Graf ihn nach. »Und er benutzt sie lediglich. Oder sollte er sie etwa ebenfalls lieben? Dann muß er es beweisen und sie heiraten. Natürlich verliert er dann sein Amt und das schöne Geld, das es abwirft, aber das ist die einzige Lösung. Wenn nicht, werde ich Agnes bis an ihr Lebensende in einem Kloster vergraben!«

Da niemand von der Familie zu widersprechen wagte, schickten die beiden Brüder entsprechende Schreiben an das Kölner Domkapitel und nach Rom, von wo aus den Erzbischof Gebhard II., Truchseß von Waldburg, zwar gütige, aber auch sehr eindringliche Formulierungen erreichten. Offensichtlich jedoch liebte der inzwischen Zweiunddreißigjährige die Stiftsdame aus Gerresheim tatsächlich, denn er erwog ernsthaft, von seinem Amt zurückzutreten.

Wer auch immer ihn überredet haben mag, kurz darauf änderte er seinen Beschluß, trat am 19. Dezember 1582 zum Protestantismus über und ließ sich am 2. Februar des folgenden Jahres durch den reformierten Prediger des Herzogs von Saarbrücken, Zacharias Ursinus, mit Agnes trauen. Zugleich verkündete er die Auflösung des Erzbistums, gestattete das Abhalten protestantischer Gottesdienste und legte sogar allen seinen Untertanen die Teilnahme an denselben nahe.

So kam selbstverständlich, was kommen mußte: Papst Gregor XIII. sprach über den »notorischen Ketzer und meineidigen Empörer gegen die römische Kirche« die Exkommunikation aus und erklärte ihn des Erzbistums für verlustig. Zugleich erteilte er seinen Segen zur Wahl von dessen Nachfolger, und diese seine Zustimmung war schon erstaunlich für einen derart intelligenten Mann, dem wir immerhin den heute noch gültigen Gregorianischen Kalender verdanken, mit dem Sonnen- und Kalenderzeit wieder in Übereinstimmung gebracht wurden. (Möglich wurde das übrigens nur, indem man die Tage zwischen dem 4. und dem 11. Oktober 1582 einfach ausfallen ließ. So müssen wir uns mit der erstaunlichen Tatsache abfinden, daß es in unserem Jahrtausend einen Zeitraum von gut einer Woche gibt, in dem überhaupt nichts geschehen ist auf unserem Planeten.)

Das in Klammern zur Person des sonst so hervorragenden Papstes Gregor XIII., der jenen Pappenheimer besser hätte kennen müssen, der jetzt vom Kölner Domkapitel gewählt worden war. Es handelte sich um Ernst, den Sohn des Herzogs Albert V. von Bayern und seiner Gattin Anna, die wiederum eine Tochter des Kaisers Ferdinand I. war. Und wie man das so kennt aus der Geschichte: Erben großer Ahnen schlagen häufig aus der Art.

Der zwanzigjährige Ernst beispielsweise war von seinem Vater zum Studium nach Rom geschickt worden, ein Aufenthalt, den er vornehmlich dazu nutzte, Weiberröcken nachzujagen; und das, obwohl seine klerikalen Aufseher alle Türen verrammelten und bewachten. Wozu jedoch war von einem Schlaukopf die Strickleiter erfunden worden! Der Prinz aus Bayern trieb es dermaßen wild, daß der Papst persönlich einschreiten mußte, aber nicht um die Abenteuer des tollen Ernst zu beenden, sondern um seine geistlichen Betreuer dahingehend zu vergattern, daß kein Sterbenswort über die sexuellen Eskapaden des hoffnungsvollen Nachwuchses nach draußen drang.

Hier nämlich ging es nicht um Moral, sondern um Politik.

Heraus kam es aber doch, spätestens nach der Wahl des Casanovas auf den verwaisten Thron des Kölner Erzbischofs. Der Kölner Ratsherr Hermann von Weinsberg zitiert den grimmigen Soldaten Martin Schenck von Nideggen, einen Oberst, dem sicher nichts Menschliches fremd gewesen ist:

»Der eine hat ein ehelich Weib genommen und ist abgesetzt worden; der andere verschiedene uneheliche Weiber und ist angesetzt worden. Den einen wollte ich gerne zwischen zehn oder zwölf Faß guten Weines setzen, denn er säuft gern den besten; den anderen zwischen zehn oder zwölf schöne Weiber, denn er buliert gerne.«

Der amtsenthobene Gebhard seinerseits dachte nicht an Aufgabe, sondern wandte sich um Hilfe an protestantische Fürsten, und es kam zu jenem unseligen Truchsessischen Krieg, in dessen Verlauf unter anderem die Godesburg im heutigen Bad Godesberg und das Köln gegenüberliegende Deutz zerstört wurden. Das ist allerdings, so schrecklich es für die damals Betroffenen gewesen sein mag, nicht so wichtig wie die Tatsache, daß die Politik immer stärker das Geschehen in der Kirche bestimmte und die Gläubigen, mehr und mehr verunsichert durch das merkwürdige Vorbild ihrer Seelenhirten, noch einmal und in ganz besonderem Maße ihre letzte Zuflucht bei den Heiligen und deren Reliquien suchten.

Das tat selbst ein bereits weitgehend in reformatorischen Kategorien denkender Mann wie Gebhard, der den Krieg letztlich verlor und seinen Lebensabend zusammen mit Ehefrau Agnes in Straßburg verbrachte, wo beide kurz hintereinander starben. Von ihm wissen wir, daß er unmittelbar nach seiner Wahl zum Erzbischof am 5. Dezember 1577 »ad reges« (zu den Königen) gegangen ist, um dort zu beten. Auch Luther ist, wahrscheinlich 1512, in Köln gewesen, und in seiner Predigt zum Fest der Erscheinung des Herrn im Januar 1532 bekannte er freimütig, daß er damals die Reliquien der Heiligen Drei Könige gesehen und »ohne Brief und Siegel geglaubt« habe, was sich die Leute darüber erzählten.

Damit stand er nicht allein. Der Besitz reicher Reliquienschätze bescherte den Städten hohes Ansehen, für den einzelnen Gläubigen aber war etwas anderes sehr viel wichtiger: Das Anschauen des Heiligmäßigen bewirkt das Heil selber; daran glaubte jedermann.

Und ein zweites war dem Bürger einer mittelalterlichen Stadt wichtig: Was auch immer er besaß und als was er infolgedessen galt, seinen Wohlstand und sein Ansehen hatte er seiner Hände Arbeit oder doch zumindest seinem pfiffigen Kopf zu verdanken. Was lag näher als die verbreitete Vorstellung, man könne sich die Fürbitten der Heiligen und auf ihre Vermittlung hin letztlich sogar das ewige Leben durch »Leistungen« erwerben. Das mußte um so eher möglich sein, wenn man die betreffenden Heiligen oder den entsprechenden Nothelfer beim Namen kannte und direkt ansprechen konnte.

Sehr populär war beispielsweise der heilige Christophorus, der das Jesuskind über einen Fluß gebracht hatte und daher wohl auch in der Lage sein würde, die Seelen der Verstorbenen hinüber in den Himmel zu tragen. Jedenfalls galt als sicher, daß niemand der Verdammnis anheimfallen werde, der kurz vor seinem Tod noch ein Abbild des Heiligen gesehen hatte. Aus diesem Glauben heraus wird Christophorus zumeist – übrigens auch im Kölner Dom – in riesengroßer Gestalt dargestellt, damit man ihn nur ja nicht übersehen kann.

Andere Heilige hatten ihre ganz spezielle Aufgabe. Sie hing zumeist mit einer Legende zusammen, die sich um ihr Leben oder Sterben rankte. So soll St. Blasius einen Jungen gerettet haben, der an einer Fischgräte zu ersticken drohte. Seitdem ist er zuständig für alle Halskrankheiten, und an seinem Festtag, dem 3. Februar, wird in den katholischen Kirchen seit dem 16. Jahrhundert der Blasiussegen erteilt.

Aber Blasius ist ein vielseitiger Schutzpatron: Er hilft bei so unterschiedlichen Krankheiten wie Blähungen, Pest oder Zahnschmerzen. Darüber hinaus galt er als Schutzpatron der Ärzte (was man noch versteht), aber auch als der der Bäcker, Wachszieher, Weber, Wollhändler und Musikanten; zusätzlich ist er als Viehpatron eine Mischung zwischen Tierarzt und Hirte und neben dem heiligen Petrus hie und da auch für das Wetter zuständig.

Makaber wird es bei Nothelfern, die ein grausames Martyrium erlitten haben und deshalb zum Patron einer Zunft ernannt oder gegen entsprechende Krankheiten in Anspruch genommen wurden. In erster Linie wäre da der heilige Bartholomäus zu nennen, den sich die Metzger als Fürbitter aussuchten, weil man ihn seinerzeit gehäutet hatte; den heiligen Sebastian dagegen, der von numidischen Bogenschützen durchlöchert worden war, wählten sich die Schützen zum Patron. Dagegen galt der heilige Erasmus, den man auf besonders grausige Art zu Tode gefoltert hatte, indem man ihm mittels einer Winde das Gedärm herausgeholt hatte, als Helfer bei allen Unterleibskrankheiten, und der heilige Dionysius, zum Schluß seines Martyriums enthauptet, galt folgerichtig als Experte für Kopfweh.

Weniger exzentrisch ist der Glaube an den heiligen Antonius, der bekanntlich dabei hilft, Verlegtes wiederzufinden. Das Vertrauen in ihn ist noch immer grenzenlos, und noch in den neunziger Jahren (!) sah sich der Kölner Dompropst gezwungen, sein Heiligenbild im Dom wieder aufstellen zu lassen, weil die Kathedrale, was viele nicht wissen, noch immer Pfarrkirche ist; die Gemeinde wollte keinesfalls auf »ihren« Antonius verzichten, vor dessen Abbild jetzt jeden Tag unzählige Lichter brennen.

Wenn man aber ein derart enges Verhältnis zu den Heiligen für notwendig erachtete, um wieviel mehr mußte den Christenmenschen daran gelegen sein, einen zumindest winzigen Teil davon in ihrer unmittelbaren Nähe zu haben! Dafür war man sogar bereit, es mit der Echtheit der Reliquien nicht übermäßig genau zu nehmen. Was man da fand oder erwarb, sollte unter allen Umständen ein Originalstück sein, und deshalb war es auch eines!

Beispiel: die heilige Ursula und ihre elftausend Gefährtinnen. Der Legende nach war sie eine englische Königstochter, die auf ihrer Reise nach Rom in einen Sturm geriet, der sie in die Rheinmündung und stromaufwärts bis Köln blies, wo sie herzlich empfangen wurde. Sie setzte ihre Wallfahrt fort. Als sie aber nach drei Jahren wieder in Köln vorbeischaute, wurde die Stadt gerade von den Hunnen belagert, die über die Jungfrauen herfielen und sie niedermetzelten. Auch Ursula selber, die es ablehnte, den heidnischen Hunnenkönig zu heiraten, starb den Märtyrertod und wurde mit ihren Gefährtinnen in Köln begraben.

Köln ist nie von Hunnen belagert, wohl aber 355 von Franken erobert worden, und vielleicht ist bei dieser Gelegenheit auch eine Jungfrau mitsamt ihrem (sicherlich sehr kleinen) Gefolge umgebracht worden. Jedenfalls stand dort, wo sich heute die Kirche St. Ursula erhebt und in der Antike ein römischer Friedhof angelegt worden war, schon in frühchristlicher Zeit eine Kapelle, die aber bald zerfiel.

Dann geschah etwas Merkwürdiges, was geradezu unglaubhaft schiene, wenn es nicht eine in Stein gemeißelte Urkunde gäbe, die noch heute vorhanden ist. Darin ist dreierlei festgehalten: Zum einen, daß ein gewisser Clematius, von dem wir lediglich den Namen kennen und seine eigene Aussage, daß er irgendwo im fernen Osten gelebt hat, nach Köln gekommen ist, um dieses Kirchlein wieder aufzubauen. Zum zweiten, daß er dies tat, weil ihm die Jungfrauen im Traum erschienen seien und dies von ihm verlangt hätten; und zum dritten, daß bei Androhung des ewigen Feuers niemand anders in dieser Kirche begraben werden dürfe außer der heiligen Ursula und ihren Begleiterinnen.

Im Laufe der Jahrhunderte jedoch zerfiel der Bau des

Clematius wieder, und auch das Andenken an Ursula verblaßte, bis 1106 die Stadtmauer erweitert wurde. Dabei stieß man auf den alten Römerfriedhof, und weil bei den Ausschachtungsarbeiten Tausende von Gebeinen zutage gefördert wurden, erinnerte man sich an die Sage. Die Vielzahl der ausgegrabenen Toten, die man damals zeitlich noch nicht einordnen konnte, schien Beweis genug für die Richtigkeit der alten Erzählung.

Daß im 4. Jahrhundert nicht einmal ein starkes Heer elftausend Köpfe gezählt hat und niemals elftausend Jungfrauen von England aufgebrochen sein können, interessierte niemanden. Und keiner zog auch nur in Erwägung, daß irgendein Chronist (womöglich aus Versehen) aus den elf Mädchen aus England deren elftausend gemacht haben könnte.

Etwas vorsichtiger war lediglich der Abt des Benediktinerklosters in Deutz. Er ließ bei der damals berühmten Seherin Elisabeth von Schönau anfragen, ob es seine Richtigkeit habe mit den Gebeinen, von denen sehr viele einwandfrei männlicher Herkunft seien, einige sogar zweifelsohne von Kindern stammten? Die heilige Frau wußte ihn zu beruhigen: die heilige Ursula sei nicht nur von den Jungfrauen, sondern auch von etlichen Bischöfen und Klerikern begleitet gewesen, die mit ihr zusammen den Märtyrertod gestorben seien. Erleichtert ließ der Abt nunmehr größere Mengen Gebeine über den Rhein ans jenseitige Ufer schaffen, sie dort mit Namensschildchen versehen und dann an fromme Gläubige verkaufen.

Die Sache mit den Kindern dagegen wurde vorsichtshalber verdrängt.

Ursula jedenfalls stieg zusammen mit den Heiligen Drei Königen und dem heiligen Gereon zur Schutzpatronin der Stadt auf. Als solche bewährte sie sich beispielsweise, als Köln wieder einmal mit seinem Erzbischof Engelbert II. von Falkenburg in Fehde lag und von dessen

Truppen eingeschlossen war. Da sah Engelberts Gefolgsmann, der Graf von Kleve, im Traum, wie Ursula zusammen mit ihren elftausend Gefährtinnen mit brennenden Kerzen durch die nächtliche Stadt wandelte, um die Mauern und Wälle zu segnen. Worauf die Belagerung abgebrochen wurde, denn gegen solche Schutzpatrone mochte auch ein Erzbischof nicht kämpfen.

Einen ebenso bemerkenswerten Reliquienschatz beherbergte bis zur Franzosenzeit der Dom: die Gebeine der Unschuldigen Kinder von Bethlehem. Oder wenigstens einige davon. Im Vatikan existiert eine Notiz, die von einem gewissen Johannes Simeonakes stammt, der in der ersten Hälfte des 15. Jahrhunderts auf Zypern das Patriarchat von Konstantinopel vertrat, in dessen Besitz sich die Insel damals befand.

Er notierte: »Es ist anzumerken, daß ich von Lembunis hörte, daß er die Reliquien der Magier in einem ›Köln‹ genannten Ort gesehen hat. Und es gibt da auch eine große und wunderbare Kirche. Es befinden sich dort unter anderem Reliquien der Unschuldigen Kinder.«

Tatsächlich sind diese Reliquien auch im Schatzverzeichnis des Kölner Doms von Petrus Schonemann aus dem Jahr 1671 zu finden. Schonemann bemerkt dazu: »Ein Silberner Kasten mit dreyen Thürnen / vorzeiten von einem Griechischen Kayser dieser hohen Thumkirchen verehret / darin etliche Gebein der unschuldigen Kindlein von Bethlehem / ein Theil von der heiligen Mariae Magdalenä Haar / etliche Gebein des H. Mart. Victoris und andere Reliquien begriffen.«

Als Stifter wird entweder Balduin, der erste lateinische Kaiser von Konstantinopel, vermutet oder sein Bruder und Nachfolger Heinrich von Flandern. (Beide lebten zu Anfang des 13. Jahrhunderts.) Der Reliquienschrein ist nach 1794 von den Franzosen eingeschmolzen worden. Was aus den Gebeinen wurde, ist nicht überliefert. Vielleicht hat man sie in den Dreikönigenschrein umgebettet, der vor Napoleons Truppen, wie wir noch sehen werden, gerettet werden konnte.

Es ist keineswegs auszuschließen, daß es sich bei den Reliquien der Unschuldigen Kinder tatsächlich um Funde aus Bethlehem handelte, die sich zu jener Zeit vorübergehend im Besitz der Kreuzritter befunden haben. Mit ebenso hoher Wahrscheinlichkeit hat es sich bei dem Fundort damals um ein antikes Gräberfeld gehandelt, wo man die Gebeine der Kinder einfach finden *wollte*.

Erkennbar ist in diesen Fällen der außergewöhnliche Eifer, mit dem die Menschen des Mittelalters danach trachteten, in den Besitz Heil bringender Reliquien, womöglich in den des verehrten Heiligen in seiner Gesamtheit, zu gelangen. So darf es uns nicht wundern, wenn die Kölner höchst begierig danach waren, den Leichnam ihres »ersten« Bischofs, des heiligen Maternus, innerhalb ihrer Mauern zu bestatten. Allerdings waren auch die Bürger von Trier darauf erpicht, denn als Maternus starb, war er dort Bischof – und nicht mehr in Köln.

Also schloß man einen, wie die Kölner glaubten, schlauen Kompromiß. Ein Gottesurteil sollte entscheiden. Man legte den toten Bischof in einen Kahn, und wenn dieser stromabwärts trieb, würde der Heilige den Kölnern gehören; trieb er aber den Strom hinauf, so sollten die Leute von Trier ihn mit sich heimnehmen.

Da die Trierer nicht viel dümmer gewesen sein können als die Kölner, müssen sie schon einen direkten Draht zum lieben Gott gehabt haben, als sie diesem völlig unsinnigen Vorschlag zustimmten. Aber vermutlich war der Himmel über die geradezu dreiste Schlitzohrigkeit der Kölner sauer und blies den Nachen mit dem Heiligen bewußt stromaufwärts, bis er im heutigen Kölner Ortsteil Rodenkirchen anlandete, wo sich noch ein Kirchlein erhebt, das dem Heiligen geweiht ist. Im Normalfall aber entschied nicht der Himmel, welche Reliquie wo landete, sondern der Geldbeutel des am meisten Bietenden. Je mehr Mittel zur Verfügung standen, um so mehr steigerten sich die Großen dieser Welt in dieses Vorhaben hinein, und die finanziell Potentesten waren naturgemäß die Herrscher, die zu den ganz großen Sammlern gehörten.

Zum Beispiel Karl der Große. Er hatte in Aachen einen der größten Schätze im damaligen Reich zusammengetragen. Päpste und Patriarchen schickten mit guten Segenswünschen Reliquien vom Heiligen Grab oder Schlüssel, in welche Teile jener Kette eingelassen waren, mit der Petrus in seinem römischen Kerker angeschmiedet war. Die Kaiserin Irene sandte das Kleid, das die Gottesmutter in der Heiligen Nacht getragen hatte, und so fort.

Otto der Große holte sich die Gebeine von drei Heiligen nach Magdeburg. Vom Papst erhielt er ferner einen Arm der Felicitas und eine Sandale des heiligen Stephan. Sein Bruder Bruno beschaffte ihm die Kette des Petrus und seinen Stab sowie einige Teile des Eisengestells, auf dem der heilige Laurentius geröstet worden war.

Alles bisherige in den Schatten stellte jedoch Kaiser Karl IV. (1347–1378). In seinem Besitz befanden sich beispielsweise ein Nagel vom Kreuz des Herrn, ein Span von der Krippe in Bethlehem, ein Dorn aus der Dornenkrone, die Streitaxt des Mauritius, die anscheinend unvermeidlichen Teile der Kette des heiligen Petrus (sie muß enorm lang gewesen sein!), ein Arm der Mutter Anna, die Luther übrigens als seinen »Abgott« bezeichnete, und der mit Essig getränkte Schwamm vom Kalvarienberg.

Karls Leidenschaft führte ihn sogar, man muß das so hart ausdrücken, in die Kriminalität: Im Trierer Dom gelang es ihm, heimlich einen Span des dort aufbewahrten Holzes vom Kreuze Christi abzuschneiden. Im Kloster der Klarissen in Prag brachte er auf gleiche Weise ein Stück vom Finger des heiligen Nikolaus an sich. Das allerdings schickte er, von Reue gepackt, im Gegensatz zum Holz vom heiligen Kreuz wieder zurück.

Auch Köln verlor durch ein solches Bubenstück einen wertvollen Schatz: Das Münster von Bern ließ in der Domstadt durch einen Schelm mit dem schönen Schweizer Namen Johannes Bäli das Haupt des heiligen Vinzenz stehlen. Es wurde, wie der Chronist schreibt, von dem frechen Dieb »mit listen da dannen genommen, der ouch lib und leben darum wagen musst«. Die schlafmützigen Kölner haben den Diebstahl erst eine Weile später bemerkt; ihr wütender Protest in Bern traf dort auf taube Ohren.

Kein Mensch störte sich daran, daß der Diebstahl von Reliquien mit Exkommunikation bedroht und selbst der ganz normale Handel damit verboten war.

Angesichts der Sammelwut von Kirchen und Kaisern, Dogen und Ratsherren blieb es jedoch nicht aus, daß immer mehr Reliquien auf den Markt geworfen wurden. Gebeine fanden sich reichlich; vor allem die römischen Katakomben erwiesen sich als unerschöpfliche Nachschubbasen, aber noch einfacher war es, neben dem »Blut Christi« und der »Muttermilch Mariens« nicht-menschliche Reliquien zu beschaffen, und das geschah mit immer größerer Dreistigkeit. Da gab es den Verlobungsring der Gottesmutter, Manna aus der Wüste, etliche Lanzen, mit denen Christi Seite durchbohrt worden war, Ruß aus dem Ofen der biblischen drei Jünglinge oder die Nähgarnitur der Jungfrau Maria, original made in Nazareth.

Köln bildete als Wallfahrtsort durchaus keine Ausnahme. Georg Forster, Professor in Kassel und Bibliothekar in Mainz, ein aufgeklärter Geist, der immerhin James Cook auf dessen zweiter Weltumsegelung begleitete, schreibt im 18. Jahrhundert über die Stadt, deren neue Kathedrale er so glühend bewundert:

»Nirgends erscheint der Aberglaube in einer schauderhafteren Gestalt als in Köln. Jemand, der aus unserem aufgeklärten Mainz dahin kommt, hat in der Tat einen peinigenden Anblick an der mechanischen Andacht, womit so viele tausend Menschen den Müßiggang zu heiligen glauben, und an der blinden Abgötterei, die der Pöbel hier wirklich mit Reliquien treibt, welche den echten Religionsverehrern unter den Katholiken selbst ein Ärgernis geben.«

Wenn der Reliquienkult zumindest für die Kritischen unter den Klerikern teilweise groteske Züge annahm, muß man nach der Haltung der Kirche insgesamt fragen. Wie entstand dieser Kult, zu was sollte er nütze sein, und war nicht die Gefahr des Götzendienstes gegeben?

Zunächst einmal sollten wir uns bewußt werden, daß die Reliquienverehrung keineswegs ein spezifisch christliches Phänomen ist. Wir begegnen ihr schon in der Antike im Zusammenhang mit den klassischen Heroen, im Buddhismus (Buddhas Asche wurde unter acht Familien aufgeteilt und in Reliquienbehältern beigesetzt), in Mexiko, wo die Kleider von Menschenopfern aufbewahrt wurden, und natürlich auch im Islam, wo an den alten Kultstätten in kleinen Fläschchen die Haare vom Barte des Propheten gezeigt werden.

Im Christentum setzte sich die Reliquienverehrung zunächst langsam und fast nur im Osten des Mittelmeerraums, dann aber relativ schnell auch im Westen durch. Sie geht wohl hauptsächlich auf jene Stelle im Alten Testament zurück, wo es im Zweiten Buch der Könige heißt, daß ein Toter nach der Berührung mit den Gebeinen des Propheten Elias wieder ins Leben zurückkehrt. Und da gibt es natürlich im Neuen Testament auch noch die Frau, die am Blutfluß litt und heimlich das Gewand Jesu berührte, von dem eine solche Kraft ausging, daß sie auf der Stelle geheilt wurde.

Anfangs standen die Bischöfe des Westreiches dem Kult sehr skeptisch gegenüber, weil das Bergen von Gebeinen zunächst einmal eine Grab-, wenn nicht sogar eine Leichenschändung darstellt. Diesen Abscheu verlor die Kirche jedoch relativ bald, und etwa vom 9. Jahrhundert an setzte ein lebhafter Austausch von Reliquien zwischen Ost und West ein. Unumstritten war der Reliquienkult jedoch nie, und besonders Luther und Calvin haben ihn später scharf angeprangert.

Das Konzil von Trient jedoch befindet 1563 ausdrücklich, es sei gut und nützlich, die Heiligen anzurufen, weil ihre Fürbitten durch Christus, unseren einzigen Erlöser und Heiland, wirksam seien. Die Reliquien der Heiligen dürften verehrt werden, weil diese lebendige Glieder Christi und Tempel des Heiligen Geistes gewesen seien; Bilder Christi und der Heiligen dürften verehrt werden, weil sich die ihnen erwiesene Ehre auf ihre Urbilder beziehe, die sie *darstellten.*

So rettete sich der Kult zunächst einmal durch die Wirren der Reformation, um dann im Zeitalter des Barocks eine neue Blüte zu erleben. Mit dieser Auslegung von Trient wurde nämlich auch, wiewohl sehr verschlüsselt, gesagt, daß es gar nicht so wichtig sei, ob die Reliquien echt oder unecht seien. Die ihnen erwiesene Ehre gelte eben nicht diesen kleinen Partikeln, sondern dem Heiligen oder sogar Christus selbst. Die Reliquie stelle also nichts weiter dar als ein Symbol.

Gleichwohl pochte die Kirche auf die Durchführung des Beschlusses, der 787 auf dem Konzil von Nizäa gefaßt worden war: In jedem geweihten Altar mußte zumindest der kleine Teil einer Heiligenreliquie eingebettet werden. Und so ist es bis auf den heutigen Tag.

Aber diese Reliquien mußten ja auch transportiert werden. Damit meinen wir nicht die besonders kostbaren, sondern die ganz kleinen, aber dennoch wichtigen: der Fingernagel des heiligen Suitbertus oder ein Augenlid der heiligen Felicitas, ein Knöchelchen von diesem oder ein Haar von jener Heiligen. Goldene Reliquiare konnten sich nur Fürstbischöfe leisten, aber weder der Mönch eines Zisterzienserklosters noch der Pfarrer einer kleinen Gemeinde draußen auf dem Land und schon gar nicht jener Pilger mit »seiner« Reliquie, an deren Echtheit er mit allen Fasern seines Herzens glauben *wollte*.

Sie alle gehörten zur Kundschaft der Großen Kölner Beinschnitzerwerkstatt, deren Adresse leider nicht überliefert ist. Außerdem wird es deren wohl etliche gegeben haben. Hier jedenfalls wurden außerordentlich billige Materialien, sprich: Abfallprodukte vom Schlachter, zu kleinen »Kunstwerken« umgeformt. Aus Pferde- oder Rinderknochen fertigten talentierte Schnitzer in Serienproduktion kleine Flachreliefs, die wahlweise diesen oder jenen Heiligen, einen Abt oder einen Bischof darstellen sollten, gruppierten die Püppchen um einen hölzernen Kirchturm, der teilweise bemalt oder vergoldet wurde, oder formten daraus eine ehrwürdige Gruppe von bärtigen Heiligen, die feierlich eine Art Taufbrunnen umstanden, und fertig war das transportable Reliquiar, das uns – sofern erhalten – trotz seiner Schlichtheit auf merkwürdige Weise ergreift. Bei Licht und ganz streng betrachtet, müßten diese »mobilen« Reliquiare schlicht und einfach als serienmäßig hergestellter Kitsch bezeichnet werden, nicht viel bedeutsamer als ein bunter Gartenzwerg »Made in Taiwan« in einem spießigen Vorgarten.

Aber irgendwie sprechen sie in ihrer sorglosen Naivität – mal sind es nur elf Apostel, dafür aber sechs Evangelisten, und auch mit der Schreibweise nimmt man es nicht allzu genau – dennoch unser Herz an, und deshalb sollten wir nicht die Maßstäbe moderner Kunstkritik anlegen und päpstlicher sein wollen als der Papst höchstselbst.

Das oben verwendete Wort »Kitsch« nehmen wir deshalb feierlich zurück.

Jene außerordentlich kostbaren Behälter dagegen, in

denen die wirklich wichtigen Erinnerungsstücke an die Heiligen zunächst aufbewahrt wurden, dienten vor allem dazu, die Reliquien, die jedermann anfassen oder küssen wollte, vor allzu intensiver Verehrung zu schützen.

Und das war wohl auch notwendig. Zu Prunkschreinen jedoch, wie wir sie aus gotischer Zeit kennen, wurden sie erst viel später, in einer Epoche, in der überall in Europa der Reliquienkult trotz aller Zweifel und Anfeindungen, trotz häßlicher Exzesse und kirchlicher Steuerungsversuche eine Eigendynamik gewann, die als äußere Kennzeichen prunkvolle Prozessionen, strapaziöse Pilgerreisen und in regelmäßigen Abständen die viel besuchten Heiligtumfahrten aufwies.

Wie kam es dazu?

Im Gegensatz zur Romanik, wo vieles im mystischen Dunkel verborgen blieb, ist die Gotik ein Zeitalter des *Schauens*. Nehmen wir nur die Eucharistiefeier. Noch im 11. Jahrhundert hob der Priester die noch nicht konsekrierte Hostie etwas an mit den Worten »accepit panem« (»er nahm das Brot«). Aus Sorge, das Volk könne meinen, da werde nur ein Stück Brot gehoben, ordnete der Bischof von Paris etwa um das Jahr 1200 an, die Hostie sei erst nach der Wandlung zu erheben, aber dann auch so hoch, daß das gesamte Volk den Leib des Herrn sehen könne. Dieses Zeigen der Hostie wird von da an zum Höhepunkt der Messe, denn es macht das Opfer Christi von da an täglich *sichtbar.*

Und sichtbar wird die Hostie auch in der Monstranz, die den Mittelpunkt der Fronleichnamsprozession darstellt, nachdem Papst Urban IV. dieses Fest 1264 zum höchsten Feiertag des Kirchenjahrs bestimmte.

Hochgehoben wird während der Wandlung aber auch der Kelch mit dem heiligen Blut. Das Reliquiar, bislang lediglich Aufbewahrungsbehälter, wird jetzt zum Schaugefäß. Der althergebrachte Reliquienschrein wird geöffnet;

Glas ersetzt die kunstvoll geschmiedeten Edelmetallwände. Ab sofort muß man die kostbaren Reliquien nicht mehr fromm erahnen, von nun an kann man sie *betrachten.*

Das aber war die Geburtsstunde der Heiligtumzeigung.

Noch das Laterankonzil von 1215 hatte verboten, Reliquien aus ihren Behältnissen zu nehmen und außerhalb derselben auszustellen, aber gegen die anbrandenden Wogen der Volksfrömmigkeit vermochte sich nicht einmal Rom erfolgreich zu stemmen. Bereits 1238 zum erstenmal und dann alle sieben Jahre wieder wurden in Aachen die Heiligtümer aus dem Marienschrein geholt und dem Volk gezeigt. Alle sieben Jahre deshalb, weil das siebente Jahr als das Jahr der Vergebung galt.

Der Ansturm jedoch war derart groß, daß die Münsterkirche die Menschen nicht fassen konnte, und so zeigte man sie der Menge vom Turm des Gotteshauses aus.

Es läßt sich nur schwer vorstellen, vor welche Belastungsproben der Ansturm derartiger Menschenmassen eine mittelalterliche Stadt stellte. Das begann mit Verkehrsproblemen und endete mit der Schwierigkeit, die herbeiströmenden Pilger unterzubringen. Gottlob waren die Menschen damals so bescheiden, daß sie notfalls auch unter freiem Himmel zu nächtigen bereit waren, was insofern erleichtert wurde, als die Heiligtumzeigung stets vom Fest der sieben Märtyrerbrüder bis zum Fest des heiligen Jakobus dauerte, also vom 10. bis zum 25. Juli. Aber selbst im Hochsommer war natürlich mit Regen und vor allem mit Gewittern zu rechnen, und wer größere Ansprüche stellte, mußte folglich auf einen besuchsarmen Tag warten.

So erging es zum Beispiel dem oben erwähnten Sammler-Kaiser Karl IV., der etliche Tage in Bonn verbrachte, bis man ihm eine Unterkunft in Aachen verschaffen konnte. An einem Tag des Jahres 1496 wurden an den Stadttoren sage und schreibe hundertzweiundvierzigtausend Pilger gezählt. Gezählt, wohlgemerkt, und nicht geschätzt. Wie diese Erfassung in Aachen durchgeführt wurde, wissen wir nicht; im bayerischen Kloster Andechs dagegen erfolgte die Zählung, indem man für jeden Pilger eine Erbse in ein großes Gefäß warf. Leider ist unbekannt, ob unsere Redewendung vom kleinlichen Erbsenzähler von der Andechser Methode hergeleitet wird oder ob sich die Mönche dort von der alten Redensart haben anregen lassen.

Bei einem derartigen Ansturm blieben Unglücksfälle nicht aus. Aus den Jahren 1440, 1454 und 1496 wissen wir, daß eine unbekannte Zahl von Menschen im Gedränge erdrückt worden ist. An die zwanzig Menschen kamen ums Leben und deren achtzig wurden zum Teil schwer verletzt, als 1440 eine überfüllte Tribüne einbrach. Siebzig Menschen fanden 1496 den Tod, als bei Bonn eine ebenfalls überfüllte Rheinfähre sank. Nur wenige Pilger konnten sich schwimmend ans Ufer retten.

Viele der Menschen, die nach Aachen geströmt waren, zogen von dort auf der uralten Straße zurück in Richtung Köln. Weit vor den Toren, im heutigen Stadtteil Weiden, hatten die Kölner Ratsherren einen Brunnen für die erschöpften Pilger anlegen lassen, ihrer Frömmigkeit aber insofern nicht allzu sehr getraut, als sie die Schöpfkellen vorsichtshalber mit Ketten befestigten, um sie gegen Diebstahl zu schützen.

Gegenüber den Aachener Heiligtümern waren die Kölner vergleichsweise bescheiden. Ansonsten gab es die gleichen Probleme. Die aus Aachen Zurückströmenden mochten in der Domstadt alle sieben Jahre auf eine besonders bizarre Pilgergruppe stoßen, wenn man denn bei diesen Größenordnungen noch von einer Gruppe sprechen darf: Zuweilen waren es ein paar tausend Ungarn (!), die sich mit Weib und Kind auf den beschwerlichen Weg entlang der Donau gemacht hatten, um über Regensburg,

Würzburg und Mainz weiterzuziehen, dann das Rheintal herunter bis Sinzig und Andernach und schließlich quer durch die Eifel nach Aachen, während andere direkt Richtung Köln gingen und erst später Aachen aufsuchten.

Wer nach Köln kam, wurde überaus gastfreundlich aufgenommen, da die Ungarn zumeist arm wie Kirchenmäuse waren. Man brachte sie den Quellen zufolge im Hospital Ipperwald unter, das auf der Ecke Kattenbug/Zeughausstraße stand; wobei rätselhaft bleibt, wie eine derartige Menschenmenge, selbst wenn sie in manchen Jahren nur ein paar hundert Köpfe zählen mochte, in einem einzigen Hospital untergebracht werden konnte.

Jedenfalls kostete sie die Unterkunft nichts und auch nicht das Essen, das ihnen von den umliegenden Stiften und Klöstern gebracht wurde. Es gab Erbsen mit Speck oder Möhren mit gekochtem Fleisch, dazu Brot und Bier, manchmal sogar Wein. An Fastentagen gab es statt des Fleisches Stockfisch. Die Ungarn lebten jedenfalls besser als viele andere Pilger, die nach Aachen zogen. Stellvertretend für sie klagte der Hildesheimer Domdechant Johann Oldecopp 1517:

»Und es ist eine sonderliche und große Demut für einen Christen, der sich vom Seinigen für eine Zeitlang enthält und in fremdes Land zieht, Hunger leidet, Kummer, Hitze und Kälte, der übel empfangen wird in der Herberge, viel schlechter noch mit Speise und Trank und Nachtlager bedient ist.«

Am Festtag der heiligen Peter und Paul (29. Juni) wurden den Ungarn und den anderen Pilgern in Köln die Heiligtümer gezeigt. Dies geschah im »Haus am blawen [blauen] Stein«, einem schaurigen Ort. Gegen diesen blauen Stein nämlich wurden die zum Tode Verurteilten dreimal gestoßen, wobei der Henker sprach:

Wir stüssen dich an den blauen Stein.
Du küss dinger Vader un Moder nit mie heim!

Das »Haus am blawen Stein« gehörte dem Domstift, und über der Eingangstür befand sich ein größerer Raum mit einem großen Fenster, aus dem heraus die Heiligtümer gehalten wurden. Als aber später in diesem Sälchen eine Heizung eingebaut wurde, wurde der Raum derart eng, daß man auf dem Hof ein Podium bauen mußte. Es wurde sorgfältig von der »Pelleweschersche« geputzt. Das war eine Art Mädchen für alles, das einerseits für die Wäsche und Instandhaltung der kleinen Tücher in der Sakristei zuständig war, andererseits auch für die Bereitstellung der notwendigen Anzahl von Handtüchern und den Abtransport des Mülls zu sorgen hatte, der beim Fegen des Doms meist in großer Menge anfiel.

War die »Pelleweschersche« mit ihrer Arbeit fertig, machte sich einer der vier Campanarii, wir würden sie heute Küster nennen, daran, das Podium festlich zu schmücken, während ein Kollege die für diesen Anlaß bestimmten Glöckchen läutete.

Die Heiligtümer standen auf einem Tisch und wurden von dem jeweils zuständigen Kanoniker den Pilgern gezeigt. Ihm wiederum reichte sie der zuständige Kleriker der Goldenen Kammer an, der sie danach auf ihren Platz zurückbrachte. Das Ganze dauerte bis zur anschließenden Vesper, während der die Pilger mit einigen wertvollen Stücken noch näheren Kontakt bekamen: Sie durften den Stab des heiligen Petrus und seine Kette küssen.

Wenn auch die Ungarn arm waren, so brachten doch die anderen Pilger sehr viel Geld in die Stadt, zumal wenn sie zu einem Zeitpunkt kamen, an dem die Heiligtümer nicht gezeigt wurden. Wie aber das Beispiel Dürer zeigt, gab es gegen kleines Bakschisch damals wie heute immer eine Möglichkeit, Ausnahmen zu erwirken. Außerdem ließen die Pilger, genau wie die Touristen heutzutage, nicht nur beim Kauf von Kerzen, Andenken und Devotionalien viel Geld an einem Wallfahrtsort; sie mußten auch essen und irgendwo unterkommen. Als besonders listig erwiesen sich dabei die Bayern. Mit der Zeigung der Heiligtümer des Klosters Andechs war ein Ablaß verbunden. Der aber werde, so erklärten die Mönche, nur dann wirksam, wenn sich die Pilger eine volle Woche in Andechs aufhielten.

Auch so kann man zu Geld kommen.

Im Laufe der Jahrhunderte mischten sich unter die frommen Pilger, die in die großen Wallfahrtsstädte strömten, immer mehr Gauner, Taschendiebe und Halsabschneider. 1734 gab der Rat der Stadt Köln Anweisung, die Heiligtumszeigung so zu organisieren, daß sich die Pilger nicht mehr länger als vier Tage in der Stadt aufzuhalten brauchten. Außerdem hatten sie ab sofort nur noch in geschlossenen Gruppen aufzutreten, auf daß man die schwarzen Schafe schneller entdecken könne. Das Ende für die Pilgerströme kam dann mit der Zeit der französischen Besatzung, nachdem schon zuvor nach und nach die Grenzen geschlossen worden waren, so daß auch kein Ungar mehr nach Köln gelangen konnte.

Weiter bestehen blieb dagegen der Brauch, in Zeiten drohender Gefahr, aber auch als Dank für glücklich überstandene, die Schreine mit den Heiligen in festlicher Prozession durch die Straßen zu tragen. Dies war im übrigen einer der wenigen Anlässe, bei denen sich Domherren, Klerus und Ratsherren einträchtig zusammenfanden.

Schon am Vortag wurde das Fest mit dem Geläut aller Glocken der Stadt angekündigt. Am Sonntag dann rissen die Glocken die Gläubigen bereits um drei Uhr in der Nacht aus dem Schlaf; und nur eine Stunde später riefen sie zum ersten Hochamt in die Kirchen. Dort war den ganzen Tag über das Allerheiligste ausgestellt, damit die Alten und Kranken, die nicht in der Lage waren, an der Prozession teilzunehmen, sich hier zum stummen Gebet versammeln konnten.

Die Prozession folgte einem streng festgelegten Plan. Genau war geregelt, welche Chorherren sich zu welcher Kirche zu begeben hatten, um welchen Schrein zu begleiten. Nur ein Beispiel: Die Kanoniker von St. Gereon zogen mit ihren Schülern, die das Stiftskreuz voraustrugen, zunächst nach St. Kunibert, wo sie sich zum einen mit den Herren vom dortigen Stift, zum anderen mit den Deutschherren von der Kommende St. Johannes und St. Cordula zusammentaten, um den Kunibertschrein nach St. Lupus zu begleiten. Dort warteten sie auf die Herren von St. Mariengraden, die den Schrein des heiligen Agilolphus mitbrachten. So formierten sich in allen Pfarreien die Züge, und ihr gemeinsames Ziel war der Dom, wo sie durch das Petersportal zu den Heiligen Drei Königen zogen. Dort wurden die Schreine für die Dauer des folgenden zweiten Hochamtes abgestellt. Danach zog die Prozession auf festgelegtem Weg nach St. Maria im Kapitol.

Den Schrein zu tragen war im übrigen ein Ehrendienst der Zünfte, deren Mitglieder ausnahmslos an dem Umzug teilnahmen und sich bei dieser Aufgabe abwechselten. Die Maler trugen den Schrein ihres Patrons, des heiligen Evergislus, die Kürschner den Agilolphusschrein, die Lohgerber den des heiligen Albinus. Die Schreine von Kunibert und Severin dagegen trugen keine Handwerker, da die beiden Kirchen in entlegenen Vierteln standen, wo fast nur Landwirte und Weinbauern wohnten. Die indes befand man anscheinend für nicht würdig genug für eine derart ehrenhafte Aufgabe, und so überantwortete man diese beiden Schreine den Schöffen des Hohen Gerichts, die sie zum Kapitolshügel tragen durften.

Den Weg säumten die Gläubigen, wiederum nach festgelegtem Ritual: die Dominikaner und die Kreuzherren, die Franziskanerinnen und die Minoriten, die Karmeliter und die Benediktiner. Kein Mönch, keine Kanonisse, kein Stiftsherr fehlte am Wegesrand, und sie hatten ihre kleinen Reliquienbehälter mitgebracht sowie Altäre aufgebaut und knieten nieder, wenn das Allerheiligste vorbeigetragen wurde, dem der Rat und alle Menschen der Stadt folgten, denen an diesem Morgen keine andere Aufgabe zugewiesen worden war. Nach einem dritten Hochamt in St. Maria im Kapitol wurden die Schreine in der gleichen Ordnung wie zuvor nach Hause begleitet, und die Menschen durften zum erstenmal an diesem Tag auch an ihr leibliches Wohl denken.

Es gab sicherlich Städte mit noch mehr Schreinen und Heiligtümern, aber auf die Zahl kommt es nicht an. Das berühmte Pantheon in Rom ist bestimmt kein ehrwürdigeres Gotteshaus als der Kölner Dom, bloß weil Papst Bonifatius IV. derart klotzte, als er im 7. Jahrhundert den ehemals heidnischen Tempel in eine Kirche umfunktionierte.

Er ließ aus diesem Anlaß achtundzwanzig Wagenladungen Märtyrergebein hineinkarren.

Läuten für den Landsknecht

Jan van Werth und die Glocken des Doms

Die Herren waren bei Laune,
der Rotwein schmeckte wie nie,
wenn auch des Schwedens Kartaune
dicht vors Gezelte spie.
Anstieß mit den hohen Kumpanen
der Herzog und lächelte fein:
Es können nit zwei Hahnen
auf einem Miste sein!

Die Herren waren in der Tat bei Laune. Sogar die Wächter am nicht allzu nahe gelegenen Stadttor hörten belustigt zu, wie sie ihre Landsknechtslieder grölten. Im schattigen Garten des Raitzenhofs an der Gereonstraße kreisten die Silberpokale, in denen rubinrot schwerer Wein von der Ahr schimmerte.

»Das erinnert uns daran«, biederte sich der Stadtrat Heinrich von Immekeppel unterwürfig an, »wie Euer Liebden im letzten Jahr die Feste Ehrenbreitstein erobert und uns solchermaßen von einer längeren Durstphase erlöset habt.«

»Hört, hört!« wieherten die Herren, »Euer Liebden hat sie solchermaßen von einer längeren Durstphase erlöset!« Brüllend vor Lachen hieben sie die schweren Pokale auf den Tisch, und die Braut runzelte nervös die Stirn. Schließlich war noch Vormittag, und die Trauung sollte erst gegen drei Uhr erfolgen. Aber wenn sie schon jetzt soffen wie die Stiere …

Die langen Holztische mit den weiß gescheuerten Platten bogen sich unter dem Essen, das die Männer wahllos in sich hineinstopften und mit Wein hinunterspülten. Perlhühner und Kaninchenkeulen, Heringe und Obst, Preiselbeermus und Kapaune, Wachteln und Lammfleisch – an die Menüfolge, vom Zeremonienmeister der Braut kunstvoll ersonnen und zusammengestellt, hielten sich weder die Küche noch die Dienerschaft, noch die Gäste. Es ging einigermaßen chaotisch zu, um es freundlich auszudrücken.

Der Reitergeneral Jan van Werth feierte Hochzeit.

Es war seine zweite, und Johann Anton und Lambertina Irmgard, seine Kinder aus erster Ehe, liefen in ihren vor zwei Stunden noch sauberen Kleidchen durch die Reihen der Zecher, ließen sich von den hartgesottenen Obristen auf den Knien wiegen und forderten sie immer wieder auf, eines der wilden Lieder zu singen; ein Gefallen, der ihnen gerne erwiesen wurde, weil alle Gäste sofort mit einstimmten, sobald nur einer der Ihren damit begann.

»Wir sind des Geyers schwarzer Haufen …«, und schon brüllten alle den Refrain mit: »Spieß voran, drauf und dran, setzt aufs Klosterdach den roten Hahn!« Wenn Jan van Werth seine beiden Kinder so sah, rannen ihm dicke Tränen in den Bart, weil er dann jedesmal an seine Frau Gertrud denken mußte, die er sehr geliebt hatte; aber dann wischte er sich die Tränen mit dem Ärmel seiner Pluderjacke hastig aus dem Gesicht, damit seine neue Braut sie nicht bemerkte.

Es war beileibe nicht so, daß er sie nicht gemocht hätte. Marie Isabel, Gräfin von Spaur, war nicht nur gutaussehend, sondern auch reich. Ein wesentlicher Gesichtspunkt, selbst dann, wenn man selber durch den Krieg wohlhabend geworden war. Aber Jan van Werth hatte weder einen Bischof zum Bruder noch einen Fürstbischof von Salzburg zum Onkel, und er entstammte auch nicht einer derart vornehmen Familie.

Ganz im Gegenteil.

Er kam aus höchst bescheidenen Verhältnissen, und – was man in der Domstadt gerne verdrängt – er war kein geborener Kölner. Seine Vorfahren saßen seit Generationen auf dem Weilerhof bei Büttgen in der Nähe von Neuss, wo Jan vermutlich 1591 als das älteste von acht Kindern geboren wurde. Er war noch sehr klein, als seine Eltern nach Köln zogen und sich in der Nähe eben dieses Palais niederließen, das der zu Ruhm und Geld gekommene Reitergeneral später erstand, um hier seine Hochzeit zu feiern.

Es hatte einst dem Freiherrn Arnold von Raitz und Frentz gehört, und bei ihm hatte Jan als Heranwachsender auch gedient. Mit vierundzwanzig Jahren jedoch ließ er sich von Werbern des spanischen Grafen Spinola überreden, in dessen Reiterregiment einzutreten, wo er es als Siebenundzwanzigjähriger bereits zum Rittmeister brachte. Er wechselte, für Landsknechte durchaus üblich, ins bayerische Lager über, und schon 1633 ernannte ihn Kurfürst Maximilian zum Chef eines Reiterregiments, das der verwegene Bursche in der Schlacht von Nördlingen derart furios und siegreich gegen die Protestanten führte, daß ihn Kaiser Ferdinand II. in den Stand eines Reichsfreiherren erhob!

Was für eine Karriere für einen Bauernburschen, und dies ist auch der Kern für die (noch gar nicht so alte) Legende von Jan und Griet, die hier für diejenigen, die sie immer noch nicht kennen sollten, noch einmal in Stichworten wiedergegeben werden soll:

Jan und Griet waren Nachbarskinder, arm wie die meisten Leute damals, und als sie heranwuchsen, fragte Jan das Mädchen, ob es seine Frau werden wolle. Griet jedoch hoffte, eines Tages einen bedeutenderen Mann zu bekommen als einen armen Tagelöhner, und gab ihm einen Korb. Daraufhin ging Jan zu den Soldaten, machte die erwähnte steile Karriere und ritt eines Tages als gefeierter Held in Köln ein. Am Stadttor aber saß Griet und verkaufte noch immer Äpfel. Jan beugte sich von seinem Pferd zu ihr herab und flüsterte »Ja, Jriet, wer et hätt jedonn!«, und sie flüsterte: wehmütig zurück: »Ja, Jan, wer et hätt jewoß!«

Das rührselige Schauspiel wird bis heute in jedem Jahr zu Karneval vom »Reiterkorps Jan van Werth« nachgespielt, und noch immer steht auf dem Kölner Alter Markt jenes Denkmal, das die Stadt ihrem berühmten Bürger im Jahr 1886 errichtet hat. Wie durch ein Wunder überstand es den Bombenhagel des Zweiten Weltkrieges nahezu unbeschadet.

Zurück zu Jans Karriere: 1636 drang er mit seinen Reitern bis dicht vor Paris vor und ging durch dieses Husarenstück sogar in das französische Volksliedgut ein. Die Menschen sangen auf den Straßen:

Jean de Vert étant brutal,
qui fit pleurer le roi de France
Jean de Vert étant général,
a fait trembler le cardinal.

Jan von Werth also sei ein brutaler General gewesen, der den König von Frankreich zum Weinen und seinen Kardinal (Richelieu) zum Zittern gebracht habe. Besonders zum Zittern aber hat er die Bewohner feindlicher Gebiete gebracht, die er mit seinen Reitern durchzog und nach den damals üblichen Gepflogenheiten als Wüstenei zurückließ. Besonders hart betroffen waren die Städte und Ortschaften an der Rheinschiene.

Aber auch den Landsknechten selber ging's nicht gerade gut. Jan van Werth berichtet nach Bayern, seine Reiter und Musketiere seien seit zehn bis zwölf Tagen ohne einen Bissen Brot, ernährten sich vom Aas der Pferde, die eine Seuche dahingerafft habe, von Wassersuppe und faulen Kohlstrünken.

Desungeachtet erobert er im Juni 1637 die Festung Ehrenbreitstein. Damit beendet er eine langandauernde Blockade der Rheinschiffahrt, und in Köln gab es endlich, endlich wieder Wein!

Außer sich vor Freude schenkt ihm die Stadt Köln eine schwere goldene Kette im Wert von immerhin vierhundert Gulden, ernennt ihn zum Ehrenbürger und befreit ihn auf Lebenszeit von der Weinsteuer. Für den heutigen festlichen Tag jedoch, an dem er die Gräfin Marie Isabel zum Traualtar führen wird, haben sich Stadt und Domkapitel gemeinsam noch einmal eine grandiose Ehrung einfallen lassen:

Pünktlich um zwölf Uhr beginnen alle Glocken des Doms zu läuten, und einem gerührten Landsknecht fließen einmal mehr die Tränen in den grauen Bart.

Tausend Jahre zuvor gab es noch keine Glocken, mit denen man ein derartiges Festgeläute hätte veranstalten können. Die ersten Glocken waren im 6. Jahrhundert von Nordafrika aus nach Italien und von dort rasch nach Irland gelangt. Irische Mönche brachten sie während ihrer Missionsreisen mit aufs europäische Festland, aber die Dinger, die sie da im Gepäck hatten, waren aus Holz gefertigt oder allenfalls grob aus Eisen geschmiedet, und die Mönche nannten sie nach den dumpfen Geräuschen, die man ihnen allenfalls entlocken konnte, folgerichtig und lautmalerisch »Clock«.

Das keltische Wort stand Pate bei der deutschen Bezeichnung »Glocke«, aber natürlich auch bei den entsprechenden französischen, englischen und schwedischen Wörtern »cloche«, »clock« und »Klocka«.

Die älteste Kölner Glocke befindet sich im Stadtmuseum. Sie ist aus drei Blechen zusammengeschmiedet und wurde der Sage nach von Schweinen bei St. Cäcilia aus dem Morast gebuddelt, wo sie Jahrhunderte hindurch geschlummert haben soll. Das aber hat sie ganz sicher nicht, denn sonst wäre von ihr nicht einmal mehr der Rost übriggeblieben. Wer sie betrachtet, kann unschwer erahnen, welche häßlichen Geräusche sie einst von sich gegeben haben muß. Im Volksmund hieß sie ohne Rücksicht auf den Wahrheitsgehalt ihrer Geschichte stets nur »Saufang«.

Als die Glocken später aus Bronze gegossen wurden, bestimmten sie in einer von uns nicht nachvollziehbaren Weise das Leben der Menschen. In einer Zeit, die weder Funk noch Fernsehen, weder Zeitungen noch Post, weder Telefon noch Telegrafen kannte, war das Glockengeläut die einzige Möglichkeit, Menschen zu alarmieren, Ereignisse anzukündigen und zuweilen auch Nachrichten zu verbreiten.

Die Glocken riefen die Menschen zur Messe, läuteten Sturm, wenn es brannte, begleiteten Tote auf ihrem letzten Weg oder arme Sünder zum Schafott, verkündeten den »Engel des Herrn« und sagten an, daß es Zeit sei, das Vieh auf die Weiden zu treiben. Später, als es schon Uhren gab, diese aber lediglich aus einem primitiven Uhrwerk ohne Zeiger bestanden, verkündeten sie vom Kirchturm her die Zeit, und in Köln gab es keine Stunde, in der nicht irgendeine der Domglocken irgend etwas Wichtiges oder weniger Wichtiges zu verkünden hatte.

Sie sind immer da, lullen den Müden in den Schlaf und reißen den noch immer Müden aus seligem Schlummer, mahnen, warnen, fordern. Selbst in Goethes Ballade vom Kind, das sich sonntags »nie zur Kirche wollt' bequemen«, ist die Glocke die große Aufpasserin, die den Säumigen notfalls auch persönlich holen kommt. Kein Wunder, daß sie, ähnlich wie einigen unserer Mitbürger heute, auch manchen Menschen im Mittelalter gewaltig auf die Nerven ging.

Andererseits war das Glockengeläut, wenn man von der unzuverlässigen Sonnenuhr absieht, die nur bei hellem Tag und schönem Wetter taugte, die einzige Richtschnur, an der sich die Menschen orientieren konnten, wenn es wirklich um etwas ging. Ein kurioses Beispiel ist aus dem Ende des 12. Jahrhunderts aus der französischen Stadt Mons überliefert, wo ein Ritter nicht pünktlich zum Zweikampf gekommen war, der bei Tagesanbruch hatte stattfinden sollen.

Aber war der Tag denn schon angebrochen? Da mußten sich die Schiedsrichter an die Priester wenden, um nachzufragen, ob es schon die neunte Stunde geschlagen habe. Wieso ausgerechnet die Priester (vor Erfindung der mechanischen Uhr!) so genau wußten, wann sie die Glokken zu läuten hatten, bleibt ungewiß. Jedenfalls hielt man sie in Sachen Zeit wohl für die entscheidende Autorität.

Mehr noch als die Städter waren die Bauern auf ihren abgelegenen Höfen und während der Feldarbeit auf das Schlagen der Glocke im fernen Kirchturm angewiesen, sofern sie nicht selbst spürten oder am Sonnenstand ablesen konnten, was die Stunde geschlagen hatte. Daß aber das lateinische Wort für Glocken, »campanae« (noch heute heißt der italienische Glockenturm *Campanile*), von den Bewohnern des Landes (»campus«) abgeleitet worden ist, wie alte Quellen behaupten, scheint dann doch etwas weit hergeholt.

Es war an früherer Stelle bereits die Rede davon, daß sowohl das Domkapitel als auch die Dombaumeister nicht daran dachten, den Dom nach und nach vom Chor her über das Querschiff nach West hochzuziehen, sondern das Werk als Ganzes betrachteten und auch als Ganzes errichten wollten. Es gab aber auch einen höchst praktischen Grund dafür, zumindest einen der beiden Türme sofort in Angriff zu nehmen: Man wollte endlich die Glocken ordnungsgemäß aufhängen, die seit der Niederlegung der

Reste des alten Doms um das Jahr 1325 in einem hölzernen Turm untergebracht waren, der auf der Südseite der Kathedrale, also direkt neben dem Dom auf dem heutigen Roncalliplatz gestanden hat.

Ob es sich bei diesen Glocken um die des romanischen Doms gehandelt hat, ist nicht überliefert, aber einigermaßen naheliegend. Immerhin werden bereits 857 drei Glocken im alten Dom erwähnt, deren Schicksal sich jedoch im dunkeln verliert. Glocken wurden damals häufig umgegossen, sei es, daß man mit ihrem Klang nicht mehr zufrieden war, sei es, daß sie einen Sprung bekamen, sei es, daß man aus mehreren kleinen Glocken eine große machen wollte.

Jedenfalls wurden aus besagtem Holzturm zumindest drei Glocken in den neuen Turm überführt; zum einen die Blutglocke, die angeblich 1418 gegossen und 1437 auf den Namen »Dreikönigenglocke« getauft wurde. Zum anderen zwei weitere Glocken aus den Jahren 1437 und 1438, die wohl als Grundstock dienten für die »Pretiosa« (die »Kostbare«) und die »Speciosa« (die »Prächtige«) aus den Jahren 1448 und 1449.

Die sogenannte Koelhoffsche Chronik berichtet (reichlich verworren):

»In demselben Jahre [1437] im Mai ließen die Domherren ihre größte Glocke umgießen, denn sie war gerissen, und sie ward viel größer gemacht, und sie gaben vierzig Centner Speise zu der zerbrochenen Glocke, und die Glocke, als sie gegossen war, wurde gewogen und zog zwei und einhalbhundert Centner.

In demselben Jahre im Evenmonat [September] ließen die Domherren ihre Glocke aus dem hölzernen Glockenthurme in den neuen steinernen Thurm des Doms hangen. Die größte Glocke wurde in dem folgenden Jahre in den genannten Thurm gehenkt. In dem Jahre 1438 binnen den letzten drei Tagen des Mai ließen die Domherren ihre größte neue Glocke in den neuen steinernen Thurm hängen mit großer Arbeit und Weisheit, mit großen Kabeln und mehr anderen Seilen, die dazu dienlich waren; dazu hatte man all die Krahnen und Pleyden und Winden, die in dem Dom waren, und dennoch mußte man der Stadt Köln Werkzeuge auch dazu leihen. Die Glocke kostete fünfzig Gulden aufzuhängen und war so schwer wie fünfzehn Fuder Wein.«

Nun hängen also schon drei Glocken im neuen Südturm, der bereits an die achtundfünfzig Meter hoch in den Himmel ragt und von einem Kran gekrönt ist, der bis ins 19. Jahrhundert hinein einerseits als trauriges Symbol eines abgebrochenen Jahrhundertwerks, andererseits aber auch unbestritten als Wahrzeichen der Stadt gilt. Doch ist zu fragen, wer denn die wunderschönen neuen Glocken wo und wie gegossen hat, deren Geläut jetzt von jedem Haus in der Stadt aus zu hören ist.

Beginnen wir mit der »Pretiosa« und ihren zweihundertvierundzwanzig Zentnern Gewicht, die als »Königin des Domgeläuts« gerühmt wird und damals die größte Glocke des Abendlandes war. Sie ist den Heiligen Drei Königen, der Mutter Maria und dem heiligen Petrus geweiht. Ihr Klang war bis ins entfernte Brühl zu vernehmen. Gegossen haben sie der Kölner Gießer Heinrich Brodermann und ein gewisser Christian Cloit, während die mit ihren hundertzwanzig Zentnern wesentlich leichtere »Speciosa« merkwürdigerweise von einem Fremden, dem Brabanter Glockengießer Johannes Hoerken, geschaffen wurde. Sie war allein der Gottesmutter geweiht.

Wie es diesem Meister gelungen ist, in die Phalanx der eifersüchtigen, ihr Heimrecht hütenden Kölner Glockengießer einzubrechen, wissen wir nicht. Bis weit ins 17. Jahrhundert hinein sind die Kölner Gießer jedesmal beim Rat vorstellig geworden, wenn ein Auswärtiger es wagte, in Köln einen Auftrag anzunehmen. Aber dieses Mal hatten sie keinen Erfolg; vermutlich deshalb nicht, weil Johannes Hoerken auf exterritorialem Gelände arbeitete, wie wohl auch schon kurz zuvor, als er eine Glocke für St. Gereon schuf.

Die Stadt Köln besaß nämlich in der Nähe der heutigen Komödienstraße ein Gießhaus, das sie den Kölner Glockengießern bei Bedarf zur Verfügung stellte. Diese, muß man wissen, waren zumeist Schmiede und übten das Gießen eher als Nebenerwerb aus, weshalb sich für sie ein eigenes Gießhaus nicht gelohnt hätte. Wahrscheinlich hat der Meister aus Brabant dieses städtische Gießhaus jedoch nicht in Anspruch genommen, sondern seine Glocke, wie auch der Kölner Gießer Heinrich Brodermann, direkt vor Ort gegossen.

Das war nicht unüblich, weil sich auf diese Weise der aufwendige und kostspielige Transport einer so großen Glocke vom Gießhaus zum Südturm der Kathedrale erübrigte. Und tatsächlich hat man zwei Gruben gefunden, die zwischen 1435 und 1449 unweit des Turms im heutigen Langschiff des Doms eingerichtet worden waren. In ihnen sind ganz ohne Zweifel zwei Glocken gegossen worden. Auch wenn man nicht mit hundertprozentiger Sicherheit nachweisen kann, daß es sich hierbei um unsere beiden Glocken gehandelt hat, so ist es doch hochwahrscheinlich.

Zumindest hat man in einer der beiden Gruben große Lehmstücke von Gußformen sowie Bronzeschlacken gefunden, die mittels einer Spektralanalyse untersucht worden sind. Dabei wurde festgestellt, daß die Bronze stark mit Silber durchsetzt war, wie es für die mittelalterlichen Glocken im Rheinland und halt auch für Köln typisch ist.

»Dreikönigenglocke«, »Pretiosa« und »Speciosa« bildeten zusammen ein derart harmonisches und eindrucksvolles Geläut, daß ein Kenner, der ihm 1790 zuhörte und mannigfache Vergleichsmöglichkeiten besaß, begeistert urteilte: »Ich empfehle dieses Geläut einem jeden, der begierig ist, etwas Außergewöhnliches zu hören, und bin gewiß, er wird gestehen müssen, daß ihm nichts majestätischer, harmonischer und reiner an Tonmasse vor die Ohren gekommen ist.«

Da zum einen die Gewichtsangaben der Glocken in den verschiedenen Quellen schwanken und zum anderen die Glocken mehrfach umgegossen wurden, mag beim Leser eine leichte Verwirrung entstehen. Fest steht, daß im vorigen Jahrhundert zunächst drei große Glocken im ersten Stockwerk des Südturms hingen, und zwar die »Pretiosa« (zirka 11200 Kilo), die »Speciosa« (zirka 6000 Kilo) und die Dreikönigenglocke, die allerdings 1862 erneut umgegossen werden mußte, mit etwa 3400 Kilo. Im gleichen Jahr kam auch die Ursulaglocke (2550 Kilo) hinzu, und dann erfolgte die vermeintliche Krönung:

Auf Bitten des Zentral-Dombau-Vereins, der Seine Majestät untertänigst darauf hinwies, daß die Glocken im Kölner Dom im internationalen Vergleich, zumindest was ihre Größe anging, doch recht pieselig waren, stiftete Kaiser Wilhelm I. nach dem Krieg von 1870/71 eine riesige Glocke von sage und schreibe 27000 Kilo Gewicht, gegossen unter anderem aus fünfhundert Zentnern Bronze, die von erbeuteten französischen Kanonen stammte.

Das mag uns makaber vorkommen, entsprach aber dem (Un-)Geist der Zeit. Die französische Stadt Le Puy beispielsweise wird überragt von einem riesigen Felsen, dem Rocher Corneille. Den krönt eine sechzehn Meter hohe und hundertzehn Tonnen schwere Marienstatue, die aus zweihundertdreizehn Kanonen gegossen wurde, die Napoleon III. bei der Einnahme von Sewastopol erobert hatte.

Ob Segen auf solchem Geläut ruht, ist eine andere Frage, die aber eher verneint werden muß, wenn wir das Schicksal der sogenannten Kölner Kaiserglocke betrachten. In weiser Vorahnung äußerte der Kölner Erzbischof

Paulus Melchers bereits 1873 starke Bedenken. Er argwöhnte, diese Glocke werde kaum zu Ehren Gottes, sondern höchstwahrscheinlich ausschließlich zu Ehren des (protestantischen!) Kaisers geläutet. Und wie zur Bestätigung seines Verdachts dichtete die *Leipziger Illustrierte Zeitung* in jenen Tagen:

Dem Kaiser verdank' ich Trophäenmetall,
des Kaisers Siege beweis' ich;
dem Kaiser drum gilt mein gewaltiger Schall;
die Kaiserglocke heiß' ich!

Den endgültigen Beweis sah der Erzbischof, der ohnehin in Fehde mit den Preußen lebte, in der Inschrift, die über dem großen Reichswappen auf der Glocke zu lesen war:

Die Kaiserglocke heiß' ich.
Des Kaisers Namen preis' ich.
Auf heil'ger Warte stehe ich;
dem Deutschen Reich erflehe ich,
daß Fried' und Wehr
ihm Gott bescher'!

Auf der anderen Seite befand sich zwar eine sehr christliche Inschrift, aber die ging im allgemeinen Gezänke unter. Wichtig schien dem Dombau-Verein vor allem, daß die neue Glocke genau den Ton »C« traf, die untere Quinte der großen »Pretiosa«.

Den ausgeschriebenen Wettbewerb gewinnt der Glokkengießermeister Andreas Hamm aus Frankenthal, dessen erster Guß am 19. August 1873 jedoch mißlingt. Auch mit dem zweiten Guß am 13. November ist die Kommission nicht zufrieden. Zwar versucht Meister Hamm, durch Nachbesserungen den Guß zu retten, aber ein Kommissionsmitglied notiert:

»Bei Versuchen in meiner Gegenwart vermochten fünfzig bis sechzig Mann mit Aufbietung aller Kräfte die Glocke so viel in Schwung zu bringen, daß der Klöppel jedesmal zwei Schläge gegen die Glocke führte, dann aber mußte die ganze Mannschaft erschöpft die Arme sinken lassen. Die vier Glockenschläge, welche sich auf diese Weise vernehmen ließen, gestatteten mir aber, über den Ton der Glocke in seiner gegenwärtigen Beschaffenheit ein Urteil zu fällen.«

Und zwar ein vernichtendes.

Der dritte Anlauf gelingt. Zumindest nach außen hin scheint die Glocke vollkommen. Sie ist 3,25 Meter hoch, und ihr Durchmesser beträgt 3,42 Meter. Der 3,13 Meter lange Klöppel wiegt über zwanzig Zentner. Allerdings bringt das Probeläuten eine herbe Enttäuschung: Der Ton »C« ist auch nicht annähernd getroffen worden. Vielmehr erklingt ein hohes »Cis«, schon fast ein »D«. Man versucht sich damit zu beruhigen, daß die Glocke, hängt sie erst einmal im Turm, wesentlich anders klingen wird als zu ebener Erde. Außerdem sind die Inschriften recht gut lesbar.

Das ist schließlich auch schon etwas!

Meister Hamm jedenfalls wird aufgefordert, das Prunkstück nach Köln zu bringen, wo das Schiff mit der kostbaren Fracht am 8. Mai 1875 an der Rampe vor dem Trankgassentor anlegt. Etliche Tage dauert der Transport die steile Gasse hoch nach Unter Fettenhennen, dann weiter durch den Domhof bis vor das Westportal. Erneut werden Verbesserungsvorschläge gemacht, Änderungen ausprobiert; es wird gehandelt und gefeilscht. Schließlich, nach mehr als drei Jahren, zieht man die Glocke in den Südturm hoch, und nun zerstieben die letzten Hoffnungen. Sie klingt dort oben nicht anders als auf Meister Hamms Hinterhof in Frankenthal.

Es ist ein Fiasko.

Die Glocke bleibt zwar da oben hängen, aber so recht will sie niemand hören. Das Läuten ist ja auch reichlich teuer: Immerhin müssen jedesmal achtundzwanzig Kürassiere aus den Kasernen in Deutz geholt werden, um das Monstrum in Gang zu setzen, was pro Mann eine Mark kostet. Ein kostspieliges Unterfangen für derartige Mißtöne. 1878 moniert die Prüfungskommission, die Glocke werde beim Läuten durch die Männer »mit Gewalt hin und her geworfen«, so daß sie inzwischen schief hänge.

Mehrfach wurden neue Klöppel ausprobiert. Das Ergebnis blieb unbefriedigend. Gleichwohl wurde die Kaiserglocke am 30. Juni 1887, einen Tag nach Peter und Paul, geweiht und auf den Namen Petersglocke getauft. Aber auch der Namenspatron konnte keine nennenswerte Hilfe leisten. Am Pfingstsamstag des Jahres 1908 löste sich der gewaltige Klöppel und stürzte in den eisernen Glokkenstuhl. Er wurde durch einen neuen ersetzt und ist bis heute auf der Südseite des Doms zu bestaunen.

Am 22. Dezember 1917 schließlich wurde von höchster Stelle der Ausbau der unglückseligen Glocke angeordnet, denn seit drei Jahren tobte der Erste Weltkrieg; dieses Mal war es der deutsche Herrscher, der Erz für seine Kanonen brauchte. Ein letztes Mal sollte die Kaiserglocke Heiligabend geläutet werden, aber irgendein Drähtchen des inzwischen elektrischen Läutwerks riß, und so blieb sie für immer stumm. Ihr Abbau und ihre Zerlegung kosteten weit über zwanzigtausend Mark, und der einzige Trost, den der Kaiser spenden konnte, war sein Versprechen, daß die Kölner nach dem Krieg eine neue Kaiserglocke erhalten würden.

Dieses Versprechen konnte er allerdings nicht einhalten, da er sich ins niederländische Exil begeben mußte. Aber 1922 erinnerten Erzbischof Karl Joseph Schulte und der damalige Kölner Oberbürgermeister Konrad Adenauer die Regierung in Berlin an dieses Versprechen, und bald wurde der Glockenguß erneut ausgeschrieben.

Allerdings fand sich zunächst niemand, denn das Fiasko des Frankenthaler Meisters war natürlich allgemein bekannt, und niemand wollte das Risiko eingehen, sich zum Gespött der Branche zu machen. Endlich entschloß sich der Gießer Heinrich Ulrich aus dem thüringischen Apolda, den Auftrag anzunehmen.

Und auf seiner neuen Glocke ruhte wirklich kein Fluch. Jeder kennt ihren machtvollen Klang, und wenn es noch eines Beweises bedarf, daß auf dem »Dicken Pitter« ohne jeden Zweifel Gottes Segen ruht, dann sei daran erinnert, daß ER selbst es war, der die Glocke dem Zugriff der Nazis entzog, die den »Dicken Peter« – wie fast alle Glocken aus deutschen Kirchen – in der Hoffnung auf einen doch noch »siegreichen Endkampf« einschmelzen lassen wollten.

Der Herrgott bediente sich, wie weiter unten geschildert, bei der Rettungstat des damaligen Landeskonservators Robert Hiecke, der die »Reichsstelle Eisen und Metalle« davon überzeugen konnte, daß irgend jemand »dort oben« ein besonderes Auge auf Kölns größte Glocke habe und daß ein Raub keinesfalls Sieg, sondern ausschließlich Unglück bringen würde.

Natürlich hat jede der Domglocken ihre besondere Aufgabe, und es existiert eine Läuteordnung, die sich im Laufe der Jahre der Liturgie und dem kirchlichen Alltag anpaßt. So läutet zum Angelus die Aveglocke, zur Sterbestunde Christi am Freitag um fünfzehn Uhr die »Speciosa«, beim Tod eines Domherren dagegen die »Pretiosa«, während der »Dicke Pitter« beim Tod des Erzbischofs zu hören ist, aber auch nach der Vorabendmesse der hohen Festtage.

Waren Jahrhunderte hindurch die Glocken unentbehrlich für das Ankündigen und die Begleitung der Gottesdienste, so war deren Abhaltung völlig undenkbar ohne die entsprechende Beleuchtung der einzelnen Altäre und des ganzen Innenraums der Kathedrale. Wieder müssen wir uns vor Augen führen, daß es vor der Erfindung der Gaslaternen und des elektrischen Lichts nicht nur in den Straßen, sondern auch in den Häusern und Kirchen stockdunkel war.

Im 14. Jahrhundert gab es innerhalb der Kölner Stadtmauern lediglich zwei öffentliche Lampen: Eine Öllaterne brannte unter der Marspforte, also an der Hauptstraße zwischen den Märkten und dem Rhein, und eine zweite an St. Kunibert. Ansonsten blakte hier oder da ein Lämpchen vor einem Heiligenbild, und das war es denn auch. Wer nach Einbruch der Dunkelheit aus dem Haus mußte, tat gut daran, eine eigene Laterne mitzunehmen oder sich einen Lampenträger zu mieten, der einem »heimleuchtete«.

Noch 1747 verfügte der Rat unter Hinweis darauf, daß über Weihnachten »auf dahiesiger Rheinwerft bei nächtlicher Zeit Häringe entfrembdet worden seien«, die dortigen Laternen müßten »hinwiederumb reparieret« werden. Doch das half alles nichts. Nicht einmal den französischen Besatzern sollte es einige Jahrzehnte später gelingen, die Kölner aus ihrer diesbezüglichen Trägheit wachzurütteln.

Ebenso stockfinster wie auf den Straßen war es naturgemäß in allen Kirchen, und da Bienenwachs auch damals schon sehr teuer war, machten es sich die Bruderschaften zur Aufgabe, für die ordnungsgemäße Beleuchtung der Gotteshäuser zu sorgen.

Wie aber sind diese Bruderschaften entstanden, und wer gehörte ihnen an?

Wer den Dom besichtigt, wird hinter dem nördlichen (linken) Querschiff im Bereich der Kreuzkapelle, wo sich auch das Gerokreuz befindet, den Schneiderbalken finden. Das mit Passionsszenen aus hochgotischer Zeit geschmückte Holz ruht zwischen zwei Pfeilern auf Konsolen und weist ein Eisengitter mit Halteringen für fünf große Kerzen auf. Die Bezeichnung »Schneiderbalken« kam offensichtlich erst nach dem Zweiten Weltkrieg auf; bis dahin nannte man ihn den »Lichterbalken der Schröderzunft«, weil – und das weiß kaum jemand, der diesen Nachnamen trägt – »Schröder« die mittelalterliche Bezeichnung für Schneider ist.

Bruderschaften waren religiöse Gemeinschaften, die aus den jeweiligen Zünften hervorgegangen sind und deren Aufgabe weitestgehend darin bestand, Vergehen der Zünfte oder deren Mitglieder zu sühnen; zum Beispiel eine der häufigsten Übertretungen: das Nichteinhalten der Sonn- und Feiertagsruhe, aber auch das Beschimpfen der Zunftmitglieder untereinander, was als besonders schweres Vergehen galt.

Die Bruderschaften der einzelnen Zünfte stifteten als Buße eine bestimmte Anzahl von Kerzen, deren Gewicht genau festgelegt war. Jahrhundertelang folgten die Schneider dem alten Brauch, zu dem sie sich einst verpflichtet hatten: Sie brachten ihre Kerzen »vor deme heilgen sacrament, dat da steit in dem houfde des heilgencrutz in deme Dome«, woraus hervorgeht, daß sich der Schneiderbalken noch immer am selben Platz, nämlich beim heiligen (Gero-)Kreuz befindet. In jedem Jahr zogen die Schneider in feierlicher Prozession in den Dom, wobei den fünf jüngsten Meistern der Zunft die Ehre zukam, die Kerzen zu tragen.

Und das waren weiß Gott keine »normalen« Kerzen. Merkwürdigerweise wissen wir nichts von den Schneidern, aber die Dachdecker zum Beispiel stifteten alljährlich zwei große Kerzen von sechzig (!) Pfund Wachs und zwei kleine, die nur zwei Pfund wogen. Man darf unterstellen, daß die Schneider hinter den Dachdeckern bestimmt nicht zurückstehen wollten.

Wachs war das Sühnemittel schlechthin. Kein Lehrjunge durfte bei den Schneidern seine Lehre antreten, ohne zuvor ein halbes Pfund Wachs gestiftet zu haben. Auch wer des Sonntags arbeiten wollte, konnte sich von dem Verbot mit einem halben Pfund Wachs freikaufen. Wer die Feiertagsarbeit jedoch nicht anmeldete und dann erwischt wurde, zahlte das Doppelte. Eine »angemessene« Wachsspende wurde von jedem erwartet, der sich selbständig machte. Jungmeister, die sich, aus welchem Grund auch immer, weigerten, bei der jährlichen Prozession die Kerze zu tragen, mußten ein Pfund Wachs zahlen; die strikte Weigerung kostete sogar fünf Goldgulden.

Immer wieder tauchen im Strafregister der Zünfte die gleichen Vergehen auf: Streit, Lügen, Schlägereien, das Tragen eines Messers und – das Übernachten von Lehrlingen und Gesellen außerhalb des Hauses ihres Meisters. Man kennt ja seine Pappenheimer!

Und so trugen denn die Gürtelmacher ihre fünfundzwanzig Pfund schwere Kerze am Vorabend ihres Namenstages in die Kirche der heiligen Agatha und die Maler, Glaser und Bildschnitzer die ihre zur heiligen Cäcilie; die Arnulfbruderschaft versammelte sich mit ihren zwölf Kerzen à zwei Pfund in St. Maria ad Gradus, und die Riemenschneider zogen in feierlicher Prozession mit drei Kerzen zu achtzehn Pfund nach St. Brigida, während alle Meister der Arnulfbruderschaft der Kürschner bei Todesfällen in der Zunft verpflichtet waren, vier Pfund Wachs und zweihundert Seelenmessen für den Verstorbenen zu stiften.

Besonders vornehm waren die Goldschmiede, deren Bruderschaftsaltar sich ebenfalls im Dom befand. Sie waren so hochnäsig, daß sie sich nicht zu einer Prozession bereit fanden, sondern ihre Wachsspende per Boten in die Kathedrale bringen ließen. Vielleicht wollten sie damit unter Beweis stellen, daß sie rangmäßig ebenso hoch angesiedelt waren wie die Patrizier, in deren Listen sich ausschließlich so bekannte Namen wie Lyskirchen, Overstolz oder Quatermarkt finden. Ihre Bruderschaft hatte ihren Altar an St. Ursula, ließ allenfalls vierzig Mitglieder zu und fand sich ebenfalls nicht zu einer Prozession bereit.

Das Stiften von Wachs und Kerzen hatte im gesamten deutschen Sprachraum schließlich eine derart hohe Bedeutung erlangt, daß in Südwestdeutschland sogar in einigen Urkunden das Wort »Zunft« durch das Wort »Kerze« ersetzt wurde.

Natürlich haben die Kerzen eine hohe symbolische und liturgische Bedeutung, auf die einzugehen hier zu weit führen würde. Wir dürfen aber keinen Augenblick lang vergessen, daß sie notwendig waren, damit die Priester in den selbst tagsüber halbdunklen Kapellen ihre Texte lesen konnten. Viele kannte man selbstverständlich auswendig, aber längst nicht alle.

Interessant ist übrigens in diesem Zusammenhang, daß das Allerheiligste in der Sakristei aufbewahrt wurde. Dort brannten vor dem Tabernakel stets sieben schwere Kerzen. Ein rotes Öllämpchen wie unser heutiges Ewiges Licht gab es damals noch nicht.

Ganz selten war Festbeleuchtung angeordnet. Zu Weihnachten und in der Osternacht, zu Peter und Paul sowie am Kirchweihfest des Doms; dann gab es noch ein paar Dutzend Tage, wo mehr oder weniger große Beleuchtung vorgeschrieben war. Doch mit Kerzen war das so eine Sache. Nur wer an dem Gottesdienst teilgenommen hat, mit dem Kardinal Höffner am 27. Dezember 1986 seinen achtzigsten Geburtstag feierte, kann erahnen, wie Prunkbeleuchtung im 16. Jahrhundert ausgesehen hat. Weil nämlich an diesem Tag das Fernsehen zugegen war und die Kathedrale mit starken Scheinwerfern ausleuchtete, kam es zu einer vorübergehenden Überlastung des Stromnetzes, das sich daraufhin für eine knappe Stunde verabschiedete.

Schnell wurden an die Gläubigen im Dom Kerzen verteilt, aber selbst ihre große Zahl vermochte den hohen Raum nur spärlich zu erhellen. So also und keineswegs prächtiger muß man sich die »Festbeleuchtung« im Mittelalter vorstellen.

Aber damit wollte man sich naturgemäß nicht mehr zufriedengeben, als 1836 Seine Königliche Hoheit der Kronprinz, der nachmalige Friedrich Wilhelm IV., zu Besuch in die Domstadt kam. Da sollte sich die Kathedrale, die es nunmehr weiterzubauen galt, von ihrer besten Seite zeigen. Deshalb wurden weder die sprichwörtlichen Mühen noch jene immensen Kosten gescheut, die uns auf einer Rechnung überliefert sind.

Zunächst fällt unser Blick auf achttausendsiebzehn »Kümpcher«, die mit Talg und Dochten gefüllt wurden (sechsundsechzig Taler, vierundzwanzig Schilling und drei Pfennig), nebst den zwölf Gesellen, die die »Kümpcher« anzünden und bewachen sollten (pro Gesell 20 Schilling gleich 8 Taler). Was bedeutet hätte, daß jeder Geselle sechshundertachtundsechzig »Kümpcher« hätte anzünden und bewachen müssen. Das war natürlich nicht möglich, und so schickte ein Maurermeister mit dem schönen Namen Jupp Schmitz täglich zwischen vier und dreiundfünfzig seiner Leute auf das Dach, wo sie wiederum von dort beschäftigten Maurern und Handlangern unterstützt wurden; es wurden sogar Steinmetzen angehalten, die anderen anzuleiten, weil Fremde sich zwischen Dach und Strebewerk mit Sicherheit verirrt, wenn nicht gar den Hals gebrochen hätten.

Neben den über achttausend Talg-»Kümpcher« wurden jedoch noch achthundertzweiundfünfzig große Porzellantöpfe und fünftausenddreihundert Porzellanobertassen aufgestellt, gefüllt mit Rüböl, Wachs oder Terpentin, die man unter anderem an zweitausendfünfhundert eisernen Drähten aufhängte. Schließlich heuerte Maurermeister

Schmitz noch weitere einundsiebzig Mann an, auf daß die Stadt sich nicht blamiere, und wenn wir den heutigen Arbeitslohn zugrunde legen würden, hätte der ganze Spaß allein an Personalkosten um die hundertfünfzigtausend Mark verschlungen. Dem Kronprinzen jedoch hat es sehr gut gefallen.

Und das war das einzig Wichtige.

Barock aus Brühl

Kurfürst Clemens August liebte die Jagd mehr als den Dom

Johannes Rüb hat es ausnahmsweise nicht besonders eilig an diesem kühlen Morgen des 5. Mai 1733. Entgegen seiner Gewohnheit ist er pünktlich aufgestanden und hat nun alle Zeit der Welt, um zum Schloß hinauszuschlendern, wo er Arbeit als Maurer gefunden hat. »Grüß dich, Margreth«, sagt er zu einem jungen Mädchen, das vor einer Hecke kauert und mit klammen Fingern nasses Gras abrupft; eine mühselige und unangenehme Arbeit, wenn noch der Tau auf den Wiesen liegt. Aber die Kaninchen daheim haben Hunger.

»Ganz schön kalt«, bemerkt Johannes nicht gerade geistreich, und da ihm weiter nichts einfällt, sagt er etwas über die Eisheiligen, die man noch überstehen müsse, bevor endlich der Sommer käme. Doch die Sechzehnjährige antwortet nicht, sondern späht neugierig hinüber in den Garten jenseits der Kamesgasse, wo sich mehrere Männer zu streiten scheinen.

Ungewöhnlich genug, denn es handelt sich eindeutig um feine Herren.

Die Stimmen werden lauter, zorniger, und jetzt dreht sich auch Rübs Johannes neugierig um, und seine Augen werden ganz weit, denn zwei der vornehm gekleideten Edelleute da drüben haben ihre Degen gezogen. Der kleinere von ihnen dringt auf den anderen ein, schwingt seine Waffe wild gestikulierend über dem Kopf, und dann scheint er tatsächlich getroffen zu haben. Sein Kontrahent, der einen blauen Rock trägt, blutet an der Stirn, woraufhin der kleinere, der auch älter zu sein scheint, seinen Degen wegsteckt.

»Hast du das gesehen?« flüstert das Mädchen atemlos, aber dann stößt sie einen Schrei aus, denn der im blauen Rock, der seinen Degen ebenfalls einzustecken schien, hat ihn wieder herausgerissen und seinem jetzt wehrlosen Gegner in den Leib gerammt. Der stürzt zu Boden und stöhnt – Johannes Rüb wird es später beschwören – »Bruder, ich hab' genug!«

Kurze Zeit später laufen der mit dem blauen Rock und ein zweiter an den beiden jungen Leuten vorbei, und auch unsere beiden machen sich aus dem Staub. Denn es ist besser, weit weg zu sein, wenn vornehme Leute sich streiten, erst recht, wenn sie sich gegenseitig abmurksen. Aber Weglaufen hilft nur für den Augenblick. Die anderen Männer, die Zeugen des Duells waren, haben sie sehr wohl bemerkt, und es ist nicht besonders schwierig, in einem Städtchen wie Brühl bei der Obrigkeit Namen und Adresse gesuchter Bürger herauszufinden.

Margreth und Johannes werden dringend als Zeugen gebraucht.

Der Tote, der Komtur Johann Baptist Freiherr von Roll, trägt den barocken Titel »Obriststallmeister«, ist am kurfürstlich-erzbischöflichen Hof Minister für den Deutschen Orden, vor allem aber der geliebte Intimus des siebzehn Jahre jüngeren Clemens August. Auf welche Weise ihn der Erzbischof liebte, wird noch zu untersuchen sein.

Offiziell zumindest war seine Stellung bei Hof nicht sonderlich einflußreich. Der engste Berater von Clemens August nämlich war dessen Premier Ferdinand von Plettenberg, von einigen als krankhafter Machtpolitiker verurteilt, von anderen als liebenswerter und gewandter Diplomat geschildert. Volksnah soll er gewesen sein, großzügig und fleißig. Doch das Urteil über ihn hängt wohl davon ab, ob die Biographen zu seiner Partei gehörten oder zu seinen politischen Gegnern. Nur seine Tüchtigkeit ist nie bezweifelt worden.

An seiner Seite lernt der junge Clemens August Paris kennen und die berauschenden Rokokofeste auf Schloß Fontainebleau, die einen nachhaltigen Eindruck bei ihm hinterlassen und seinen Lebensstil für immer prägen werden. Plettenberg dirigiert Politik und Finanzen und steuert die Leidenschaft seines Herrn für die Jagd und andere Schönheiten des Lebens diskret aus dem Hintergrund. Bis jener Roll auftaucht, in dessen Person er instinktiv Gefahr wittert. Zu nahe kommen sich der junge Kurfürst und der reife Mann, der 1709 unter dem Prinzen Eugen und Marlborough in der Schlacht bei Malplaquet gegen die Franzosen gekämpft hat und dabei durch einen Säbelhieb am Arm schwer verwundet worden ist.

Aber noch bleibt die Rivalität unter der Decke, obwohl sich etliche Leute, denen Roll ebenfalls zu viel Einfluß zu gewinnen scheint, um Plettenberg scharen. Unter ihnen befindet sich ein Verwandter Plettenbergs, der dreiunddreißigjährige Freiherr Friedrich Christian von Beverförde, eine durchaus schillernde Figur.

Am 4. Mai des Jahres 1733 reitet ihn offensichtlich der Teufel. Er läßt dem Komtur Roll eine polnische Schindmähre in dessen Stallungen auf Schloß Falkenlust bringen, ein als Bosheit gedachtes Geschenk, das seine erwünschte Wirkung nicht verfehlt. Roll stellt Beverförde zur Rede. Man beschimpft sich gegenseitig, und es endet wie alle Händel zu jener Zeit: mit einer Aufforderung zum Duell.

Clemens August, der davon hört, untersagt den Zweikampf und versucht zu vermitteln, geht aber merkwürdigerweise trotz der bis zum Zerreißen gespannten Atmosphäre in seiner engsten Umgebung am nächsten Morgen in aller Herrgottsfrühe auf Reiherjagd. Währenddessen treffen sich die Kontrahenten in Brühl vor dem Kölner Tor, in einem Garten an der heutigen Comesstraße (früher: Kamesgasse). Die Zeugen haben zwar einwandfrei gesehen, daß Roll offensichtlich bereits seinen Degen wieder eingesteckt hatte, als Beverförde ihn niederstieß, aber es gibt auch Merkwürdigkeiten. Zum Beispiel die, daß es ausgerechnet der eher friedfertige Roll war, der unmittelbar vor dem Duell Vermittlungsversuche seiner Begleiter brüsk zurückgewiesen hat. Warum, weiß niemand zu sagen.

Clemens August erleidet einen Nervenzusammenbruch, als er vom Tod seines Freundes erfährt. Er quält sich mit Selbstvorwürfen. Hat er wirklich alles getan, um diesen Zweikampf zu verhindern? Vor allem aber, ein Duell gilt als Todsünde, und sein geliebter Freund muß, zumindest nach gültiger Lehre, stracks in die Hölle gefahren sein.

Verzweifelt wendet er sich schließlich an die Nonne Crescentia Höß aus Kaufbeuren, der man wahre Wunderdinge nachsagt. Kann sie vielleicht mit dem Toten Verbindung aufnehmen? Zunächst ziert sich Crescentia ein wenig, aber beeinflußt durch wen oder was auch immer schreibt sie zu guter Letzt dem verzweifelten Erzbischof, der Herrgott habe ihr flehentliches Gebet erhört, den Verstorbenen aus der Pein des Fegefeuers befreit und direkt vor sein Antlitz gerufen. Außerdem lasse Roll dem Kurfürsten (durch ihren Mund) ausrichten, daß er sich nicht länger schuldig fühlen solle, weil er damals einen Fehler gemacht habe. Er, Roll, habe im übrigen nach dem Empfang des tödlichen Stiches noch Zeit genug gehabt, seinem Gegner zu verzeihen, und auch Clemens August möge selbiges tun.

Der Kurfürst indes denkt nicht daran. Er stürzt seinen mächtigen Premier Plettenberg, den er als Schuldigen ausgemacht hat, er enteignet den flüchtigen Beverförde und verfolgt alle Sympathisanten mit gnadenloser Strenge. Sein Gewissen beruhigt das alles aber nicht.

Schließlich läßt er nach einem Jahr Rolls Grab öffnen.

Schwester Crescentia hat ihm nämlich gesagt, zum Beweis, daß Roll in die ewige Seligkeit eingegangen sei, werde er dessen Leiche unverwest auffinden. Vorsorglich verhindert seine Umgebung, daß Clemens August bei der Öffnung der Gruft zugegen ist. Augenzeugen beteuern ihm gegenüber jedoch, daß man Roll tatsächlich »wie lebend« dort gesehen habe, sogar die Wunde habe noch geblutet, und das behaupten sie auch bei einer zweiten Graböffnung wenige Wochen später.

Jeder Wissenschaftler weiß, daß dies unmöglich ist. Wenn eine Leiche nach so langer Zeit nicht verfault ist, muß sie, was ja unter gewissen Bedingungen möglich ist, zumindest mumifiziert worden sein. »Wie lebend« aussehen – das kann eine Leiche nach einem Jahr nun wirklich nicht, und auch eine Wunde kann nicht mehr bluten, wenn das Herz zu schlagen aufgehört hat.

Clemens August indes gab sich mit den Aussagen der Zeugen zufrieden. Seine maßlose Trauer um den verstorbenen Freund verlor sich allerdings nicht und erschien selbst in den Augen seiner Zeitgenossen mehr als merkwürdig. Es ist keineswegs auszuschließen, daß der Kurfürst, auch wenn der Verdacht damals nicht einmal hinter vorgehaltener Hand ausgesprochen wurde, trotz der zahlreichen Geschichten um seine Amouren (für deren Verbreitung er vielleicht sogar selbst gesorgt hat) bisexuell war und mit Roll ein erotisches Verhältnis unterhielt.

Jedenfalls war er kein Erzbischof, der seinem Wesen nach nichts Dringlicheres empfunden hätte als die Verpflichtung, sich um den Dom zu Köln zu kümmern, der seit dem Jahr 1560 in einen Dornröschenschlaf verfallen war. Wie erinnerlich, sollten vor allem die Geldspenden, die außerhalb der heiligen Messe von frommen Seelen auf den Petrusaltar gelegt wurden, als Grundstock für die Domkasse dienen.

1248 hatte der damalige Thesaurar (Schatzmeister) des Doms, Philipp von Altena, dieser Regelung zögerlich zugestimmt, und Jahrhunderte hindurch war auf diese Weise eine Menge Geld in die »Fabrik« geflossen. Zuletzt hatte die Spendenflut jedoch erheblich nachgelassen, und 1560 schließlich vermerkt das Protokoll des Domkapitels zum Rechnungsbuch der Bauhütte trocken: »Von Opffer des hogen Altaris nihil.« Nicht einen einzigen Pfennig war den Kölnern zu diesem Zeitpunkt ihr Dom wert.

Was wollte man da schon groß von einem verweltlichten Kirchenfürsten erwarten!

Clemens August war kein Rheinländer, geschweige denn ein Kölner. Er entstammte zwar dem bayerischen Geschlecht der Wittelsbacher, aber seine Ahnen waren so weit verzweigt, daß man ihn kaum noch einen Deutschen nennen möchte. In seinen Adern floß französisches, italienisches und polnisches Blut, ein buntes Sortiment, wie das beim Hochadel bis heute Brauch ist. Unmöglich dagegen ist inzwischen gottlob, daß ein Sechzehnjähriger Bischof (von Regensburg) wird und mit siebzehn Propst (von Altötting), ohne auch nur die niederen Weihen empfangen zu haben.

Mit vierundzwanzig Jahren war er zudem Bischof von Hildesheim, Münster und Paderborn sowie als Nachfolger seines Onkels Joseph Clemens, der in Bonn residierte, auch noch Erzbischof von Köln. Während Friedrich der Große ihn wegen seiner Ämterhäufung mit ätzendem Spott »Monsieur des Cinq-Églises« nannte, den Herrn von Fünfkirchen also, wurde der Papst ungeduldig und mahnte die Priesterweihe an, die Clemens August jedoch erst empfing, als auch sein Vater Druck auf ihn ausübte. Benedikt XIII. konsekrierte ihn sodann persönlich im Dominikanerkloster Madonna della Quercia bei Viterbo zum Bischof.

Während besagter Onkel Joseph, der übrigens schon

im zarten Alter von dreizehn Jahren als Bischof von Freising und Regensburg eingesetzt worden war, sehr viel lieber Soldat geworden wäre (kein einfacher natürlich, sondern ein strahlender Held wie sein Bruder Max Emanuel), war Clemens August durchaus nicht für den Krieg zu erwärmen. Er war ein Genußmensch.

»Non mihi sed populo« stand auf den unter seiner Herrschaft geprägten Münzen, was man frei mit »Nicht auf mich kommt es an, sondern auf das Volk« übersetzen könnte; und das war tatsächlich sein Wahlspruch. Aber wenn gereimt wurde

Bei Clemens August trug man Blau und Weiß,
da lebte man wie im Paradeis,

dann bezog sich das sicherlich mehr auf das Leben bei Hofe als auf das des kleinen Mannes, dem es ganz gleichgültig war, wer ihm die Steuern abforderte. Ihm ging's immer gleich schlecht.

Zudem wurde er sowohl von Clemens August als auch von seinem Nachfolger Max Friedrich mit zum Teil sehr merkwürdigen Verordnungen schikaniert. Clemens August verbot jungen Burschen bei Zuchthausstrafe (!) das »nächtliche Umherschwärmen« und untersagte das sicherlich eher harmlose »Verlosen der Mädchen an die jungen Burschen« im Wonnemonat Mai; weiter durfte während des Gottesdienstes im Ort weder gehandelt noch einem Gewerbe nachgegangen werden, und die Wirtshäuser mußten zu dieser Zeit natürlich auch geschlossen bleiben.

Max Friedrich verbot zunächst einmal generell den Handel mit Kaffee. Kam dieser dennoch auf dunklen Wegen in sein Kurfürstentum, so wurde sein Genuß allen Bürgern, Bauern und Arbeitern verboten. Die Hausfrauen mußten sogar das vorhandene Kaffeegeschirr vernichten, und lediglich den höheren Ständen war (mäßiges) Kaffeetrinken gegen eine jährliche Zahlung von vier Talern erlaubt.

Zur Hebung der bei Pilgern anscheinend akut gefährdeten Moral wurden alle »über Nacht ausbleibenden Prozessionen« untersagt, während heutigen Tierschützern folgende Erlässe gewiß die Haare zu Berge stehen lassen: Um der unerträglichen Vermehrung der Spatzen Herr zu werden, mußte jeder Untertan jährlich eine bestimmte Menge Spatzenköpfe abliefern. Schlimmer noch, allen Katzen mußten die Ohren dicht am Kopf abgeschnitten werden, um zu verhindern, »daß dieselben den jungen Hasen und Feldhühnern zu sehr nachstellen«. Begründung: »Da auf diese Weise ihnen beim Umherschweifen durch die Felder Thau in die Ohren dringen muß, was der Katze bekanntlich sehr unangenehm ist.« So hoffte der Kurfürst, daß ihnen hierdurch »die heimliche Ausübung der Jagd« verleidet werde.

Schließlich gehörte alles Niederwild dem Erzbischof und nicht der gemeinen Hauskatze als solcher.

Politisch war Clemens August eine ziemliche Null. Die Staatsgeschäfte ließ er zunächst von Ferdinand von Plettenberg führen und nach dessen jähem Sturz von weniger tüchtigen Beratern. An seiner Residenz tummelten sich die Gesandten verschiedener europäischer Höfe, und besonders Frankreich versuchte immer wieder, den Territorialherren an seiner Ostgrenze für sich zu gewinnen. Der französische Gesandte war es auch, der den lange Widerstrebenden mit erheblichen Zuwendungen dazu brachte, in seiner Eigenschaft als Kölner Erzbischof seinem Bruder Karl VII. Albrecht von Bayern in Frankfurt die Kaiserkrone aufzusetzen.

Um dort »standesgemäß« auftreten zu können, lieh er sich alleine für seine liturgischen Gewänder an die zweihunderttausend Mark. Seine französischen Verbündeten mußten dafür bei den Schneidern in Lyon mit fünfzigtausend Gulden bürgen, und das Domkapitel hatte lange Jahre hindurch daran abzustottern. Dafür hängen die Sachen jetzt auch in der Schatzkammer des Doms. Diese Paramentensammlung, die zwei Kaseln, acht Chormäntel, vier Dalmatiken, acht Tunicellen, fünf Mitren, zwei Kelch- und Pultvelen, ein Gremiale, ein Kissen, die dazugehörigen Stolen und Manipel sowie eine Palla umfaßt, wird heute als »Clementina« bezeichnet.

An der Auffahrt des Kurfürsten in Frankfurt nahmen siebzig Galawagen teil, nebst Gefolge und Personal, versteht sich, mit Pauken vorne und Trompeten hinten. Jeden Tag bewirtete er an seiner Tafel an die zweihundert Personen. Da er jedoch nicht nur Oberhirte von fünf Bistümern war, sondern 1732 auch noch zum Hoch- und Deutschmeister gewählt wurde und so die Verfügungsgewalt über den stattlichen Besitz des Deutschen Ritterordens erhielt, brauchte er seiner Prunksucht nur wenige Beschränkungen aufzuerlegen.

Für seine große Leidenschaft, die Jagd, erbaute er nicht nur etliche Schlösser (darunter das in Brühl mit dem bezeichnenden Namen »Falkenlust«), sondern beschäftigte alleine für dieses Hobby einhundertzweiundzwanzig Leute. Sechs Leibärzte sorgten dafür, daß die erlesenen Speisen, die ihm von sieben Köchen zubereitet und serviert wurden, von seinem Leib gut aufgenommen wurden und ihn einerseits zur rechten Zeit, andererseits nach Möglichkeit auf natürliche Weise wieder verließen.

Dann ging es wieder hinaus in den Kottenforst, wenn er es nicht vorzog, in seinen Wäldern bei Uerdingen zu jagen oder mit der ganzen Gesellschaft in die Residenz Neuhaus bei Paderborn überzusiedeln, wohin ihn der ganze Hofstaat zu begleiten hatte: die Pagen und die Perückenmacher, die Kleriker und die Künstler, die Kammerherren und die Kurtisanen; aber auch die Betten und die Ottomanen, die Nachttöpfe und das Tafelsilber, die

Wagen, die Pferde, die Falken und die Hunde. Damit wir uns eine kleine Vorstellung von den Kosten machen können: Eine einzige Jagdpartie ins zauberhafte Clemenswerth schlug im Jahr 1751 mit fast fünfzehntausend Talern zu Buche.

Wenn nicht gejagt wurde, war Feuerwerk angesagt, ein Maskenball oder eine Opernaufführung in einem seiner wunderschönen Schlösser ...

Die besaß er reichlich, und wo es ihm daran zu mangeln schien, schuf er Abhilfe, und zwar – wie der Autor der 1879 erschienenen *Geschichte der Erzdiözese Köln*, der Kleriker E. Podlech, meint – nicht nur aus Prachtliebe, nein: Die Bauten seien auch Zeichen »seines wohlthätigen Sinnes gewesen; denn sie gaben in schlechten Kriegszeiten Tausenden von Menschen Beschäftigung und Brod, und die darauf verwendeten Millionen sind sicherlich besser angebracht, als hätte er dafür Kasernen und Kanonen angeschafft«.

Wie gerne würden wir ihm diese Selbstlosigkeit glauben.

Immerhin achtete der auf Arbeitsbeschaffung ausgerichtete Erzbischof peinlich genau darauf, daß nur eigene Untertanen, keinesfalls aber Bürger aus Köln als Arbeiter auf seinen Baustellen beschäftigt wurden. Auch durften Kölner Kaufleute keine Waren auf den erzbischöflichen Märkten feilbieten. Unüberbrückbar durch die Jahrhunderte blieb der Haß zwischen der freien Reichsstadt und ihrem Erzbischof.

Clemens August wollte beispielsweise ein neues Priesterseminar in Köln bauen, auf daß, damals ein Novum, jeder Priesteraspirant vor seiner Weihe wenigstens ein Jahr lang geschult werde. Das dreistöckige Gebäude entstand denn auch auf dem heutigen Roncalliplatz, wurde allerdings bei der Freilegung der Domumgebung 1864 wieder abgerissen. Gegen diesen Bau hatten sich die Kölner bis zum Kaiser hochgeklagt, weil sie fanden, das Geld solle besser für »gemeinnützige« Zwecke verwandt werden. Der Kaiser ließ den Magistrat jedoch abblitzen, weil er befand, daß der Erzbischof mit seinem Geld machen könne, was immer er wolle.

Das tat Clemens August allerorten. Und der Dom?

Der befand sich in ähnlich beschämendem Zustand wie die ganze Stadt Köln, für die von Besuchern im 18. Jahrhundert nur recht selten lobende Worte gefunden werden. Die Stadt ist verarmt; auf den Straßen herrschen die Bettler. So machte Joseph Gregor Lang, Lehrer am Gymnasium von Koblenz, 1790 die Erfahrung:

»In der Klasse der Unbürger machen die Bettler den wichtigsten Theil und mehr als ein Drittheil der Inwohner aus. Alle und jede, der angesehene Bürger und der Fremde, klagen über dieses importüne Völkchen, vor dessen Anfällen, wenn man über die Strassen gehet, oder nur kaum den Fuß aus dem Hause gesezzet hat, nichts gesichert ist. Sie liegen scharenweise vor den Kirchthüren, nach Verhältniß des Zulaufes jedoch in einer grösseren oder geringeren Anzahl; und wenn man nichts giebt, so hat man die gröbsten Ausdrükke, die infamsten Schimpfwörter zu befahren. An den öffentlichen Pläzzen und an den Ekken der Strassen haben sie ihre gesicherten Stationen, die erblich sind, und vom Vater auf den Sohn, von der Mutter auf die Tochter fortgehen. Keiner darf dem anderen in sein angeerbtes Bettelrecht greifen. Man kann leicht auf ihre Anzahl schliessen, wenn man weiß, daß im Jahr 1790 am grünen Donnerstage in der Kölln gegenüber gelegenen Abtei Deutz sich allein bei der Brodspende dreitausendfünfhunderteinunddreißig an der Zahl, wie man mich daselbst versichert hat, eingefunden haben.«

Derartige Berichte von Reisenden überraschen nicht, wenn man weiß, daß die geistlichen Kurfürsten auf ihrem Territorium regelrecht Jagd auf Vagabunden und Bettler machen ließen. Sie wurden ergriffen und eingesperrt, wohl auch erschossen, wenn sie sich ihrer Gefangennahme zu widersetzen versuchten. Kein Wunder, daß sie sich allesamt in die Mauern der Reichsstadt flüchteten, wo sie relativ unbehelligt blieben, sofern sie nur aus Köln stammten.

Ende des 18. Jahrhunderts zählte Köln etwa vierzigtausend Menschen, von denen jedoch anscheinend nur etwa sechstausend entweder von ihrem Besitz oder aber von ihrer Hände Arbeit lebten. Die anderen waren entweder Kleriker oder gehörten einem Stift oder einem Kloster an (1790 gab es in Köln elf Stifts- und neunzehn Pfarrkirchen, neunzehn Männer- und neununddreißig Frauenklöster), waren Abhängige oder aber Bettler.

Auch die Stadt machte – vor allem nach dem verheerenden Hochwasser von 1784 – einen verkommenen und desolaten Eindruck, ein Bild, in das sich der Dom nahtlos einfügte. Das gilt für sein Äußeres und die Bausubstanz, aber auch für die immer weniger werdenden Gottesdienstbesucher. Schon 1419 waren erstmals Klagen darüber laut geworden, daß in keiner Kirche der Stadt die Messe unordentlicher geschehe als ausgerechnet in der Kathedrale.

In der entsprechenden Klageschrift des Rates heißt es unter anderem:

»Item beklagen wir uns, daß der Erzbischof die Domkirche, die unserer Stadt und des gesamten Stiftes Hauptkirche ist und für die er als ein Oberster zu sorgen verpflichtet ist, an Disciplin der Personen und an Gottesdienst und an alle dem, was dazu gehört, binnen der Kirche vergänglich und verderblich hat lassen werden während jeder Zeit, wie das heutigen Tages augenscheinlich Tag für Tag gesehen werden kann; auch erlaubt und gestattet der Erzbischof, daß in dem genannten Dome und in der Domfreiheit geistliche Plätze verhürt und vermiethet werden, so daß allda an Heiligentagen und zu anderen Zeiten allerlei Kaufmannschaft und Krämerei gekauft und verkauft wird, gleich als ob es ein öffentliches Kaufhaus wäre, was immer von Gottesfurcht wegen billig nicht geschehen solte.«

Diese Zustände verschlimmerten sich von Jahrhundert zu Jahrhundert. 1546 gebot der Rat »allen Bürgern und Eingesessenen sowie den Dienern und Handwerksknechten bei Vermeidung einer Thurmstrafe von einem Monat, sich des Spazierengehens und Schwätzens im Dom zu enthalten«. Und in einem Protokoll des gleichen Jahres werden die Turmmeister aufgefordert, »den Gewaltrichtern ernstlich zu befehlen, im Dom unter der Predigt mit den Dienern umherzugehen und die Kleffer zu stillen, desgleichen die Bettler von den Leuten wegzuweisen«.

Und wieder ein paar Jahre später heißt es: »Niemand soll im Dom während der Gottesdienste bei einer Strafe von fünf Gulden spazieren gehen; auch sollen die vielen Bettler sich des Bettelns abthun. Am folgenden Sonntag haben die Gewaltrichter mit ihren Dienern im Dom gestanden und ihres Befehles Achtung gehabt, dem Procurator Matthias Ropertz, der im Dom spazieren ging, haben die Gewaltrichter-Diener den Mantel abgenommen und mit sich weggetragen, bis er die Buße bezahlte.«

Der Erzbischof protestierte zwar schon aus Prinzip gegen dieses Vorgehen, weil die Büttel der Stadt auf »seinem« Hoheitsgebiet nichts zu suchen hatten, aber der Magistrat störte sich nicht daran.

Doch nicht nur der religiöse Eifer ließ nach, sondern auch die Spendenbereitschaft der Gläubigen und der adligen Stifter. Im Jahr 1559 wurden noch vierzehntausend Mark für Material und Löhne ausgegeben, aber nur ein Jahr später kam der Dombau völlig zum Erliegen. Langschiff und Seitenschiffe waren bis zu einer gewissen Höhe verglast und notdürftig eingedeckt; das war es denn auch. Im flachen Rumpf des Nordturms siedelten sich kleine Kramläden (Gaddemen) an; in den jetzt nutzlosen

Kran, der auf dem immerhin schon achtundfünfzig Meter hohen Südturm stand und um den wilde Rosen wuchsen, schlug am 19. Oktober 1693 abends um achtzehn Uhr ein Blitz ein, der das Holz »fünf Fuß tief« abbrannte. Die Glockenstube und die Glocken wurden gottlob nicht beschädigt.

Ebenso nutzlos wie der Kran wäre jetzt auch ein Dombaumeister gewesen. Also wurde er eingespart. Der »Magister fabricae« kratzte die letzten Schillinge zusammen, um die allerdringlichsten Wartungsarbeiten durchzuführen, aber selbst dazu reichte das Geld nicht mehr.

Das war die Situation, die Clemens August antraf, als er 1723 die Kurwürde und das Erzbistum übernahm. Zu seiner Ehre sei gesagt, daß er, wohl in Abstimmung mit dem Domkapitel, sogleich einen Werkmeister namens Nikolas Krakamp bestellte und diesen beauftragte, eine Liste mit den gravierendsten und bedrohlichsten Mängeln des Doms aufzustellen, die hier auszugsweise wiedergegeben werden soll, wobei wir die selbst für das 18. Jahrhundert etwas kühne Schreibweise zu entschuldigen bitten:

»1. Alle steinernen Galerien oder Lehnen so wol um des Kleinen Chors als die oberste um das große Chor herüm in den Orteren, wo die Stein heraus gefallen seynd, oder wo anderen loß hängen, wieder mit Hau- oder Ziegelsteinen wie auch mit Klammeren versehen und fest gemacht werden, damit nicht etwa durch abfallen der Stein, deren vielen loß hängen, die Thumb-Tächere beschädiget werden.

2. Unterschiedliche rings herüm stehende pilaren, steinerne Spitzen oder Thürmchen, wie auch deren steinerne Streifen mit allen darauf liegenden Zierrathen müssen ebenfals wieder versehen werden, deren etliche in großer Gefahr stehen, herünter züfallen und große Schaden zu verursachen besonders an den zwey Hauptseiten.

3. Die Trappen zum goldenen Thürmchen müß auch

an einigen Orteren verbeßeret werden und mit genüg-samen Eisenwerck und Steinen versehen werden.

4. Die Tächerr über den kleinen Chörchen müssen ebenfals mit Holtzwerck, Leyen (Schiefer) ind Bley an vielen Orteren versehen werden, deren einige wenig taugen.

5. Das große Bley-Tach auf dem Haupt Chor müß mit einigen Bley Tafeln verbeßeret werden, dessen Holtzwerck hier und da Schaden leydet. Das goldene Thürmchen (der Dachreiter) hat sich etwaß versetzet.

6. Das Klockengestühl muß mit einigen Streifen versehen werden, und waß hie und dar faul ist, wieder geflikket werden. Der Krahnschnabel muß mit Bley oder Blech an mehreren Orten, wo kein ist, überzogen werden.

7. Wegen der Tächern auf dem Kirchenschiff und auf den Flügeln man hatt selbige zum Theil beklammert, selbige müssen hie und dar mit den Kallen (Regenrinnen), mit Holtzwerck, Bley und Leyen versehen werden.

8. Oben auf der Kirche, wo man gearbeitet hatt Zum düsteren Ümbgang zü, muß das Tach geflicket werden. Wegen Glassfenster ist hie und her zü stopfen.«

Keineswegs eine ermutigende Bilanz, genauer gesagt eine katastrophale, aber Clemens August ging tapfer ans Werk, wenngleich andere Bauprojekte Vorrang besaßen. Immerhin ließ er den schadhaften Dachreiter schon 1744 durch einen neuen (barocken) ersetzen. Entscheidenderes geschah allerdings erst von 1748 an, als des Erzbistums neuer Hofarchitekt Michael Leveilly sich des Doms annahm, dessen gotische Gesamtkonzeption nun wirklich in allergrößte Gefahr geriet. Denn nichts lag Clemens August und seinem Baumeister ferner, als den Dom im Sinne von Meister Gerhard zu vollenden.

Den beiden schwebte naturgemäß vor, an den in ihren Augen »düsteren« gotischen Chor ein lichtdurchflutetes Barockschiff anzubauen, dessen erste noch mittelalterliche Fenster ausgebaut und durch helles Glas ersetzt werden sollten, damit sich der Stuck an Säulen und Decke dem Besucher in blendendem Weiß präsentieren könnte. Tatsächlich wurden Bedachung und Barockdecken entsprechend ausgeführt. Wie das ausgesehen hat, wissen wir – leider (oder gottlob?) – nicht.

Schwierig waren die Arbeiten sicherlich, denn immerhin waren 1560 bis auf ein paar Kreuzgewölbe im nördlichen Seitenschiff alle Bündelpfeiler des Lang- und Querschiffs 13,20 Meter hoch bis zur Oberkante der Kapitelle fertiggestellt. Wie sollte man da mit barocken Gewölben ansetzen? Leveilly wußte es und bestellte erst einmal in der Gegend um Trier zehntausend Tannenbretter, die zum Teil das Domkapitel, zum anderen der Erzbischof bezahlte. Auf die Kapitelle wurden Balkengerüste gelegt, von denen aus dann die Dachstühle hochgezogen wurden.

So entstand eine Hallenkirche mit einer Scheitelhöhe von 16,50 Metern Höhe, deren Durchführung beim Weiterbau des Doms im 19. Jahrhundert nicht den Beifall der »modernen« Experten fand. Baumeister Zwirner urteilte gnadenlos:

»Das den alten Dächern zu Grunde gelegte Constructionssystem ist nicht nur höchst fehlerhaft, sondern auch in ästhetischer Beziehung durch die im vorigen Jahrhundert nach elliptischen Linien angebrachten Dachbekleidungen ganz verwerflich und bietet einen ebenso widrigen als störenden Anblick dar.«

Er und seine Kollegen hielten die Konstruktion allenfalls eines Provisoriums für würdig, aber als solches hatte Clemens August sie keineswegs gedacht. Allerdings hatte Leveilly ein Problem nicht in den Griff bekommen: das Regenwasser. Es drang ins Dominnere ein und ließ die Balken des Gewölbes faulen. Das wußten die barocken Bauherren damals aber noch nicht. Innerhalb von drei Jahren stand eine barocke Kirche dort, wo das gotische Langschiff geplant war, und eigentlich fehlte nur noch die

Stuckdecke. Nun brauchte Clemens August sein Geld aber erst einmal wieder für andere Zwecke, und wieder sei der Zusatz erlaubt: Gott sei Dank?

Als das Interesse des Kurfürsten erlahmte, war von der gewaltigen gotischen Konzeption nur noch im durch die Trennwand abgetrennten Chor etwas zu ahnen. Noch bevor Leveilly seine Arbeit einstellte und zum Abschluß das gesamte Dominnere mitsamt den mittelalterlichen Gemälden an den Schranken und in den Kapellen des Chors sowie die provisorische Decke aus Tannenbrettern weiß tünchen ließ, hatte der Barock schon deutlich sichtbare Spuren hinterlassen.

1633 war der mächtige Schrein für die Reliquien des heiligen Engelbert geschaffen, 1683 die Umgebung des Gerokreuzes umgestaltet worden; der Altar der Mailänder Madonna stammt aus dem Jahr 1662, der Hochaltar wurde drei Jahre später umgestaltet und mit einem Baldachin gekrönt. Barockaltäre standen in den Kapellen des Hochchors, Rubens-Teppiche zierten (seit 1688) die Wände, und im Umgang des Chors standen dicht beieinander die Hochgräber der Erzbischöfe. Die beiden Podeste im Chor, auf denen bislang die Chorkapelle ihren Platz hatte, waren abgerissen und die Orgelbühne vor der »provisorischen« Abschlußwand im Westen des Chors dafür erheblich erweitert worden. Nun waren Orgel und die Kapelle mit ihren zwanzig Musikern vereinigt.

Bereits um 1660 war die Umgebung des Dreikönigenschreins völlig umgestaltet worden. Archäologen fanden die mächtigen Unterzüge für das neue Mausoleum in der Dreikönigenkapelle. Ein kleiner Tempel, der von allen Seiten durch große Fenster den Blick ins Innere freigab, ersetzte das vermutlich hochgotische, mit Kerzen und Engeln bekrönte kleine Haus aus schmiedeeisernem Gitterwerk, in dem der Schrein lange gestanden haben muß.

Ein Herr von Blainville, der 1705 den Dom und die

kostbaren Gebeine besuchte, schilderte den Schrein und das Mausoleum so:

»Ihre Gebeine liegen in einem großen rothen, mit Gold besetzten Sarge, der ein metallenes Fußgestell hat, in der Mitte eines viereckigen Grabmales, welches innen und außen mit Marmor und Jaspis bekleidet ist. Dieses Grabmal stehet in einer schmalen Kapelle hinter dem Chore, und der Sarg wird alle Morgen um neun Uhr eröffnet, und alsdann kann man diese drey Könige in voller Länge ausgestreckt liegen sehen: es geschiehet aber nicht anders als in Gegenwart zweyer Domherren.

Das Volk lief häufig herbei, um dem Geistlichen über ein metallenes vergüldetes Gegitter Bilderchen und Gebetbücher, Rosenkränze und dergleichen zu überreichen, welche er mit silbernen Zangen annahm und mit jedem die Köpfe der drey Könige berührte. Die Köpfe der Könige sind mit goldenen, durch Edelsteine verzierten Kronen bedeckt. Ihre Namen mit rothen Buchstaben auf einem kleinen Gegitter von demselbigen Metall, wie das von dem Sarg ist, zu lesen.«

Der Schrein sei mit zahlreichen Perlen und Edelsteinen aller Farben geschmückt. Für einen morgenländischen Topas »so groß wie ein Taubeney« hätten Juweliere bereits dreißigtausend Taler geboten. Über dem Schrein seien einige Weihegeschenke aufgehängt, zwei Becher und ein Reiter zu Pferd, alles aus Gold.

Man sieht, daß trotz aller Misere zumindest die Heiligen Drei Könige gut untergebracht und bewacht waren. Was sich leider schon sehr bald ändern sollte.

Wir aber geleiten den Kurfürsten und Erzbischof Clemens August zur letzten Ruhe, der einiges für den Dom getan hat, andererseits aber auch nicht allzuviel, denn sonst stünde an dessen Stelle jetzt ein merkwürdiger gotisch-barocker Zwitter, ohne Türme, aber dafür mit viel Stuck und goldenen Engelchen.

Clemens August starb ziemlich unerwartet im Alter von einundsechzig Jahren auf einer Reise nach München auf der Festung Ehrenbreitstein. Nach damaliger Sitte wurde sein Körper nicht zur Gänze an einem Ort bestattet. Sein Leib ruht im Kölner Dom, sein Herz wurde nach Altötting gebracht, und in der Kapuzinerkirche (St. Remigius) in Bonn ist zu lesen:

Luxerat hic olim, Clemens, tua gratia corque
Cum cerebro et oculis nunc tua lingua jacent.

Was zu deutsch heißt:

Hier, wo vormals gebüßt, o Clemens,
Dein edles Herz,
ruhn jetzt Hirn und Augen und Zunge
von irdischem Schmerz.

Mögen sie ruhen in Frieden.

Locken für Louise

Die Kaiserin weint, doch Napoleon hat für den Dom keinen Pfennig übrig

Die junge Frau stand vor dem großen Spiegel und zupfte planlos an ihren Haaren herum.

»Regardez-moi, Popol«, jammerte sie. »Schau doch, wie ich aussehe. So kann ich doch nicht unter Leute gehen – oder?«

Sie zupfte emsig hier und halbherzig dort. An ihrer von Wind und Regen ruinierten Frisur änderte das nicht das geringste. Eine Zofe stand ratlos daneben und beschloß vernünftigerweise zu schweigen.

»Popol!« Die junge Frau stampfte mit dem Fuß auf. »Hörst du mir überhaupt zu?«

Der kleine dunkelhaarige Mann in blauem Rock und weißer Hose blätterte weiter in den Papieren auf dem kleinen Schreibtisch und sagte zerstreut: *»Mais oui, ma petite cocotte!«*

Das zarte Persönchen wirbelte herum, war mit wenigen Schritten bei ihrem Mann und fegte mit der Hand das Bündel Papiere von der Tischplatte.

»Ich bin nicht deine kleine Kokotte«, fauchte sie. »Falls du das vergessen haben solltest, ich bin deine Frau und die Mutter deines Sohnes und sehe auf meinem Kopf aus wie eine Dienstmagd nach der großen Wäsche!«

»Auch Mägde sind Bürgerinnen, und es ist nicht schlimm, wie eine Bürgerin auszusehen«, sagte der kleine Mann milde, während er sich bückte, um seine Papiere aufzulesen.

»Aber ich bin die Kaiserin, und mein Vater war Kaiser,

und wenn du auch ein Kaiser sein willst, dann besorgst du mir jetzt einen Friseur, oder du hast mich zum letztenmal durch die beschissenen Gassen dieser beschissenen Stadt geschleppt!«

»Mais chérie, mon amour«, sagte der Mann, der als Napoleone Buonaparte in Ajaccio auf Korsika geboren war und sich nun Napoleon I. nannte. »Es war doch nicht alles besch …«, er verschluckte das Wort, »… ganz so furchtbar. Denk doch nur an die Kathedrale!«

»Ah oui«, der Zorn der jungen Frau verrauchte so schnell, wie er aufgeflammt war. Sie seufzte. *»La belle cathédrale!«*

Marie-Louise, des Kaisers zwanzigjährige Frau, seine zweite übrigens, wäre am liebsten sofort wieder in Tränen ausgebrochen. Zwei volle Stunden lang war ihr Mann mit ihr an diesem düsteren Novembertag des Jahres 1811 vom Zuydtwykschen Palais in der Gereonstraße aus, wo sie Quartier genommen hatten, inkognito durch die Straßen des alten Köln gelaufen. Napoleon wollte sich ein ungeschminktes Bild von der Stadt machen und sich nicht von den Vertretern des Rates nur die wenigen prachtvollen Gebäude präsentieren lassen, die sich noch sehen lassen konnten.

Er wußte im übrigen, daß das straffe Regiment der französischen Besatzer die Straßen wieder sicher gemacht hatte. Hier und da wurde man zwar angebettelt, aber man konnte gefahrlos durch die Propsteigasse schlendern und den Gereonswall entlang bis zum Altengrabengäßchen. Hier wohnten nicht nur die Armen, hier hausten auch der Henker und der Schinder, die Abdecker und die Kloakenreiniger, Diebs- und Hurengesindel, und was der Kaiser sah, war erschreckend genug.

Zunächst war er unwirsch gewesen, weil sein Empfang in der Stadt nicht annähernd so glänzend ausgefallen war wie bei seinem ersten Besuch im Jahr 1804.

Damals war ihm gerade die Kaiserwürde verliehen worden, und er hatte mit Joséphine – bei dem Gedanken an seine erste Frau senkten sich unmerklich seine Mundwinkel – im September eine Reise durch das Linksrheinische angetreten.

In Köln waren sie im Sternberger Hof am Neumarkt abgestiegen, und das Volk hatte sie drei Tage lang gefeiert. Übermütige Männer hatten ihnen sogar die Pferde ausgespannt und die Kutsche eigenhändig durch die mit Fahnen und Blumen geschmückten Straßen gezogen.

Er hatte sich erkenntlich gezeigt – oder nicht? Hatte alte Rechte bestätigt und neue verliehen. Außerdem hatte er sie von der Oberherrschaft von Klerus und Adel befreit. Glaubte er wenigstens. So intim nämlich waren seine Kenntnisse der Stadtgeschichte nicht. Er wußte nicht, daß hier zumindest in den letzten Jahrhunderten weder der Kaiser noch die Erzbischöfe das Sagen gehabt hatten. Jedenfalls war Köln von ihm sehr viel großzügiger behandelt worden als manch andere deutsche Stadt. Und nun dieser kühle Empfang! In Düsseldorf war es ein paar Tage zuvor noch anders gewesen, aber hier scheint man sich halt mehr einzubilden. Er möchte nur wissen worauf? Auf diese Elendsviertel etwa? Oder auf diesen elendigen Nieselregen?

Na ja, vielleicht auf die Kathedrale. Ganz hübsch. Aber nicht fertig geworden. *Ne pas venue à bout. Malheureusement.* Leider.

Aber Marie-Louise hatte geheult wie ein Schoßhündchen. Hatte da vorne auf dem Boden gekniet und geheult. Wollte sich nicht mal auf das Bänkchen knien, das man ihr hinschob. Nein, der schmutzige Boden mußte es sein. Unbedingt. *Quelle folie!* Idiotisch.

Na ja. Er ist derweil ein bißchen auf und ab gegangen, hat sich mit seinem Adjutanten über die jüngsten Depeschen aus Paris unterhalten. In der Zwischenzeit haben die Kölner seiner Frau vermutlich die Ohren vollgejammert; daß sie kein Geld hätten, um diesen verdammten Dom fertigzubauen.

Als ob er das Geld hätte.

Der Rußlandfeldzug steht vor der Tür. Das wird eine *chose grave*, eine harte Kiste. Kanonen, Uniformen, Munition, Proviant. Woher nehmen und nicht stehlen? Und da kommen die ihm mit dieser traurigen Ruine.

Aber man ist ja kein Unmensch. Diese armen Schweine da hinten in den Elendsquartieren, die Kranken und die Krüppel, die unversorgten Kriegerwitwen und die Bettelweiber mit ihren rachitischen Würmern, denen will er was zukommen lassen.

»Allez, Robert«, und sein Schreiber nähert sich respektvoll. »*Écrivez!* Schreiben Sie!«

Und so kommen Kölns Bettler an eine völlig unverhoffte Zuwendung von immerhin zwölftausend Franken, und wir hoffen inständig, daß das Geld auch bei ihnen angelangt ist.

Obwohl der Dom es auch hätte brauchen können.

Endlich zu Hause, bis auf die Haut durchnäßt, nimmt das Kaiserpaar zunächst einmal ein heißes Bad, das ihm in seinem Schlafzimmer bereitet wird. Doch während die schwarze Tolle des Imperators binnen zehn Minuten wieder gepflegt über seiner Stirn liegt, sind Marie-Louises Locken unrettbar verloren.

Verzweifelt irrt der Kämmerer durch das Palais. Weiß denn niemand Hilfe?

Niemand. Wozu braucht man einen Friseur in Köln? Man kämmt sich, und wenn das nichts hilft, setzt man sich eine Perücke auf. Fertig.

Ob man vielleicht mit einem Perückenmacher dienen kann, fragt durch die verschlossene Tür zum ehelichen Gemach ein des Französischen mächtiger Lakai.

Ein Schuh knallt von innen gegen die Tür. *»J'en ai des*

milliers!« schreit die Kaiserin. Perücken habe sie zu Tausenden, aber Perücken sind in Paris *passé*. Man trägt Haar pur. Hübsch gelegt. Mit einem Diadem darin. Nach Möglichkeit.

Im Palais wird fieberhaft überlegt. Niemand kennt einen Friseur in der Stadt, aber einer der Diener kennt jemand anderen: den Buchdrucker Theodor Franz Thiriart, und der hat ein Verzeichnis aller Kölner Häuser herausgegeben nebst den darin wohnenden Bürgern und, sofern vorhanden, deren Handwerk.

Der Bursche wird zur Metternichischen Buchhandlung an St. Kolumban losgeschickt, um dort das *Verzeichnis der Stadt-Kölnischen Einwohner* zu erstehen. Und alle drücken die Daumen, daß man wenigstens dort fündig wird.

Und dann blättern sie wild in dem Heft herum. Auf die naheliegende Idee, die verschiedenartigsten Handwerke und Fertigkeiten in alphabetischer Reihenfolge aufzuführen, ist Monsieur Thiriart leider nicht gekommen.

Ein gewisser Wilhelm Mülhens in der Klöckergasse betreibt »Speculationsgeschäfte«; ein Frider. Carl Heimann, wohnhaft Oben Marckpforten, handelt mit Wein und »in Specerey«; die Gebrüder Mennig vom Wall zwischen Friesen- und Ehrentor arbeiten in Wachs, und zwar »nach der Natur und dem Leben alle nur ersinnliche Figuren, Portraits und sonst mögliche Gegenstände«. Ein Walter Bürger aus der Follerstraße »thut in Wein und Rauchtabak«.

Dann gibt es da noch Unter Wappenstickern einen gewissen Carl Anton Zanoli, Italiener anscheinend, der um ein Haar hätte helfen können, aber eben nur um ein Haar, denn er frisiert nicht, sondern preist lediglich wohlriechende Wässerchen an, dazu »Pomaden, Liqueurs und alle in die feine Parfümerie einschlagende Artikel«. Auch Perückenmacher gibt es die Hülle und Fülle! Genau zweiundfünfzig an der Zahl. Aber dann, ganz zum Schluß, die Rettung: Anton Alberto Bacciocco heißt er.

1811 Kölns einziger Friseur.

Zu den Männern, denen es nicht gelungen war, die Gunst der Stunde und die Rührung zu nutzen, der sich die zwanzigjährige Kaiserin im Chor des Doms für eine Viertelstunde hemmungslos hingegeben hatte, gehörte auch ein würdig aussehender dreiundsechzigjähriger Kanonikus mit schlohweißem Haar, der noch sieben Jahre zuvor Napoleons erste Frau Joséphine dazu hatte bewegen können, die Kosten für die Restaurierung des desolaten Dreikönigenschreins zu übernehmen und darüber hinaus noch etliche hundert Goldmünzen für Reparaturarbeiten am Dom zu spenden.

Um so enttäuschter reagiert Ferdinand Franz Wallraf jetzt, der am 20. Juli 1748 im Haus 14 am Steinweg in der Pfarrei Klein St. Martin als Sohn eines Schneidermeisters zur Welt gekommen ist. Seine beiden Großväter brauten und verkauften Bier; der eine besaß die bekannte Brauerei »Zum Salzrümpchen« an der Rechtschule, der andere das Gasthaus »Auf Rom«, das an der Straße Unter Sachsenhausen lag.

Walter Josef Nettersheim, der Onkel des kleinen Franz, war Vikar an St. Maria ad Gradus, und es war wohl seinem Einfluß zuzuschreiben, daß der Junge nicht ins Braugewerbe einstieg, sondern aufs Gymnasium kam, Magister am Montanergymnasium wurde und später Naturwissenschaften, Ästhetik, Philosophie und Theologie studierte. Mit vierundzwanzig Jahren wurde er Priester, mit sechsunddreißig Professor für Botanik und Medizin an der Universität, zu deren letztem Rektor vor der Auflösung er 1793 gewählt wurde.

Obgleich er überzeugter Katholik war (übrigens auch Kanonikus an St. Maria im Kapitol und am Stift St. Aposteln), war er ein für die damalige Zeit sehr aufgeklärter Mensch; so aufgeklärt immerhin, daß der Vatikan seine Wahl zum Rektor verhindern wollte, was jedoch am Widerstand des Kölner Stadtrats scheiterte. Er war, vor allem in seinen späteren Jahren, sicherlich ein zerstreuter Professor, aber er war auch ein Universalgenie. Und ein Lokalpatriot.

Auch wenn es vorübergehend einmal anders aussah.

Zum Beispiel an jenem 6. Oktober des Jahres 1794. Drei Tage zuvor hatte sich der erzbischöfliche Kurfürst Max Franz, übrigens ein Sohn Maria Theresias und der Bruder der französischen Königin Marie-Antoinette, die ein Jahr zuvor in Paris die Guillotine bestiegen hatte, vor den anrückenden Franzosen in Sicherheit gebracht. Nun standen die Franzosen nur noch ein paar Kilometer vor den Toren Kölns. In Müngersdorf, um genau zu sein dort, wo der 1. FC Köln heute seine Heimspiele austrägt.

Man kann nicht behaupten, daß in der Stadt Panik ausgebrochen wäre. Ganz im Gegenteil. Was man bislang von den französischen Soldaten gehört hatte, gab dazu keinerlei Anlaß, und die besonders Wagemutigen, die auf der Straße nach Aachen den vorrückenden Truppen entgegengegangen waren, machten sich sogar über das zusammengelaufene Lumpenpack lustig. Und so hielten die Kölner Maulaffen feil, als die französische »Revolutionsarmee« anrückte.

Ein Augenzeuge schildert die französischen Soldaten folgendermaßen:

»Sie sehen erbärmlich aus. Keine Strümpfe, zerrissene Beinkleider, Röcke, die wegen der vielen Risse kaum noch aneinanderhängen, keine Hemden, kurz: gegen sie waren die Preußen, als sie nach dem ersten Feldzug von Paris durch Koblenz zurückzogen, noch ballmäßig gekleidet.

Die Infanterie sowohl als die Kavallerie sind nicht über einen Schnitt montiert. An eine Uniform, wie bei den deutschen Regimentern herkömmlich, ist gar nicht zu denken. Der eine trägt einen blauen, der andere einen grünen Rock; dieser eine Weste mit Ärmeln, jener einen Überrock, der eine kurze, der andere lange Beinkleider, der eine Schuhe, der andere Stiefel, ein dritter Überstrümpfe, der eine einen dreieckigen, der andere einen runden Hut, der eine eine Stallmütze, der andere eine Pikkelhaube, dieser eine Grenadierkappe, jener einen mit buntem Wachstuch überzogenen Hut.

Einer führt ein blankes, der andere ein angelaufenes Gewehr; diesem fehlt das Bajonett, jenem der Pfannendeckel, einem dritten der Hahn, einem vierten der Ladestock. Der eine hat eine Patronentasche, der andere nicht; der eine hat einen Säbel, der andere keinen.

Bei dem Fußvolk sowohl als auch bei der Kavallerie trifft man Waffenstücke von allen Truppen, gegen welche die Republik Krieg führte. Kaiserliche, holländische, englische, hessische Gewehre und Säbel sieht man bei ihnen die Menge, vorzüglich viele kaiserliche; denn diese Division folgte dem Leichenzug derselben über den Rhein nach.«

General Championnet, der Oberkommandierende der anrückenden Franzosen, hatte ein paar Dragoner Richtung Köln vorangeschickt, um zu erkunden, ob sich nicht vielleicht doch irgendwo Widerstand regte. Seine Reiter erreichten jedoch unbehelligt das Hahnentor, und erst dort – ein weiteres Zeichen für die Unaufgeregtheit, mit der die Kölner der »Eroberung« ihrer Stadt entgegensahen – trafen sie auf eine Kutsche, in der sich Bürgermeister Reiner Joseph Klespe herbeiließ, seinem zukünftigen Herrn entgegenzufahren.

Der ließ ihn, um deutlich zu machen, wer hier ab sofort das Sagen haben würde, bis hinaus nach Müngersdorf kommen und bequemte sich erst dann, den Bürgermeister und die anderen Abgesandten der Stadt bis zum Schlagbaum vor dem Hahnentor zurückzubegleiten, wo offiziell die Schlüssel der Stadt übergeben wurden.

Wie wir sehen, hat es nicht die Spur von Widerstand gegeben. Im Gegenteil. Als der sogenannte französische »Volksvertreter« Gillet im Namen der Armee nach dem Revolutionsmotto »Freiheit, Gleichheit, Brüderlichkeit« jedem Bürger Sicherheit und Schutz des Eigentums versprach, jubelten die Kölner ihm zu und halfen eifrig mit, auf dem Neumarkt den »Freiheitsbaum« zu errichten. Unter den Liberalen, die sich jetzt offiziell in den demokratischen Clubs versammelten und mit den Franzosen sympathisierten, befand sich auch Ferdinand Franz Wallraf, der in Vorausahnung kommender Ereignisse spürte, wozu das gut sein könnte.

Denn die Ernüchterung kam schnell. Zunächst mußten die Besetzten das tun, was die Sieger in jedem Krieg verlangen: sie verproviantieren. Wer sich vor Augen führt, wie heruntergekommen diese Armee war, wird Verständnis dafür haben, daß die Soldaten von den Kölnern nicht nur erwarteten, daß die sie und ihre Pferde durchfütterten, sondern sie auch mit anderen Notwendigkeiten versorgten: mit Kleidern für die Soldaten und Decken für die Tiere.

So weit, so schlecht. Schlimmer war, daß mit den Besatzern das in den Augen der Kölner schreckliche Papiergeld eingeführt wurde, die »Assignaten«. Niemand wollte es annehmen, und die Kölner dichteten darauf den Schmähvers:

Von Lumpen wurd ich einst gemacht,
von Lumpen an den Rhein gebracht,
aus Lumpen nährten Lumpen sich
und mancher ward ein Lump durch mich!

Aber es half nichts. Die französischen Soldaten kauften mit dem Papiergeld die Läden leer; die Weigerung, Assignaten anzunehmen, wurde mit der Todesstrafe bedroht, und das war nicht die einzige Kehrseite der Medaille, die sich nun immer unverhüllter der besetzten Stadt darbot.

Ein Verwaltungsakt jagte den anderen. Zunächst wurden der Kalender reformiert und die Monatsnamen geändert, was bekanntlich Karl der Große schon einmal erfolglos angestrebt hatte. Der Herbst bestand nunmehr aus dem Weinmonat (Oktober), dem Nebelmonat und dem Reifmonat, der Winter aus dem Schneemonat (Januar), dem Regenmonat, dem Windmonat, der Frühling aus dem Keimmonat (April), dem Blütenmonat sowie dem Wiesenmonat und der Sommer schließlich aus dem Erntemonat (Juli), dem Hitzemonat und dem Früchtemonat, wobei die Kölner Französisch zu lernen hatten, denn selbstverständlich wurde der August von den Behörden nicht Hitzemonat genannt, sondern »Thermidor«, und der April nicht Keimmonat, sondern »Germinal«.

Die Woche als solche wurde abgeschafft und durch zehntägige Dekaden ersetzt; auch die Bezeichnungen der Monatstage nach dem Gedenken der Heiligen war verboten. Das Fest der heiligen Cäcilie wurde zum »Tag der Weißen Rüben«, Mariä Empfängnis war dem Efeu geweiht, das Weihnachtsfest hieß jetzt »Tag des Hundes«, der Davidstag am 30. Dezember wurde zum »Tag des Dreschflegels« umfunktioniert, und Silvester hieß auf einmal – warum auch immer – der »Pech-Tag«.

Überhaupt keinen Erfolg konnten die Besatzer mit ihrer Forderung nach einer besseren Reinigung und vor allem Beleuchtung der Stadt erzielen. Die schien in erster Linie wichtig, um das Leben der Besatzer zu schützen, wenn sie nachts durch die Straßen zogen. Andererseits sollte sie auch der allgemeinen Sicherheit dienen, aber diese Notwendigkeit mochte den Kölnern nicht so recht einleuchten. Seit Jahrhunderten war es stockfinster in der Nacht. Es grenzte schon an Frevel, wenn man dem Herrgott auf diese Weise ins Handwerk pfuschen würde!

Das hatten die Franzosen übrigens schon einmal getan, am 29. Juni des Jahres 1795, um genau zu sein. Da hatten sie auf dem flachen Acker vor dem Hahnentor einen Fesselballon aufsteigen lassen, und die halbe Stadt war zusammengelaufen, um zu sehen, wie der liebe Gott den Frevler mit einem Blitzstrahl aus dem Korb befördern würde. Was jedoch nicht geschah. Aber das mit der nächtlichen Beleuchtung, das war nun wirklich ein Frevel!

Außerdem war es viel zu teuer.

Schon einmal hatte die Stadt französische Besatzer in ihren Mauern beherbergt, und zwar während des Siebenjährigen Krieges. Auch damals hatte der Kommandant energisch eine bessere Beleuchtung angemahnt, denn er empfand ebenso wie einer seiner Landsleute, der 1791 über Köln schrieb: *»Un étranger ne peut comprendre que dans une ville comme Cologne il n'y ait ni lanternes ni réverbères … Je puis assurer qu'une troupe de voleurs … pourrait piller impunément la moitié de la ville avant d'avoir la moindre chose à craindre.«* (»Ein Fremder kann nicht verstehen, daß es in einer Stadt wie Köln weder Laternen noch Lampen gibt … Ich kann versichern, daß eine Bande von Dieben die halbe Stadt ungestraft ausplündern könnte, ohne das geringste befürchten zu müssen.«)

Wie damals beeindruckte die Kölner nicht einmal die massive Drohung, Nachlässige würden vor das Revolutionsgericht gestellt werden. Alles nahm seinen gewohnten kölschen Gang. Zeitzeugen berichten:

»Jeder that also so viel, als ihm hinreichend erschien, um an der angedrohten Strafe vorbeizukommen. Während einzelne sich eine große Straßenlatherne nach dem neuesten Pariser System anschafften, begnügte sich die Mehrzahl mit Stall-Laternen und andern aus der Rumpelkammer hervorgeholten Geräten; der eine hing sie außerhalb auf, der andere stellte sie hinter ein Fenster, um von dem kostbaren Lichte zugleich für seinen Privatgebrauch einigen Nutzen zu ziehen.«

Die Besatzungsmacht mahnte und drohte. Vergebens. Die Magistratsmitglieder Engel und Hilden, die einen Beleuchtungsplan vorlegen sollten, resignierten in ihrem Bericht:

»Der arme Bürger legt sich früh schlafen, um das Licht zu sparen. Der etwas bemittelte begnügt sich mit einem Licht. Nur allein der Reiche setzt aus seinem vollen Überfluß mehrere Lichter in sein Zimmer. In dieser letzten luxuriösen Lage befinden sich dermalen die Bürger Kölns nicht.«

Einzig die Anwohner der heutigen Thieboldsgasse (eigentlich hieß sie – wohl nicht grundlos – Diebsgasse, woraus die Franzosen Rue Thibaut machten, bevor sie später – diesmal grundlos – zur Thieboldsgasse wurde) beschwerten sich höchst verwundert, daß es bei ihnen noch immer kein Licht gebe, obwohl doch »die Sicherheit, frei über die Gasse zu gehen, überall, besonders aber in unserer Gegend, notwendig ist, weil da aus den Bierhäusern an Sonn- und Montagen allerlei Gesindel, nebstdem die noch hier liegenden Grenadiers und Soldaten besoffen aus den Wirts- und Extrahäusern (!) spät über die Gassen laufen und allerhand Sauereien (!) anstellen, besonders hinter der Pumpe in der Tiepegasse«. Na denn!

Sehr viel energischer als bei der Straßenbeleuchtung gingen die Franzosen bei der Numerierung der Häuser in der Stadt zur Sache. Zur Ehre der Kölner muß gesagt werden, daß sie das Problem schon lange vorher angegangen waren, aber wie so häufig hatte der letzte Druck gefehlt, den nun die Besatzungsmacht ausübte. Die ganze Stadt wurde in vier Bezirke eingeteilt, und innerhalb dieser Grenzen erhielt jedes Haus eine Nummer, ein Verfahren, das schon seit einigen Jahrzehnten in anderen deutschen Städten angewandt worden war; so in Frankfurt am Main (1760), in Freiburg (1770) oder Straßburg (1785), alles unter französischem Einfluß.

Die in aller Welt berühmte Hausnummer 4711 pinselte 1795 ein französischer Korporal auf das Haus in der Kölner Glockengasse, den späteren Sitz der Familie Mülhens, zu der man weiter nichts zu sagen braucht. Das Numerieren der Häuser in den jeweiligen Straßen, wobei die geraden Nummern auf die eine und die ungeraden auf die andere Seite verteilt werden, erfolgte erst 1811.

So einschneidend alle diese Maßnahmen für die Kölner Bürger jedoch gewesen sein mögen, sehr viel mehr mußte geschehen (und geschah leider auch), bis sich der Kölner Bürgermeister Nicolaus DuMont aufraffte und 1795 nach Paris fuhr, um vor der dortigen Nationalversammlung jene Rede zu halten, die ihm daheim Ferdinand Franz Wallraf geschrieben hatte:

»Gesetzgeber!

An den Ufern des Rheines trafen Eure siegreichen Waffen ein freies Volk an, das keinen Reichtum hat als die Frucht seiner Betriebsamkeit und seinen Biedersinn, keine Hilfsquellen außer seinem Mut und seinen Rechten, die es seit Jahrhunderten gegen die benachbarten Höfe behauptet. Wir votierten gegen den Krieg, wir erklärten uns für die bestimmteste Neutralität. Wir blieben auf unserem Posten, gingen den französischen Truppen entgegen, überreichten ihnen die Schlüssel unserer alten Stadt, welche ihre Freiheit unter den größten Stürmen der Zeit behauptete, und die Armee eines erhabenen und gerechten Volkes verbrüderte sich mit uns und war Schützerin eines schon seit zweitausend Jahren freien Volkes.«

Und dann zählte er auf, was die Franzosen alles aus Köln weggeschleppt hatten, angefangen bei den Vorräten aus den Schuppen und Arsenalen der Stadt. Was nicht niet- und nagelfest war, hatten sie mitgehen lassen: zweiundneunzig Kanonen, vier Haubitzen und elf Mörser samt Munition, Waffen und Flinten aus dem Zeughaus. Dort hatten sie auch das Wahrzeichen der ruhmreichen Kölner Geschichte zu Brandholz verarbeitet: jenen eisenbeschlagenen Fahnenwagen des Erzbischofs Siegfried von Westerburg, den die Kölner Bürger in der Schlacht von Worringen erbeutet hatten.

Ebenso wenig Rücksicht hatten die Franzosen auf ein anderes Symbol der einst freien Reichsstadt genommen: den »blauen Stein«. Dieser, gegen den Jahrhunderte hindurch die zum Tode Verurteilten gestoßen worden waren, ehe man sie zum Schafott hinausfuhr, wurde von den Besatzern ebenfalls, wenn nicht mit Vorbedacht, dann doch wenigstens achtlos zerschlagen.

Auch die Richtstätte auf Melaten verschwand; dafür wurde dort bei der alten Leprastation an der Aachener Straße der städtische Zentralfriedhof angelegt. Der Kax auf dem Alter Markt wurde ebenso abgebaut wie die Schandsäule, und auf dem damaligen Domhof, wo bislang der blaue Stein stand, wurde im Jahr 1800 eine Guillotine errichtet. Ihr seinerzeit prominentestes Opfer: der Mörder Matthias Weber, besser bekannt als »der Fetzer« aus der Räuberbande des »Schinderhannes«.

Doch zurück zu den Kostbarkeiten, auf deren Rückgabe der Bürgermeister in Paris pochte: Das Meistergemälde von Rubens, die Petruskreuzigung, war geraubt worden, zudem Teile der öffentlichen Bibliothek mit »6113 Zeichnungen und 26949 Kupfern«. Ebenso schlimm, zumal für die Kunsthistoriker: Das gesamte Archiv der Dombauhütte wurde verschleppt und ist, abgesehen von einigen Bruchstücken, bis heute verschollen. Und letztlich die hohen Zahlungen, die die Stadt zu leisten hatte: Fünfundzwanzig Millionen Franken Kontribution sollten gezahlt werden. Einfach unmöglich.

Der Bürgermeister schloß seine flammende Ansprache vor der französischen Nationalversammlung mit den Worten: »Nein, Repräsentanten dieses gerechten Volkes! Das kann nicht Euer Wille sein!«

Aber das war er eben doch.

Sonderlich großzügig sind Sieger nämlich nur äußerst selten. Immerhin gelang es DuMont, der sich ganze sechzehn Monate in Paris aufhielt, die Kontribution auf ein Drittel der ursprünglichen Forderung zu drücken, aber die geraubten Kunstschätze blieben verloren, und es kam noch mehr hinzu. Sehr viel mehr.

Verheerend waren natürlich die Folgen des Reichsdeputationshauptschlusses, durch den alle Stifte, Abteien und Klöster aufgelöst wurden. Der Paragraph 35 bestimmte, daß sie alle »der freien und vollen Disposition der betreffenden Landesfürsten, sowohl zum Behufe des Aufwandes für Gottesdienst, Unterrichts- und andere gemeinnützige Anstalten, als zur Erleichterung ihrer Finanzen« dienen sollten.

Das war das Ende für so berühmte Klöster und Stifte wie Malmédy, Cornelimünster, Deutz, Brauweiler, Gladbach, Siegburg, Werden, Grafschaft, Steinfeld, Knechtsteden, Altenberg oder Heisterbach. Aufgelöst wurden allein in Köln die Kollegiatsstifte St. Gereon, St. Severin, St. Kunibert, St. Aposteln, St. Georg, St. Maria ad Gradus, St. Andreas sowie die altehrwürdigen Klöster St. Pantaleon und Groß St. Martin; dazu St. Cassius in Bonn und die Stifte in Münstereifel, Jülich, Kerpen, Kaiserswerth und Heinsberg; ferner die Kölner Damenstifte St. Ursula, St. Cäcilia und St. Maria im Kapitol, ferner Dietkirchen zu Bonn, Rheindorf, Neuss und Gerresheim bei Düsseldorf. Allein in Köln wurden sechzehn Pfarrkirchen, zwei Ordenskirchen, sieben Männerklöster, neunundzwanzig Frauenklöster und fünfzehn Kapellen abgebrochen.

Zugleich aber verschwanden hierzulande mit einem

Schlag die bisherigen Erzbistümer Mainz, Köln und Trier. Den mitsamt dem größten Teil des Domkapitels, allen transportablen Schätzen und vor allem mit den Gebeinen der Heiligen Drei Könige geflohenen Kölner Erzbischof vertrat der Weihbischof Clemens August von Merck; aber den Dom konnte natürlich auch er nicht schützen. Da das Domstift auch nicht mehr existierte, fanden vom Winter des Jahres 1796 an die Gottesdienste nicht mehr in der Kathedrale statt, sondern in St. Maria im Pesch, der Pfarrkirche für die Dombediensteten und deren Familien, die früher im Westen des Doms gestanden hatte, in hochgotischer Zeit aber an der Nordseite zur Trankgasse hin neu gebaut worden war.

Der Dom dagegen war sozusagen nutzlos geworden.

Nur nicht für die Franzosen. Zunächst schleppten sie alles heraus, was ihre revolutionäre Ehre zu beleidigen schien. Zum Beispiel waren ihnen die hölzernen Wappenschilder auf den Gräbern der im Dom beerdigten (adligen!) Chorherren ein Dorn im Auge. Sie rissen sie ab und schichteten sie auf dem Neumarkt zu einem Scheiterhaufen auf. Dann setzten sie in der alten Jesuitenkirche Mariae Himmelfahrt an der Marzellenstraße – analog zu den Ereignissen in Paris – eine Hure als »Göttin der Vernunft« auf einen Altar, bevor sie sich wieder dem Dom zuwandten, den sie nun nicht nach antirevolutionären, sondern nach brauchbaren Dingen durchstöberten.

Das Blei von den Dächern ließ sich leicht abmontieren und verkaufen; noch wertvoller waren die bronzenen Hochgräber der mittelalterlichen Erzbischöfe und die Zinnwannen, in denen sie damals beigesetzt worden waren. Alles wurde abgerissen und eingeschmolzen.

Hier schlug die Stunde des mehrfach erwähnten Ferdinand Franz Wallraf, der in den ersten Besatzungsmonaten viel getan hatte, sich bei den Franzosen einzuschmeicheln. Ob alles nur geheuchelt war, wissen wir nicht. Fest steht, daß er sich als Rektor der Universität weigerte, der neuen Republik den Treueid zu leisten, woraufhin man ihn seines Postens enthob. Andererseits kooperierte er mit der Besatzungsmacht. In jedem Fall rechtfertigte der Zweck aus heutiger Sicht jedes damals angewandte Mittel.

Er spielte den Vermittler zwischen Besatzern und Bürgern, diente sich als Universalexperte an und half bei der Übersetzung der Kölner Straßennamen ins Französische. Aus der Universitätsstraße wurde, für die Kölner noch leicht verständlich, die »Rue d'Université«, während das Nachvollziehen bei der Krebsgasse für kölsche Ohren schon schwerer fiel. Was auch sollten sie mit einer »Rue de l'écrévisse« anfangen. Der Neumarkt, der zunächst »Place de la République« getauft worden war, wechselte mehrfach den Namen und hieß danach noch »Place des Armes« (Waffenplatz), »Place des Victoires« (Siegesplatz) und »Place de l'Empereur« (Kaiserplatz).

Wallraf bot sich den Franzosen aber nicht nur als Dolmetscher, sondern auch als Sammler und Kunsthistoriker an. Sein Ansehen war inzwischen derart gewachsen, daß das Ausplündern des Doms auf höchsten Befehl gestoppt, Wallraf zum Inspektor und Bewahrer der Kölner Altertümer eingesetzt wurde und man ihm gnädig gestattete, in der alten Dompropstei wohnen zu bleiben. Dieses Domizil hatte ihm der letzte Dompropst, der Graf von Öttingen, überlassen, der selber nie darin gewohnt hatte. Die alte Dompropstei stand auf dem heutigen Wallrafplatz und wurde 1830, sechs Jahre nach Wallrafs Tod, abgerissen.

Eines konnte allerdings auch er nicht verhindern: Zunächst wurde der Dom als Heu- und Lebensmittellager mißbraucht, und als 1797 einige tausend österreichische Kriegsgefangene in Köln eintrafen, wurden sie mangels anderer Unterbringungsmöglichkeiten in den Dom gepfercht. Nun weiß jeder, wie kalt es in einer ungeheizten Kathedrale werden kann, durch deren undicht gewordene barocke Dächer Regenwasser ins Innere sickerte. Deshalb wollen wir den armen Teufeln auch nicht grollen, daß sie Bänke, Bet- und Beichtstühle zerschlugen, um sich wenigstens ab und zu an einem kleinen Biwakfeuer aufzuwärmen.

Der Dom war nun nahezu leer. Was die flüchtenden Domherren zurückgelassen hatten, war von der Soldateska geraubt worden. Die letzten verbleibenden Stücke, vornehmlich die kostbaren mittelalterlichen Fenster und etliche Skulpturen, rettete Wallraf unter Einsatz auch der letzten fragwürdigen Mittel. Zuweilen ließ er potentielle Beutestücke vor den Augen der Plünderer zerschlagen, um die Bruchstücke später heimlich wieder zusammenzufügen. Einer seiner besten Freunde, sein Schüler Eberhard von Groote, sollte später entscheidend an der Gründung des Dombau-Vereins mitwirken.

Wallraf indes, der zunächst nur Mineralien gesammelt hat, trägt alles zusammen, was ihm aufbewahrenswert erscheint, und zwar nicht nur aus dem Dom. Viel mehr Kunstschätze befanden sich in den über Nacht aufgelösten Klöstern und Stiften. Aber auch danach strecken die Franzosen naturgemäß ihre Hände aus. Sie beauftragen den Benediktinerpater Jean Baptiste Maugérard, die alten Archive und Bibliotheken nach wertvollen Büchern und Urkunden zu durchforsten. Unersetzliche Werte wandern nach Paris; viele kommen zwar 1815 wieder zurück, aber viele bleiben dort. Etliche jedoch kann Wallraf vor der Verschleppung retten. Rastlos trägt er seine Funde zusammen; alles muß in der Stadt bleiben, und wer heute das Wallraf-Richartz-Museum in Köln besucht, weiß, wann und wie der Grundstock gelegt worden ist.

Im Grunde aber bleibt der alte Mann, der direkt neben dem Dom wohnt, der eigentliche Hüter der vom Verfall bedrohten Kathedrale. Er weiß, daß an Weiterbau nicht zu denken ist, aber verfallen soll es eben auch nicht, dieses unvollendete Prunkstück deutscher Gotik, die im Augenblick nur wenige Freunde hat. 1807 berechnen die Bausachverständigen Schmitz und Odenthal, daß zu den notwendigsten Reparaturarbeiten genau 19652 Franken benötigt werden. Wer das Wunder bewirkt hat, wissen wir nicht so genau, aber es geschieht trotzdem.

Vier Jahre bevor Napoleon mürrisch jede Spende abgelehnt und statt dessen die Armen der Stadt beschenkt hat, wird die Summe genehmigt und aufgebracht. Der Dom hat erneut eine Galgenfrist erhalten, und am 28. Februar 1813 findet in ihm ein feierliches Tedeum statt. Napoleon hat Moskau erobert. Ein anderes Tedeum wird ein Jahr später gesungen: Der Krieg ist aus. Die alliierten Truppen ziehen in Paris ein. Napoleon ist davongejagt worden.

Aber was hat der Dom davon?

Ruinen und Romantiker

Der Wert eines Denkmals in den Zeiten deutscher Eintracht

Dem älteren Herrn lief der Schweiß in den hohen Kragen. »Nicht so schnell, mein kleiner Freund«, sagte er und versuchte unsinnigerweise, sich nicht anmerken zu lassen, wie sehr es ihn anstrengte, mit dem Bengel Schritt zu halten, der vom Thurnmarkt nach Norden vorauslief, um dem Hotelgast den Weg zur alten Dompropstei zu weisen. Sie kamen über den Kreidemarkt, der in die enge Gasse des Buttermarkts mündete, wo man alsbald den strengen Geruch des Fischmarkts wahrnahm, dessen Boden über und über mit Unrat bedeckt war. Vor einem besonders großen Haufen Unrat blieb der Junge stehen und bot dem Mann seine schmutzige Hand, um ihm beim Balancieren durch den übelriechenden Abfall zu helfen.

Der ältere Herr schaute auf die kleine Hand, beschloß, daß er lieber schmutzige Schuhe bekommen wollte, als sich dieser Hilfe zu bedienen, und trat prompt in eine Lache, die sich unter einer harmlos aussehenden Lage Stroh versteckt hatte.

»Merde«, fluchte der vornehme Herr.

»Ja«, sagte der Lausebengel, denn selbst Lausebengel verstanden damals zumindest gewisse französische Ausdrücke. »Fisch-Scheiße.«

Und trabte weiter.

Johann Wolfgang von Goethe betrachtete mißmutig seinen schwarzen Schnallenschuh. Derart ungepflegt wollte er jenem Mann nicht gegenübertreten, den man ihm als einen der besten Kenner der Kunstschätze dieser Stadt gerühmt hatte. Und des Doms natürlich.

Was aber nichts anderes beweist, als daß er besagtem Ferdinand Franz Wallraf noch nicht persönlich begegnet war.

Goethe hatte sich ein paar Tage zuvor, von Wiesbaden über Wetzlar an der Lahn kommend, mit dem großen preußischen Reformer, dem Reichsfreiherrn Karl vom und zum Stein, getroffen, der als Privatmann auf dem Schloß in Nassau wohnte. Bei einem Schoppen Wein im »Löwen« beschlossen sie, nach Köln zu reisen.

Einfach so?

Natürlich nicht. Goethe wird es wohl gewesen sein, der es vorgeschlagen hat, und wir werden gleich auch erfahren, warum er sich so »spontan« dazu entschloß. Wie dem auch sei, die beiden fuhren mit der Kutsche nach Ehrenbreitstein und mieteten sich dort einen Nachen, mit dem sie in aller Gemütsruhe nach Köln schaukelten, wo sie am späten Abend und, obwohl es schließlich Hochsommer war, bei völliger Dunkelheit ankamen. Sie landeten, wie Goethe in seinem Tagebuch vermerkte, »unsicher«, obwohl »ferne Feuer« brannten. Immerhin schien der Mond, und er glänzte »silbern« auf dem Wasser, was der Dichterfürst ebenfalls nicht vergaß festzuhalten.

Während er im Gasthof »Zum Heiligen Geist« am Thurnmarkt abstieg, wo er bereits bei seinem ersten Köln-Besuch 1774 gewohnt hatte, schlief der Freiherr im »Kaiserlichen Hof«. Dort traf er sich am nächsten Tag mit Ernst Moritz Arndt. Goethe dagegen hatte sich an jenem Vormittag unter der Führung des ihm vom Patron seines Hotels besorgten Bengels aufgemacht, Ferdinand Franz Wallraf zu besuchen.

Die Gasse, die sie einige Zeit später, nachdem sie die ehemalige Klosterkirche Groß St. Martin passiert hatten, vom Rheinufer hochstapften, ging in unordentliche Stufen über, die am oberen Ende der Treppe unmittelbar vor der Kirche St. Maria ad Gradus nach links in die Große Sporergasse führten. Von dort gelangte man auf einen großen Hof, demgegenüber die armselige Gasse, die sie soeben hochgekommen waren, einem Prachtboulevard glich. Dies sei der Domhof, erläuterte der junge Führer auf Goethes erstaunte Frage, und tatsächlich ragte hinter den Gebäuden, die rechter Hand den Platz säumten, der gewaltige gotische Chor empor. Das war aber auch das einzig Grandiose weit und breit.

Zur Rechten befand sich das ehemalige barocke Priesterseminar, daran anschließend eine kleine Kirche in schlechtem Zustand. St. Johann Evangelist nenne man sie, sagte der Junge, oder auch St. Johannes im Hof. Holzbuden schlossen sich an, in denen kleine Figürchen, die die Heiligen Drei Könige darstellen sollten, verkauft wurden, dazu Rosenkränze, farbige Bildchen von der heiligen Ursula als himmlische Verlobte des heiligen Gereon, Weihwasserfläschchen, geweihte Kerzen und bunte Glasscherben, die angeblich aus abgerissenen Klosterkirchen stammten.

Von oben her, wo sich zwischen den Häusern an der Westseite des Platzes ein schmaler Durchgang öffnete, floß ein übelriechender Bach quer über den Domhof und verschwand nahe der Großen Sporergasse in einem dunklen Kanal, der wohl zum Rhein hinunterführte.

Im trüben Wasser trieben gemächlich Gemüseblätter und Holzspäne, Strohhalme und Gänsefedern talwärts, und der infernalische Gestank, der von der dunklen Brühe und den Tierexkrementen ausging, Überbleibsel des letzten Viehmarkts, veranlaßte die beiden, schneller auszuschreiten.

Viel half es indes nicht, denn sie mußten durch eben jene Gasse den Platz verlassen, durch die der Bach geflossen kam, und immer wieder stellten sich ihnen Bettler, viele von ihnen schrecklich verkrüppelt, in den Weg, die ihnen fordernd ihre ausgefransten Hüte entgegenstreckten.

Endlich standen sie vor einem großen und düster wirkenden Gebäude. »Hier ist es«, sagte der Junge, läutete, indem er an einer eisernen Kette rechts von der Tür zog, und verschwand, noch bevor Goethe ihm ein Geldstück in die Hand drücken konnte. Wahrscheinlich hatte der Bengel entsprechende Anweisung vom Patron des Hotels »Zum Heiligen Geist« erhalten.

Von innen näherten sich schlurfende Schritte; dann öffnete sich die Tür einen Spalt weit, und ein blasses, runzliges Gesicht spähte mißtrauisch nach draußen. Goethe zog höflich den Hut, stellte sich vor und entschuldigte sich, daß er unangemeldet seine Aufwartung mache.

Wallraf mochte inzwischen zwar etwas versponnen sein, aber wie hätte ein so gebildeter Mann wie er nicht Goethe kennen und achten sollen! Mit tiefen Verbeugungen ließ er den Herrn Rat ins Haus, schlurfte voran und bemühte sich in dem Raum, in den er Goethe führte, verzweifelt, eine Sitzgelegenheit freizumachen.

Das erwies sich in der Tat als schwierig. »Bitte, faßt nichts an«, sagte der alte Mann fast schon gereizt, als der Gast ein paar Zeichnungen von der Sitzfläche eines Sessels entfernen wollte, um hastig hinzuzufügen: »Entschuldigt, sie sind sehr wertvoll.«

Aber irgendwann saß der Herr Rat dann endlich doch, und Wallraf drückte sich auf die Kante eines Liegemöbels, das nur sehr bedingt als Bett nutzbar schien. Es war, genau wie alle anderen Schränke, Stühle, Kommoden, Truhen und Hocker, bedeckt mit Büchern und Vasen, Glasscheiben und Keramiken, Statuetten und Bildern, Keramiken und Ikonen. Dort stand ein Kandelaber, hier eine Madonna, auf der Fensterbank ein silberner Kelch und auf einer Staffelage ein ungerahmtes Bild, das, wie Goethe schien, von Canaletto hätte sein können.

Der Eindruck, den das Zimmer bot, bestätigte sich während des folgenden Gesprächs, in dem sich Goethes Überzeugung verfestigte, einen Besessenen vor sich zu haben, einen Menschen, der zusammenraffte, was immer er finden konnte, ohne jedoch auch nur den geringsten Sinn für jene Ordnung zu haben, ohne die das Sammeln sehr viel an Wert verliert.

Auch hörte er wenig Lobenswertes über seinen jungen Freund Sulpiz Boisserée, der ihm diesen Besuch empfohlen hatte. »Kein Kölner«, schnaubte der alte Mann verächtlich, »kein Kölner. Würde sogar nach Paris verkaufen, oder nach Prag. Überhaupt kein Patriot!«

Goethe war klug genug, seine Antwort zu verschlukken. Hätte er geantwortet, daß manches wertvolle Stück in einem guten Museum, wo auch immer in Europa, besser aufgehoben gewesen wäre als auf dem ungemachten Bett oder gar auf dem schmutzigen Fußboden eines alten Mannes, wäre die Audienz wohl schon nach wenigen Minuten beendet gewesen.

So sprachen sie ein Stündchen über dieses und jenes, und Goethe erfuhr nicht nur, daß der alte Mann buchstäblich jeden Pfennig, den er besaß – und so sehr viele besaß er nicht –, für den Ankauf von Antiquitäten verwandte, die zu großen Teilen aus den abgerissenen Kirchen und Klöstern stammten und ihren Weg zu ihm mehrheitlich auf dem Umweg über einen Trödelmarkt gefunden hatten.

Aber er hörte auch, und das beruhigte ihn etwas, daß vieles davon alle paar Tage zum alten Jesuitenkolleg in der Marzellenstraße weitergetragen wurde, wo der Gastgeber einst als Professor gewirkt hatte. Dort wird es, dachte der Dichterfürst, sicherlich besser aufgehoben sein als in dieser Schreckenskammer hier.

Zuweilen irren sich selbst Dichterfürsten.

Aber davon später. Zunächst hörte Goethe dem alten Mann geduldig zu, der später dann seiner Bitte gerne entsprach, ihn zum Dom zu führen und ihm dessen bedauernswerten Zustand zu erklären. Es brauchte allerdings eine ganze Weile, bis sich Wallraf wenigstens einigermaßen ausgehfertig angezogen hatte. Er schien sich nur ungern von seiner weißen Nachtmütze und dem unordentlichen Morgenmantel zu trennen, der ihm anscheinend tagsüber als Kleidung genügte.

Zunächst suchte er seine Jacke, dann die Strümpfe (die Hose war merkwürdigerweise sofort auffindbar), schließlich das Halstuch und dann den Hut, auf dem Goethe, wie er schamhaft bekennen mußte, die ganze Zeit gesessen hatte. Bis man den Spazierstock nach gemeinsamer Suche unter einem alten Wandbehang entdeckt hatte, verging eine weitere Viertelstunde, aber dann traten sie hinaus in die Hitze des Vormittags.

Auf dem Weg quer über den Domkloster-Platz erkundigte sich Goethe, ob Wallraf in dem riesigen Haus ganz alleine wohne und ob es niemanden gebe, der sich um ihn kümmere.

»Doch, doch«, der alte Mann stützte sich leicht auf den Arm seines Gastes, »die Frau Neven DuMont schaut ab und zu vorbei, bringt mir zu essen und läßt die Wäsche wechseln.« Und auf Goethes fragenden Blick fügte er hinzu: »Nette Frau, obgleich sehr wohlhabend. Ihr Mann hat die Rechte studiert und gibt die hiesige Zeitung heraus. Nette Frau, wirklich. Stirbt aus, so was.«

Wenig später standen sie vor dem gewaltigen Rumpf des erst zu einem Drittel vollendeten Südturms. »Fast dreißig Meter breit und über dreißig Meter tief«, hörte Goethe den alten Mann neben sich sagen. »Die Fundamente gehen mehr als fünfzehn Meter tief in den Boden. Man könnte eine große Kirche in diesen Turm hineinstecken, wenn er denn hohl wäre.«

Goethe schien zerstreut. Der klobige Klotz von einem Turm, der jeden Pilger zu erdrücken schien, interessierte ihn nicht. Ihn drängte es in den Chor, und er folgte, seine Ungeduld nur mühsam unterdrückend, den Erläuterungen, mit denen sich Wallraf begeistert über die Figuren am Petersportal des Südturms verbreitete, dem einzigen Portal, das noch in gotischer Zeit fertiggestellt worden sei.

Doch den Dichter faszinierten nicht einmal diese Skulpturen; sie erschienen ihm zu klein und zu gedrückt. Er vermochte für sie nicht mehr zu empfinden, als er allem Mittelalterlichen entgegenbrachte, vor allem den Werken der Bildhauer und Maler: äußerst wenig.

Warum aber überfiel ihn dann ein Schauer, als er, nun schon zum zweitenmal nach 1774, mit dem Rücken zu jener Wand stand, die »diese unordentliche Scheune«, wie er selber das unfertige, notdürftig gedeckte und einer kahlen Werkshalle gleichende Langschiff nannte, von diesem wundervollen, schmalbrüstigen und hochbeinigen Chor trennte, dessen gläserne Seitenwände in den Himmel zu wachsen schienen.

Er würde sich wohl oder übel irgendwann entscheiden müssen.

Obwohl: Gotik – pah!

Die Antike, das war seine Zeit. Er war mehr oder weniger davon überzeugt, schon einmal gelebt zu haben, und zwar in der Zeit des römischen Kaisers Hadrian, der von 117 bis 138 n. Chr. regiert hatte. Andererseits: War das im gotischen Stil erbaute Straßburger Münster etwa nicht phantastisch?

Das allerdings war vollendet, nahezu wenigstens, und nicht eine so unglückselige Ruine wie diese hier.

Aber da waren jene jungen Männer, die ihn seit Jahren bedrängten, er solle sich öffnen für diesen Torso, solle sich nicht verstockt verschließen und für immer verweigern. Verstockt! Das haben sie doch tatsächlich gesagt. Und das ihm, die verdammten Lausebengel.

Warum kann er sich dennoch nicht losreißen von diesem Anblick?

Schließlich ist er froh, daß der Herr vom und zum Stein im Gefolge des Herrn Arndt erscheint und daß sie ihn daran erinnern, was an diesem Tag alles noch ansteht. So läßt er sich denn widerwillig von ihnen aus dem Chor drängeln und verabschiedet sich zerstreut und, wie er sich später voller Scham eingestehen muß, schon fast unhöflich knapp von dem alten Herrn Wallraf.

Im gleichen Moment weiß er, daß er in eben diesem Augenblick den Kampf gegen den unfertigen Dom verloren hat.

Den weiteren Tag verbringen die Männer damit, sich Privatsammlungen anzuschauen, später Schätze aus aufgelösten Klöstern, alte Häuser und großartige Höfe (wie jenen Hackeneyschen am Neumarkt), die Römermauer und den Winterhafen, der nicht weit von St. Kunibert gebaut wurde, ohne jemals richtig zu funktionieren. Bei irgendeinem General wird zu Mittag gegessen, dann wieder Besuche, Stadtbesichtigung, Gemälde, und endlich fallen sie an diesem heißen Abend in eine kölsche Kneipe ein und gießen sich literweise das Altbier runter, das man damals tatsächlich in der Domstadt trinkt.

Zumindest im Sommer.

Ernst Moritz Arndt, Professor der Geschichte und hochangesehener »Dichter der Befreiungskriege«, hat einen guten Führer durch das Kölner Brauchtum abgegeben und den Herren Goethe und Stein auch zu erklären gewußt, daß vor der Tür einer jeden Wirtschaft ein Wasserfaß zu stehen habe für alle Durstigen, die (noch) keinen Alkohol zu sich nehmen wollen. Und daß man vor dem Bier natürlich erst einmal einen »Kloren« zu kippen habe. Und zwischendurch auch noch ein paar mehr, zumal wenn der Abend länger werden sollte.

Das wird er in der Tat, und Goethes Zunge, eher an

Wein gewöhnt, lockert sich mit jedem Krug, den der Wirt auf den Tisch schiebt, und so gesteht er denn seinen Trinkbrüdern, daß dieser merkwürdige Dom ihn bei seinem ersten Besuch in Köln ganz schrecklich deprimiert habe.

Er schickt voraus, damals in schlechter Verfassung gewesen zu sein. Er hatte sich kurz zuvor, es war eine wunderbare Nacht während eines wunderbaren Balls, unsterblich in ein wunderbares Mädchen namens Charlotte Buff verliebt, die leider bereits die Braut seines Freundes Johann Georg Christian Kestner war, und in diesem Augenblick begannen die »Leiden des jungen Werther« – pardon: des jungen Goethe.

Zusammen mit anderen Freunden stürzte er sich in eine Reise, die ihn zunächst nach Pempelfort bei Düsseldorf führte. Dann nach Köln. Aber anders als der Straßburger Dom war dieser hier eine Ruine. »Wieder war ein ungeheurer Gedanke nicht zur Ausführung gekommen!« So hat er es in *Dichtung und Wahrheit* formuliert. Und überdies fühlte er sich dem Geist der Aufklärung verbunden. Dies hier dagegen war Stein gewordenes Mittelalter. Unnütz. Überflüssig. Und doch verwirrend für eine ohnehin verwirrte Seele.

Das war 1774. Acht Jahre später war er in Frankreich, bereiste die Champagne und kam auf der Rückreise über Köln. Vielmehr hätte er über Köln kommen *können*, wenn er an Land gegangen wäre. Aber er fuhr mit dem Schiff an der Stadt und ihrem unvollendeten Dom vorbei wie heutzutage die Japaner an der Loreley. Mit feinem Prickeln und leichter Gänsehaut vielleicht, aber jedenfalls froh, daß man unbeschadet davongekommen ist.

Und damit war das Kapitel »Kölner Dom« für den Dichterfürsten abgeschlossen. Dachte er. Aber eines Tages, am 8. Mai des Jahres 1810, kam ein Brief, den der Herr Rat unentschlossen in der Hand drehte. Absender: Sulpiz Boisserée aus Heidelberg.

Nie gehört.

Und das stellte damals auch sicherlich keine Bildungslücke dar. Sulpiz und Melchior (welch ein Omen für einen Mann in Köln) Boisserée entstammten einer gutbürgerlichen Familie. Sie waren die beiden jüngsten Söhne (von insgesamt zehn Kindern) der Kölnerin Maria-Magdalena Brentano, die den Kaufmann Nicolas Boisserée aus Stokkem bei Maastricht geheiratet hatte.

Sulpiz erlebte als Elfjähriger die Besetzung der Stadt durch die Franzosen, absolvierte eine Kaufmannslehre in Hamburg und geriet dort in literarische Zirkel; las Jean Paul und William Shakespeare und lernte schließlich Matthias Claudius sowie Friedrich Klopstock und nicht zuletzt das aufgeklärte protestantische Deutschland kennen, von dem man in Köln so gut wie nichts wußte und verstand.

Sein jüngerer Bruder und er machten dann in Köln die Bekanntschaft des um sieben Jahre älteren Juristen Bertram und die des alten Wallraf, brachten später von einer Paris-Reise den Vorreiter der Romantik, den Philosophieprofessor Friedrich von Schlegel, und dessen Frau Dorothea von Schlegel mit, die übrigens beide von dieser durch und durch katholischen Stadt so angezogen wurden, daß sie einige Jahre später konvertierten.

Sie alle verband das Anliegen, die Schätze zu bergen, die im Strudel der Franzosenzeit und der nachfolgenden Wirren vernichtet oder doch zerstreut zu werden drohten. Und welcher Schatz war wohl wertvoller als eben jener Dom, dessen Chor sich ihnen jeden Tag aufs neue anklagend entgegenstellte.

Eines allerdings war ihnen allen bewußt: Das Rheinland war preußisch geworden, und preußisch war gleichbedeutend mit protestantisch. Es bedurfte schon eines Wunders, um in Berlin irgendwen für eine nicht fertiggestellte katholische Kirche zu begeistern.

Oder eines sehr, sehr einflußreichen Fürsprechers.

Leider war der von ihnen Ausersehene ebenfalls Protestant und zudem wirklich kein Freund des Mittelalters. Aber im Augenblick sitzt er in einer kölschen Wirtschaft vor seinem fünften Krug und hat schon ziemlich kleine Äugelchen, denn da waren auch noch ein paar »Klore«, die außer dem Wirt niemand gezählt hat.

Aber der Herr Goethe erinnert sich noch sehr genau an diesen Brief des Kunstsammlers Sulpiz Boisserée, der die von ihm in Köln gesammelten Schätze mit seinen Freunden – sehr zum Mißfallen des Herrn Wallraf – zunächst in Heidelberg zusammentrug, wo er auch zeitweise wohnte. Heidelberg war schließlich »deutsch« – Köln damals noch »französisch«.

Der alte Herr lächelt, wenn er an diesen Brief denkt. Nicht gerade frech, unbekümmert ist das passende Wort. Und Grundrisse, maßstabsgetreue Pläne und hübsche Skizzen des unfertigen Doms waren beigefügt. Derartige Briefe bekam er häufiger. Bettelbriefe zumeist. Selten von wirklich Bedürftigen, häufiger von Schnorrern. Aber noch niemand hatte ihn gebeten, sich für eine Ruine einzusetzen. Für eine mittelalterliche!

In Köln!

Dabei hatte er sich doch einst durchaus für das Mittelalter begeistern können. Zumindest für den Straßburger Dom.

Der alte Herr klappt den Zinndeckel seines Kruges hoch und trinkt dieses merkwürdige Bier. Er weiß, daß er eigentlich genug hat. Aber das mit dem Brief von diesem achtundzwanzigjährigen Jüngelchen muß er seinen beiden Freunden nun doch noch erzählen: Er hat alles zurückgeschickt, aber dieser Kerl hat sich nicht einschüchtern lassen, sondern sich ein Jahr später selber nach Weimar eingeladen. Goethe hat sich redlich Mühe gegeben, sich von seiner biestigsten Seite zu zeigen. Alles umsonst. Über

Gott und die Welt haben sie geredet, und die Skizzen lagen dabei immer ganz zufällig auf dem Tisch herum.

»Wie ein angeschossener Bär hätte ich herumgebrummt«, kichert Goethe in seinen Krug. »Hat er wenigstens später erzählt. Dabei denke ich im Traum nicht daran, dieses verrückte Unternehmen zu unterstützen!«

Der Reichsfreiherr vom und zum Stein ist sanft entschlummert. Nur Arndt ist noch wach genug, um eine ziemlich naheliegende Frage zu stellen:

»Und warum seid Ihr jetzt wieder nach Köln gekommen?«

Auch Dichterfürsten sind zuweilen beschwipst, was sie sympathisch macht. Weil dem nun einmal so ist, entheben wir Goethen seiner Antwort und geben sie selber. Sulpiz Boisserée hatte etwas geradezu Unerhörtes gewagt: Er war Goethe, wie die Jugend es etwas platt ausdrücken würde, »auf den Wecker gefallen«. Er hatte es lächelnd in Kauf genommen, daß der alte Herr den Weiterbau der Kathedrale als völlig unmöglich bezeichnete. Wie ein Handelsvertreter, der aus der Vordertür hinausgeworfen wird, kam Sulpiz Boisserée immer wieder durch die Hintertür zurück. Und auch wenn Goethe ein Gesicht machte, »als ob er mich fressen wollte«, und ihm zur Begrüßung mit der größten Zurückhaltung lediglich einen oder zwei Finger reichte, lud er den jungen Mann dennoch eines Tages zum Essen ein. Boisserée gehörte durchaus zu jenen Menschen, die ohne zu zögern den ganzen Arm nehmen, so man ihnen denn leichtfertigerweise einen Finger darbietet.

Dann kam jener denkwürdige Tag, an dem Goethe dem jungen Mann, überwältigt von dessen Begeisterung, in der er sich vielleicht selber als Jüngling wiedererkannte, gerührt um den Hals fiel, »mit Wasser in den Augen«, wie Boisserée sich erinnerte, und die vage Zusage gab, das Projekt »Kölner Dom« zu unterstützen.

»Ei der Teufel«, sagte er zu seinem jungen Freund, als

er dessen Dombilder betrachtete. »Die Welt weiß noch nicht, was Ihr da habt, und was Ihr wollt. Wir wollen's ihr sagen, und wir wollen ihr, weil sie es doch nicht anders verlangt, die goldenen Äpfel in silbernen Schalen bringen; es ist schwer, so etwas zu schreiben, aber ich weiß den Weg ins Holz. Laßt mich nur machen!«

Und so, als wolle er sein damaliges Versprechen Boisserée gegenüber überprüfen, hatte er an diesem Tag in Köln ein letztes Mal an besagter Zwischenwand gelehnt, die den gotischen Chor vom halbzerfallenen Langschiff trennte. Nein, er konnte sich nicht irren: Dies hier war Stein gewordene Geschichte, war das Symbol für ein neues, geeintes Deutschland. Hierfür lohnte es sich zu kämpfen, und er wußte auch, wo er diesen Kampf aufnehmen mußte.

Ein blasser Mond sah in dieser Nacht von seinem Platz hoch über dem Strom zu, wie höfliche Fackelträger drei schwankenden Herren auf ihrem Weg zu ihren Hotels heimleuchteten. Fünfundsechzig Jahre später würde er auf zwei mächtige Türme scheinen, von denen Goethe, der benebelt zwischen die Laken seines Bettes im Hotel »Zum Heiligen Geist« kroch, in diesem Augenblick allenfalls träumen konnte.

Die Nacht auf dem Drachenfels

Um Mitternacht war schon der Berg erstiegen,
der Holzstoß flammte auf am Fuß der Mauern.
Und wie die Burschen lustig niederkauern,
erscholl das Lied von Deutschlands heil'gen Siegen.
Wir tranken Deutschlands Wohl aus Rheinwein-Krügen;
wir sah'n den Burggeist auf dem Turme kauern;
viel' dunkle Ritterscharen uns umschauern;
viel Nebelfrau'n bei uns vorüberfliegen.

Und aus den Türmen steigt ein tiefes Ächzen;
es klirrt und rasselt, und die Eulen krächzen.
Dazwischen heult des Nordsturms Wutgebrause.
Sieh nun, mein Freund, so eine Nacht durchwacht' ich
auf hohem Drachenfels, doch leider bracht' ich
den Schnupfen und den Husten mit nach Hause.

Dieses Gedicht eines bis heute umstrittenen, heißgeliebten und heftig gehaßten Deutschen wird nicht von ungefähr an dieser Stelle zitiert. Es beginnt gefühlvoll, steigert sich ins Emotionale, erinnert an deutsche Größe und beschwört der Toten Tatenruhm, um dann jäh ins Sarkastische abzukippen. Heinrich Heine vertrat wie kaum ein anderer den Geist einer stürmisch nach Aufbruch drängenden jungen Elite, die sich zwar von alten Zwängen, seien sie kirchlicher oder staatlicher Oberherrschaft, befreien wollte, für die jedoch – und darin unterschieden sie sich ganz wesentlich von den deutschen 68ern – die Einheit des Vaterlandes und die Ehre der deutschen Nation weder Schreckgespenst noch Gefahrenmoment waren; obwohl sich der in der nachnapoleonischen Zeit mächtig aufbrechende Nationalismus sehr wohl als eine große Gefahr herausstellte, wie die Geschichte später beweisen sollte.

Was aber hat Heine mit dem Dom zu tun? Mehr, als die meisten wissen. Erst hat er für seine Fertigstellung gesammelt; dann hat er sie erbittert bekämpft. Und darin unterschied er sich nicht sonderlich von vielen anderen deutschen Dichtern und Denkern. Wichtiger aber ist zunächst die Frage: Wer oder was hat sich seit dem Jahr 1560 geändert, daß der Dombau plötzlich wieder Befürworter fand?

Lag es an der Begeisterung über den Abzug der Franzosen? In Köln wohl kaum. Trotz ihrer »Gottlosigkeit« und der harten Hand, die naturgemäß jedes unterworfene Volk mehr oder weniger spürt, waren die Franzosen bei den Kölnern gar nicht so unbeliebt; obwohl sich die Hoffnungen, wieder freie Reichsstadt zu werden, (natürlich) nicht erfüllten. Nach dem Wiener Kongreß wurde das Rheinland inklusive Köln ausgerechnet auf Wunsch der Franzosen und nicht ohne Hintergedanken den Preußen zugesprochen, was den Bankier Abraham Schaaffhausen zu der trockenen Feststellung veranlaßte: »Jesses, Maria und Josef – do hierode mer ävver en en ärme Famillisch!«

Die Hoffnung der Franzosen, daß der König in Berlin zumindest das linke Rheinufer nicht würde halten können, erfüllte sich aber nicht. Obwohl die Preußen, zumindest aus kölnischer Sicht, nicht der »normalen Religion« angehörten, sorgten sie dennoch dadurch, daß sie Angehörigen aller Religionen, also auch den Juden, freies Wohn- und Berufsrecht einräumten, für ein Jahrzehnte zuvor kaum für möglich gehaltenes wirtschaftliches Aufblühen der Stadt.

Davon profitierte zunächst einmal das Großbürgertum, das in ganz Deutschland vor allem auf kulturellem Gebiet mehr und mehr die Rolle des Mäzens übernahm, die Jahrhunderte hindurch zunächst der Klerus und später auch der Hochadel gespielt hatten. Während sich die Kirchen etwas zurückhielten, versuchte das preußische Königshaus, anfangs noch mit Erfolg, als gemeinsames Ziel aller Deutschen wenn schon nicht deren *Einheit*, so doch zumindest deren *Eintracht* zu propagieren.

Um diese (den Deutschen gänzlich unbekannte) Eintracht auch bei der Masse des Volkes populär zu machen, brauchte man, da es leider keine sonderliche Tradition gab, zumindest ein Denkmal. Angesichts der Tatsache, daß es damals jedoch weder das berühmte im Teutoburger Wald noch andere Monumentalbauten, wie zum Beispiel das Niederwalddenkmal oder die Walhalla, gab, war man, zunächst wohl nur unbewußt, auf der Suche nach einem geeigneten Symbol. Und das mußte durchaus kein Reiterstandbild sein.

Also warum nicht ein Dom? Schließlich gab es in London seit ewigen Zeiten die Krönungskirche der englischen Könige in Westminster und in Paris seit 1791 die Kirche Sainte-Geneviève, besser bekannt als »Panthéon«, wo als erster der Nationalheroen der Publizist und Politiker Honoré Gabriel Mirabeau beigesetzt wurde.

Auch die Deutschen besannen sich darauf, daß sie ein Baudenkmal besaßen, das sich allerdings ebenso als Torso darbot wie die traurigen Überreste dessen, was sich einst stolz »Das Heilige Römische Reich Deutscher Nation« nennen durfte. Wie schrieb doch Boisserée gleich 1812 in einem Brief:

»Mir wird bei jeder lebhaften Anregung dieses großen Gefühls unwiderstehlich der tiefste Schmerz wach, daß bei den herrlichsten Anlagen und der schönsten Ausbildung durch bösen Streit und Zwietracht zerrissen, das arme Vaterland in Bruchstücken dasteht, *unvollendet allem Ungestüm des Schicksals preisgegeben, wie das erhabenste Denkmal – der Dom.*«

Und auch für Ernst Moritz Arndt stand außer Frage, daß ein deutsches Nationaldenkmal groß sein müsse »und herrlich ... wie ein Koloß, eine Pyramide, ein Dom zu Köln«.

Ein zweites, bis dahin gleichfalls völlig unbekanntes Phänomen wurde zum Gesprächsthema in den Salons: die Romantik. Die Welt war Ende des 18. Jahrhunderts aus den Fugen geraten. Die Franzosen hatten ihren König geköpft, und in Paris war die Religion abgeschafft worden! Wissenschaftler konnten die tollsten Theorien verkünden, ohne den Bannfluch Roms fürchten zu müssen. Wundersame Dinge vollzogen sich auf technischem Gebiet. Nichts schien mehr wie gestern.

Die verunsicherten Menschen begannen sich nach dem zu sehnen, was wir heute »Romantik« nennen. Das war ursprünglich eine abwertende Bezeichnung, denn es bedeutete im Grunde nichts anderes als »unecht, abenteuerlich, phantastisch«, eben wie einem »Roman« entsprungen. Die Künstler, vor allem Maler wie Philipp Otto Runge oder Caspar David Friedrich, fanden, die Kunst müsse ihrer Brust erwachsen, müsse die Stimme des Inneren verkörpern oder – wie Eugène Delacroix es formulierte – »aus dem Herzen aufsteigen und die Herzen entflammen«.

Als Symbol einer heilen Welt betrachteten die Romantiker vor allem die »malerischen« Überreste versunkener Zeiten. Das können selbst wir Heutigen leicht nachvollziehen, denn auch wir finden Ruinen durchaus romantisch, wenn wir auch nicht so weit gehen würden wie manche britische Landlords des vorigen Jahrhunderts, die sich von ihrem Gartenarchitekten eine nagelneue Tempelruine in den Park setzen ließen. Umrahmt von ein paar künstlich zerzausten Eichen, versteht sich.

Aber nicht nur korinthische, auch gotische Säulen erinnerten die Menschen des vergangenen Jahrhunderts an die Natur, und diese Sichtweise spiegelt sich besonders anschaulich in der Schilderung von Georg Forster wider, der 1780 den Kölner Dom so beschrieb: »Die Pracht des himmelan sich wölbenden Chors hat eine majestätische Einfalt, die alle Vorstellung übertrifft. In ungeheurer Länge stehen die Gruppen schlanker Säulen da, *wie die Bäume eines uralten Forstes: nur am höchsten Gipfel sind sie in eine Krone von Ästen gespalten,* die sich mit ihren Nachbarn in spitzen Bogen wölbt.«

Der englische Landpfarrer Henry Barry verglich 1822 nach einem Besuch in Köln den Dom ebenfalls mit einem Stück Natur: »Pfeiler von der leichtesten und elegantesten Form steigen hinan zu unglaublicher Höhe und werfen sich – *den Ästen von Waldbäumen gleich* – in das luftige Dach, das ihrer Stütze kaum zu benötigen scheint.«

Dann aber variiert er das Lieblingsmotiv der Romantiker auf erstaunliche Weise: »Ein nicht vollendeter Bau spricht das Gemüt eher an als eine Ruine. Es ist natürlich, daß jedes Ding menschlicher Erfindung in Verfall gerät, aber unvollendete Absichten bringen tiefste Enttäuschungsgefühle mit sich. *Eine Ruine ist das Greisentum und das Grab der Kunst. Ein jäh aufgegebener Plan ist ein an früher, hoffnungsvoller Jugend verübter Mord.*«

Hier wird also erstmals ein anderer Ton angeschlagen. Nicht mehr die melancholische Trauer über unwiderruflich verschwundene Welten eines Caspar David Friedrich gilt hier als Maxime, sondern der Blick nach vorn, zwangsläufig verbunden mit der Frage: Kann man überhaupt nichts tun, um die Erinnerung an scheinbar Verflossenes auf andere Weise wachzuhalten?

Das genau war die Frage, die Sulpiz Boisserée und die kleine Gruppe, die sich um ihn geschart hatte, zunächst sich selber und dann Goethe stellte. Und zwar genau im richtigen Augenblick.

Vier ganz wesentliche Voraussetzungen trafen rein zufällig zusammen:

– ein gewisser Patriotismus, der von den Königen und Fürsten der jeweiligen deutschen Lande unterstützt wurde und beim Bildungsbürgertum auch auf fruchtbaren Boden fiel;

– der zunächst durchaus gemäßigte Nationalismus, der noch nichts mit dem von beiden Seiten geschürten Bild vom Erbfeind jenseits des Rheins zu tun hatte, wie es in späteren Jahrzehnten entstand;

– die Entwicklung zur Romantik in der deutschen Kunst, besonders die schwärmerische Verklärung der deutschen Vergangenheit und ihre symbolhafte Überhöhung durch die Überreste ihrer Architektur;

– der nüchterne preußische Staatsapparat, der sich davon überzeugen ließ, daß der Kölner Dom, sollte er denn nicht endgültig zerfallen, nicht durch notdürftige Reparaturarbeiten erhalten werden konnte, sondern einzig und allein durch seine Fertigstellung.

Und genau dazu brauchte Sulpiz Boisserée den Herrn Johann Wolfgang von Goethe. Gewiß, bereits 1814 hat der Kölner den damals neunzehnjährigen preußischen Kronprinzen und späteren König Friedrich Wilhelm IV. durch den Chor der unfertigen Kathedrale geführt. Der Kronprinz (»Wäre ich nicht als preußischer Prinz geboren worden, hätte ich es vielleicht zum Geheimrat im Kultusministerium gebracht«) sah in der Landschaft am Rhein mit ihren Kirchen und Burgen ohnehin das Kernland der Romantik. »So soll's nicht bleiben! Wir bauen es fertig!« sagte er damals zu Boisserée; ein voreiliges Versprechen für einen Neunzehnjährigen, dessen Vater ein durch und durch amusischer Mensch war.

So begeisterungsfähig und willens der junge Mann auch war, um ins Zentrum der preußischen Macht vorzustoßen, brauchte es schon eines größeren Kalibers, und eben das stellte der Deutschen Dichterfürst dar. Ihn hatte Boisserée für die Verwirklichung seines großen Traums ausersehen. Der Dom brauchte Goethe; dessen Kunstverständnis, das unbestritten war; dessen Einsicht, zu der er sich erst nach sehr langer Zeit durchringen konnte; und schließlich dessen Ruf, der ihm natürlich auch im preußischen Berlin die entscheidende Tür öffnete.

Das war die zum Arbeitszimmer des mächtigen preußischen Oberbaudirektors Karl Friedrich Schinkel, der sich schon 1815 für eine staatliche Denkmalpflege und zugleich sehr intensiv für die Erhaltung mittelalterlicher Bauten eingesetzt hatte.

Schinkel aber war nicht nur für die künstlerische Seite derartiger Unternehmungen zuständig, sondern auch für deren Finanzierung, und als tüchtiger preußischer Beamter stellte er sich vor, daß man Sicherung, Ausbau und Vollendung der Kölner Kathedrale zwar solide, aber sicherlich auch etwas schlichter (und damit preisgünstiger) bewerkstelligen könne.

Es folgt ein scheinbar ewig währendes Tauziehen zwischen Berlin, den jeweils von dort installierten Baumeistern einerseits und Boisserée und seinen Freunden andererseits, ob denn der Dom so fertigzubauen sei, wie ihn sich der erste Dombaumeister Gerhard vorgestellt haben muß, oder ob man nicht doch zum einen Geld sparen und zum anderen die Kathedrale im Stil der neuen Zeit weiterbauen solle. Schließlich wisse man ohnehin nicht so genau, wie sich das Domkapitel seine Kathedrale im 13. Jahrhundert vorgestellt hat. Na ja, den Grundriß könne man notfalls nachempfinden. Ob sie aber von vorne wie die Kathedrale von Amiens oder wie die von Reims aussehen sollte oder vielleicht wie Notre-Dame in Paris – das konnte nun wirklich niemand wissen.

Doch. Und das kam so: Im Jahr des Herrn 1814 läßt sich Johann Friedrich Fritsch, Wirt des Gasthauses »Zur Traube« in Darmstadt, von dem daselbst ansässigen Maurerpolier Johannes Fuhrer ein Transparent malen, das auf die große Feier hinweisen soll, die für die einheimischen Teilnehmer am Feldzug gegen Napoleon veranstaltet wird. Auf der Suche nach geeignetem Material kramt Fuhrer auf dem Dachboden des Hotels herum und stößt dabei auf ein einige Meter langes Stück Pergament, das über ein Gestell gespannt ist und auf dem Bohnen friedlich vor sich hin trocknen.

Was beweist, daß der liebe Gott persönlich seine Hand im Spiel gehabt hat. Denn der Wirt hätte ja auch einen Anstreicher mit dem Malen eines Transparents beauftragen können, was sogar näher gelegen hätte. Aber nur der Polier Fuhrer erkennt mit sicherem Blick (wenn auch leicht erstaunt), daß dies hier zweifellos der Aufriß einer Außenfassade ist. Ein sehr alter sogar. Und nicht von irgendeiner Fassade.

Mehr weiß er nicht. Er meldet den Fund jedoch nicht etwa dem Wirt, der wegen der Feierlichkeiten sowieso anderes im Kopf hat, sondern seinem Meister Karl Christian Lauteschläger, der damit eiligst zum Theatermaler Seekatz rennt. Der wiederum kennt einen gewissen Georg Moller, Hofbaumeister in Darmstadt, mit dem er hin und wieder ein Viertele trinkt, und der zahlt ihm doch tatsächlich zwanzig Kronentaler für den verstaubten Kram (wovon der aufmerksame Polier Johannes Fuhrer auch einen mitbekommt). Außerdem lädt er, das muß man fairerweise sagen, sowohl den braven Meister Lauteschläger als auch den Maler Seekatz zu ein paar kühlen Schoppen ein, bevor er sich mit fliegenden Rockschößen heimwärts begibt, um seinem Freund Sulpiz in Köln von seinem sensationellen Fund zu berichten.

Zwei Jahre nachdem ihm auf so wundersame Weise der Aufriß des Nordturms zugespielt worden war, trieb Boisserée in Paris eher zufällig auch die Skizze des Südturms auf, von dem bis 1560 immerhin schon zwei Stockwerke errichtet worden waren. Der Kölner Fassadenplan wird heute in den Anfang des 14. Jahrhunderts datiert. Möglicherweise, schließen Experten, war er auch in der Bauhütte des Freiburger Münsters bekannt. Jedenfalls stellt er die größte Architekturzeichnung dar, die uns aus dem Mittelalter erhalten ist.

Sulpiz Boisserée durfte stolz sein. Er hatte Goethe überredet, der hatte Schinkel überzeugt, der hatte inzwischen einen ersten Baumeister ernannt, der die notwendigsten Reparaturarbeiten durchführte, und dann einen weiteren, der sich 1833 in Köln als »Ernst Friedrich Zwirner, geboren 1802 in Jakobswalde (Oberschlesien)«, vorstellte.

Er sollte den Dom vollenden. Alles schien perfekt. Nur eines fehlte leider.

Geld.

Feste, Fenster und Vandalen

Von Glasern, Geldgebern und anderen Geschäftemachern

Ein ungewöhnlich milder Wind umstreicht an diesem Oktoberabend des Jahres 1841 die Dächer des Doms. Tief unten am Hafen herrscht hektische Aufgeregtheit. Am Nachmittag ist ein Schiff angekommen, beladen mit Heilbronner Sandstein; einem Geschenk des Stuttgarter Dombau-Vereins für den Weiterbau der Kathedrale. Neben dem Lastkahn ankert ein Dampfschiff, auf dem die Freunde und Förderer des Doms mit den edlen Spendern feiern. Vom Deck schallt Musik bis hinauf, wo der Glasermeister Wilhelm Düssel und sein Lehrling, der fünfzehnjährige Karl Heider, auf einem halbfertigen Sims hocken.

Sie haben es sich bequem gemacht. Meister Düssel leert zur Feier des Tages einen Krug besten Weines, und Karl darf ausnahmsweise einen Liter Bier trinken. Normalerweise ist Alkohol auf der Baustelle nicht gern gesehen. Wenigstens offiziell. Aber heute ist ein besonderer Tag, an dem auch schon einmal ein Auge zugedrückt wird.

Die Dämmerung ist hereingebrochen. Matt schimmern die Lampen der vertäuten Schiffe im Wasser des Rheins, und vom Südturm her dringt das vertraute Knarzen des alten Krans herüber, der sich langsam im Wind dreht. Ein Geräusch, das zwar jedem Kölner seit ewigen Zeiten vertraut ist, aber dennoch den einen oder anderen allabendlich am Einschlafen hindert.

Meister Düssel ist mehr als zufrieden. Heute abend hat er einen Auftrag zu Ende gebracht, den er vor sieben Jahren erhalten hat: die Wiederherstellung der Fenster im

Obergaden des Chors. Am 7. April des Jahres 1823 hat er ein Protokoll unterschrieben, demzufolge vierhunderteinundneunzig Scheiben aus aufgelösten Klosterkirchen und -kreuzgängen in den Dom gebracht worden sind, nachdem sie zunächst im alten Jesuitenkolleg zwischengelagert worden waren.

Diese Scheiben waren dem Glasermeister übergeben worden, damit er die teilweise verrotteten, teils auch zerstörten Fenster des Doms repariere, und er hatte diesen Auftrag weisungsgemäß ausgeführt. Für genau dreitausendvierhundertfünfundfünzig Taler. Eine hübsche Summe, selbst wenn man sie über sieben Jahre verteilt.

Aber, und das wußte sogar der Lehrling Karl, irgend etwas war bei der ganzen Sache oberfaul. Nicht daß jemand Meister Düssel hätte beschuldigen können. Doch nachdem während der französischen Besatzung alle Klöster und Stiftskirchen aufgelöst und deren Kunstwerke, sofern nicht von Männern wie Wallraf oder Boisserée gerettet, verscherbelt worden waren, gingen die Besatzer auch daran, sämtliche alten Fenster ausbauen zu lassen. Sie wurden allesamt im Jesuitenkolleg in der Marzellenstraße gelagert und dort zum großen Teil, so wenigstens wird behauptet, von den Schülern mutwillig zerstört.

Das allerdings klingt zumindest merkwürdig, denn flache Glasscheiben, ordentlich mit Strohschichten gepolstert und in festen Kisten gestapelt, sind nicht so leicht durch Kinder zu zerstören. Wenn dennoch die Hälfte von ihnen verschwand, dann muß wohl jemand anderes die Hand im Spiel gehabt haben. Hier sollten wir uns im übrigen an den Geheimrat Goethe erinnern, der bei seinem Besuch im Hause Wallrafs sehr erleichtert war zu hören, daß die zusammengetragenen Kostbarkeiten nicht in Wallrafs Wohnzimmer vergammelten, sondern zumeist in die alte Jesuitenschule gebracht würden.

Immerhin wurden die wertvollen Scheiben nicht, wie

ursprünglich vorgesehen, direkt nach Paris geschafft, sondern erst einmal gelagert, was ja wohl ein wahrer Segen war. Doch während dieser Lagerzeit trat jener merkwürdige Schwund ein, und zwar in derart drastischen Ausmaßen, daß von einem wie auch immer gearteten Segen wohl keine Rede mehr sein konnte.

Jedenfalls hatte die Kölner Glaserzunft in den nächsten Jahrzehnten ausreichend altes Glas für »Reparaturarbeiten« größten Stils, und ohne jemanden direkt beleidigen zu wollen, dürfen wir annehmen, daß es nicht nur die Schüler des Jesuitenkollegs waren, die für dieses bemerkenswerte Abhandenkommen verantwortlich waren.

Wir nennen also keine Namen, ganz im Gegensatz zu Meister Düssel, der seinem Lehrling hin und wieder solche zu zeigen wußte, die sich auf der Rückseite von renovierten Fenstern verewigt hatten. So der Glasmaler Nikolaus Peill, der Anfang des 17. Jahrhunderts hier oben gearbeitet und seinen Namen zusammen mit dem seines Gesellen Wilhelm Lersch im Jahr 1604 mit schwungvollen Buchstaben eingeritzt hatte.

Andererseits wußte Meister Düssel seinem Lehrling an diesem lauen Oktoberabend auch zu erzählen, daß leider nicht nur renoviert wurde, sondern auf bizarre Art viele mittelalterliche Fenster der Kathedrale zerstört worden sind.

Dafür waren unter anderen sehr hohe Herren in den Zeiten des Barock verantwortlich. Sie wollten, daß ihre schönen Altäre in den Seitenschiffen auch ins rechte Licht gerückt wurden, und das ließen gotische Fenster nicht hinein ins Innere der Kathedrale. Deshalb wurden sie entfernt und durch helles Glas ersetzt. Das war zwar vorteilhaft für die Altäre, aber eine Schande war's dennoch. Davon allerdings wußte der Meister Düssel nichts zu berichten. Das war zu lange her. Aber er erinnerte sich sehr wohl an andere Akte von Vandalismus.

»Dort drüben«, sagt er zu Lehrling Karl und zeigt in Richtung des ehemaligen Priesterseminars auf der Südseite des Doms, »dort stand einst die Kirche St. Johannes Evangelist. Direkt an den Dom gebaut und wie alle Kirchen früher von einem Friedhof umgeben. Als aber in der Franzosenzeit der große Friedhof auf Melaten eröffnet wurde und die Kirchhöfe in der Innenstadt nicht mehr benutzt werden durften, stellte der Pastor den Frauen der Gemeinde den eingeebneten Friedhof als Wäschebleiche zur Verfügung. Wenn aber auf dem Rasen keine Wäsche ausgebreitet war, tobten da die Kinder herum, und ihr bevorzugtes Spiel bestand darin, mit Schleudern den Heiligen in den Fenstern des Domchors die Heiligenscheine vom Kopf zu schießen. Viele Fenster waren bereits hoffnungslos ruiniert, als das Domkapitel endlich aufmerksam wurde und diese Art von Zielschießen unterband.«

Der Meister nimmt noch einen Schluck, und Karl denkt besorgt daran, daß es in Kürze etliche sehr steile Leitern hinunterzuklettern gilt. Der Meister indes schwelgt in Erinnerungen und weiß noch, was ihm sein Vater selig berichtet hat: von einem anderen Vandalen, jenem französischen Offizier, der auf der nördlichen Seite der Kathedrale Quartier bezogen und im Garten des beschlagnahmten Hauses eine Kanone hatte aufstellen lassen. Die feuerte er jedesmal ab, wenn Siegesnachrichten von der Front kamen. Da Napoleon zu dieser Zeit noch häufig siegte, donnerte die Kanone zumindest alle drei Tage, und jedesmal fielen kostbare Scheiben aus den Fenstern des Doms und zerschellten auf dem Pflaster oberhalb der Trankgasse.

Der Glasermeister mit dem (die damaligen Kölner noch nicht provozierenden) Namen Düssel indes zerschellte während seines trunkenen Abstiegs keineswegs, sondern kam trotz seines einigermaßen alkoholisierten Zustands mitsamt Lehrling Karl wohlbehalten unten an, und beide nahmen zehn Monate später, wiederum von ihrem bevorzugten Sitzplatz am Rand des Chordachs aus, als Zuschauer am Dombaufest teil, das im August des Jahres 1842 stattfand.

König Friedrich Wilhelm IV. war mitsamt der Königin und großem Gefolge gekommen, und natürlich war auch der inzwischen neunundfünfzigjährige und zum Geheimrat ernannte Dr. Sulpiz Boisserée mit Gemahlin in einem »Miethwagen« aus München angereist, um »einen der schönsten Tage meines Lebens« zu feiern. Nur ein Mensch in ganz Köln war todunglücklich: Ernst Friedrich Zwirner. Dem Dombaumeister waren innerhalb von fünf Wochen zwei Kinder gestorben.

Das Protokoll nimmt darauf keine Rücksicht. Der König dankt seinem alten Freund Boisserée, der ihn, wir erinnern uns, seinerzeit zum erstenmal durch den Dom geführt hat, überaus huldvoll, und als dieser wiederum Seiner Majestät dankt, daß der König an ihn gedacht habe, antwortet jener huldvollst: »An wen hätte ich denn sonst denken sollen!« Das geht natürlich runter wie Honigseim, und Boisserée schwebt auf Wolken.

Da macht es auch nichts, daß die Haupttribüne, die man an der Südseite (am heutigen Roncalliplatz) aufgebaut hat, halb leer bleibt, weil ein Platz unglaubliche fünf Taler kostet. Da wird auch der Wolkenbruch vergessen, der zu unpassender Zeit die Festgäste durchnäßt, und der alte Herzog von Arenberg ignoriert die juckenden Flechten, die von der Gicht herrühren.

Der König spricht.

»Meine Herren von Köln! Es begibt sich Großes unter Ihnen. Dies ist, Sie fühlen es, kein gewöhnlicher Prachtbau. Es ist das Werk des Brudersinnes aller Deutschen, aller Bekenntnisse. Wenn ich dies bedenke, so füllen sich meine Augen mit Wonnethränen, und ich danke Gott, diesen Tag zu erleben. Hier, wo der Grundstein liegt, dort mit jenen Thürmen zugleich, sollen sich die schönsten Thore der ganzen Welt erheben. Deutschland baut sie – so mögen sie für Deutschland durch Gottes Gnade Thore einer neuen, besseren, guten Zeit werden. Rufen Sie mit Mir – und unter diesem Rufe will ich die Hammerschläge auf den Grundstein thun – rufen Sie mit Mir das tausendjährige Lob der Stadt: Alaaf Köln!«

Und als nun auch noch das Händelsche »Alleluja« erklingt, da brechen die Dämme, die Rührung obsiegt, Fürst Metternich schluchzt, und Sulpiz Boisserée weint hemmungslos.

Wer möchte es ihm verdenken.

Abends erlebt der König, was er als Kronprinz 1836 schon einmal gesehen hat: Festbeleuchtung und Feuerwerk am Dom. Boisserée in seinem Tagebuch: »Zuletzt der Dom im rothen Feuer …, der Feuersprudel fällt in unzähligen breiten Funken wie Schneeflocken von dem Geländer am hohen Dach herab.«

Aber selbst dieses Fest klang nicht ohne Mißtöne aus. Im Dombau-Verein, dessen Gründung wir leider erst im nächsten Kapitel erleben werden, zankte man sich heftig über die Frage, welche Teile des Doms mit dem Geld aus Berlin und welche mit den gesammelten Spenden der deutschen Bevölkerung fertiggestellt werden sollten. Sollte nämlich Berlin darauf bestehen, die »besseren« oder »besonderen« Teile, das gesamte Langschiff etwa, fertigzubauen, wäre der böse Verdacht bestätigt, daß der König aus dem Dom eine Simultankirche machen wolle; ein Gotteshaus für beide christliche Konfessionen.

Hat der König nicht wörtlich gesagt, dies sei ein Werk »*aller* Deutschen«? Also auch *aller* Christen? Das will man ja wohl nicht hoffen! Tatsächlich ist es mit der Eintracht der Deutschen nicht sonderlich weit her. Gerade zwischen Katholiken und Protestanten gibt es erhebliche Probleme, die nicht allein im religiösen Bereich wurzeln. Und das, so argumentieren die Scharfmacher auf katholischer Seite, hat gerade noch gefehlt, daß plötzlich Krethi und Plethi in den Dom dürfen!

Gottlob setzten sich die gemäßigten Kräfte durch, was nicht zuletzt das Verdienst von August Reichensperger und Sulpiz Boisserée war. Man beschloß ganz einfach, die nördlichen Teile zu finanzieren, und überließ dem König die (teurere) Südseite. Damit schienen alle Gefahren gebannt, und das erste, was nun angegangen wurde, war die Neuerrichtung der Bauhütte, in der schon im Dezember des gleichen Jahres einhundertachtundachtzig Arbeiter beschäftigt waren, davon allein hundert Steinmetzgesellen.

Unbemerkt von diesen ging das endlose Gezerre hinter den Kulissen weiter, auf welche Weise, nach welchen Plänen und in welchem Stil der Dom vollendet werden sollte. Baumeister Zwirner reichte Plan um Plan nach Berlin ein; erbittert wurde in Köln darüber debattiert, ob denn die Südfassade wie ein Ei dem anderen der Nordfassade gleichen müsse. Und über all dem wollen wir nicht vergessen, daß es weiß Gott nicht selbstverständlich war, daß man ein altes Gebäude in eben diesem alten Stil, auch wenn der jetzt Neugotik hieß, zu Ende baute. Zumindest in den fünfziger und sechziger Jahren unseres Jahrhunderts hätte man das lange Zeit schlicht und einfach »kitschig« genannt.

Heute sind wir froh darüber, daß die Mehrzahl unserer Vorfahren in Hinblick auf den Dom weniger prüde war. Allerdings sind wir auch weniger rassistisch als unsere Altvorderen, die den (alten) gotischen Baustil zunächst als christlich-germanische Baukunst priesen. Als sie etwa um die Mitte des vorigen Jahrhunderts zugeben mußten, daß die Gotik wohl doch in Nordfrankreich entstanden war, rettete man sich in die kühne Behauptung, damals habe diese Region eben noch »unter der Botmäßigkeit der germanischen Rasse« (!) gestanden.

Der Bau schritt fort. Unbeschadet der politischen Wirren des Jahres 1848 wurde am 15. August die rauschende 600-Jahr-Feier der Grundsteinlegung gefeiert. Die Seitenschiffe sind geschlossen, das Langhaus provisorisch überwölbt, so daß der westliche Teil der Kathedrale festlich eingeweiht werden kann. Zwei Jahre später wird Johannes von Geissel als erster Kölner Erzbischof von Papst Pius IX. zum Kardinal erhoben.

Beim Dombaufest im Oktober 1855, man feiert die Vollendung der südlichen Querhausfassade, legt König Friedrich Wilhelm IV. den Grundstein zur ersten festen Rheinbrücke. Die Kölner hätten sie lieber weiter stromaufwärts gesehen, aber des Königs Wunsch ist Gesetz, und er bestimmt auch, daß die Schienen, von Deutz kommend, genau in der Achse des Langhauses liegen müssen. Den schönen Anblick können zwar nur der Lokführer (und ehedem sein Heizer) genießen, aber Symbole an sich sind zuweilen auch ganz wichtig.

Dankbar gegenüber König und Kathedrale zeigt sich auch die Köln-Mindener-Eisenbahn-Gesellschaft, die zwar Förderer, im gleichen Maße aber auch Nutznießer der Riesenbaustelle und der neuen Touristenattraktion ist. Da wundert es nicht, daß der Eisenbahnpräsident zumindest zeitweise ganz nebenbei Präsident des Dombau-Vereins war.

Dort saß auch der Herr Kommerzienrat Gustav Mevissen, der 1855 die Humboldt AG in Deutz übernahm. Er konnte – welch schönes und nachahmenswertes Vorbild für heutige Unternehmer – die Zahl der dort Beschäftigten innerhalb von einundzwanzig Jahren von ursprünglich hundertfünfzig Beschäftigten auf deren eintausendvierhundert erhöhen; und das lag nicht zuletzt am ungeheuren Bedarf der »Großbaustelle Dom«. Inzwischen lieferten nämlich nicht mehr die Schmiede der Dombauhütte das dort benötigte Werkzeug, sondern Zangen und Meißel, Nägel und Klammern wurden maschinell hergestellt –

von modernen Hilfsmitteln wie Dampfmaschinen oder Eisenbahnwaggons ganz abgesehen.

Und auch geklüngelt wurde damals schon heftig. Als es um die Lieferung von Eisen für Dachstuhl und Dachreiter ging, lag – o Wunder – das Angebot der Kölnischen Maschinenbau Actiengesellschaft in Bayenthal urplötzlich rund einen Taler pro Pfund Eisen niedriger als das bis dahin günstigste Angebot der Düsseldorfer Gutehoffnungshütte. Allerdings hatten die Nachbarn aus dem Norden im Gegensatz zu den Bayenthalern keine Aufsichtsräte, die zugleich im Zentral-Dombau-Verein saßen und das Angebot (nachweislich) im nachhinein ändern konnten.

Doch Klüngel hin oder her, der Dom war zweifelsohne eine gigantische Arbeitsbeschaffungsmaßnahme, von der wir heute nicht einmal träumen können. Riesige Mengen an Baustoffen mußten herbeigeschafft werden, wovon naturgemäß die besagte Eisenbahn profitierte, aber auch die Spediteure und die Flußschiffahrt. Die Wirtschaft blühte genauso auf wie der Tourismus, und die Wirte machten folglich ebenso gute Geschäfte wie die Andenkenhändler.

Verwaltungsgebäude schossen aus der Erde, und Hotels entstanden, wofür in der Innenstadt eine Menge Platz benötigt wurde, auf dem bis dahin Wohnhäuser standen. Wenn wir heute beklagen, daß nur noch wenig mittelalterliche Bausubstanz des alten Köln existiert, dann ist das, so erstaunlich es klingen mag, weniger auf den Bombenhagel der letzten Kriegsjahre zurückzuführen als vielmehr auf den Bauboom in der ersten Hälfte des vorigen Jahrhunderts, dem ganze Straßenviertel zum Opfer fielen.

Auf der Dombaustelle wird inzwischen in geradezu atemberaubendem Tempo weitergearbeitet. Im März 1863 wird mit der Einwölbung des Querschiffs begonnen, die innerhalb von nur dreieinhalb Monaten beendet ist, und am 22. September ist auch die Vierung fertig. Der Innenraum des Doms ist vollendet. Die Zwischenwand, im 13. Jahrhundert als vermeintlich kurzlebiges Provisorium errichtet, wird abgerissen.

Gefallen ist die böse Wand, gefallen,
die Schiff und Chor so lange hielt geschieden;
und wie er taucht in diesen tiefen Frieden,
durchmißt ein Blick die weiten Säulenhallen.

So dichtet Karl Simrock, der sein Gedicht am 17. November in der Bonner Universitätsaula persönlich vorträgt. Doch die Begeisterung der Dombaufeste von 1842 und 1848 bleibt aus. Vielleicht liegt es daran, daß der verehrte König Friedrich Wilhelm IV. nicht mehr lebt (auch Baumeister Zwirner ist kurz nach ihm am 22. September 1861 gestorben); eher ist es wohl die Sorge um die gigantische, noch zu bewältigende Aufgabe, die den Freudentaumel dämpft: die Vollendung der Türme.

Doch auch die macht Fortschritte. Schon bald bewegen sich auf dem Plateau des Nordturms auf Eisenbahnschienen Waggons, mit denen die schweren Steine bewegt werden. Im Februar 1868 wird mit dem Abbau des alten Krans auf dem Südturm begonnen, der Jahrhunderte hindurch das Wahrzeichen der Stadt gewesen ist. Eine Dampfmaschine hilft beim Hochziehen der Steine, bis es im Juli 1870 zu einer empfindlichen Störung des Baubetriebs kommt: Viele Bauarbeiter müssen in den Krieg gegen Frankreich ziehen, der jedoch schnell zu Ende geht.

Im Jahr 1873 sind alle Fenster im Obergaden eingesetzt; alle sind durch Spenden finanziert worden. Wohlgemerkt: Abgesehen von den durch König Ludwig I. gestifteten Bayernfenstern und anderen wenigen Ausnahmen nimmt man nur Bargeld an, keine Sachleistungen, vor denen schon Boisserée den Baumeister Zwirner 1844 ausdrücklich gewarnt hat:

»Der Hauptzweck dieser Zeilen ist übrigens, Dir die Besorgnis auszudrücken, welche mir die Nachricht in der gestrigen Allg. Zeitung erregt, daß man von Gent und Paris aus Glasgemälde in den Dom zu schenken beabsichtige! Solche Geschenke wären für die Einheit und die Harmonie des Gebäudes höchst gefährlich und würden unendliche Verlegenheiten verursachen.

Du mußt Dich durch Aufsetzung des Grundsatzes wehren, daß alle Glasgemälde für den Dom (mit Ausnahme derjenigen für die unteren Fenster des Schiffes, welche der König von Bayern machen läßt) in ein und derselben Weise, ganz in Übereinstimmung mit den alten bestehenden ausgeführt, daher von der Baubehörde bestellt werden müßten und also dafür nur Geschenke in Geld, keineswegs aber in natura angenommen werden können.

Triffst Du diese Vorkehrung nicht, setztest Du überhaupt nicht fest, daß keine Kunstwerke und bedeutenden Geräthe in den Dom geschenkt werden können, ohne vorher die gemeinschaftliche Genehmigung der k. Baubehörde sowohl als der erzbischöflichen Behörde erhalten zu haben, und verständigst Du Dich hierüber nicht mit dem Erzbischof, so gerätst Du in Verlegenheit, Geschenke annehmen zu müssen, welche das Gebäude entstellen, oder sie zurückweisen zu müssen.«

Rein also soll er bleiben, der Dom, und in die Höhe wachsen natürlich. Wenn auch im Laufe der folgenden Jahre noch vieles schiefläuft (zum Beispiel die Sache mit der Kaiserglocke), so kann dennoch niemand die Werkleute aufhalten, die am 23. Juli des Jahres 1880 um genau achtzehn Uhr den Nordturm des Doms vollenden. Stolz lassen sie sich feiern.

Auf dem zu diesem Zeitpunkt höchsten Gebäude der Welt.

Köln zwischen Kaiser und Kirche

Die Vollendung des Doms gerät zur Demontage des Denkmals

Der Kirchenschweizer in seinem roten Gewand hüstelt nervös und späht nach links. Seine Hand umklammert den Stab, das Zeichen seiner Amtswürde, während die Rechte immer wieder über den für diesen so feierlichen Tag extra gestutzten Backenbart streicht. Wo nur bleiben Seine Majestät?

Kaiser Wilhelm I. nebst Gattin Augusta rollen derweil die Hohe Straße nordwärts, biegen auf den Wallrafplatz ein und erwidern den spärlichen Beifall der die Straße säumenden Kölner mit ebenso sparsamen Gesten. Schließlich hält die zweispännige offene Kutsche vor dem in hellem Stein glänzenden Hauptportal des Doms.

Offiziere reißen die niedrigen Türen der Kalesche auf, kleine Treppen werden ausgeklappt; der Kaiser geht um die Kutsche herum, hilft seiner Frau galant heraus und bietet ihr den Arm. Eine Ordonnanz schreitet die Stufen voran, der Kirchenschweizer verbeugt sich eher höflich als demütig, und dann weist der Offizier auf den Herrn in der schwarzen Soutane des Domdechanten: »Der Herr Weihbischof, Dr. Baudri.«

Johann Anton Friedrich Baudri hat sich seit Tagen auf diesen Augenblick vorbereitet, und dennoch braucht der immerhin Sechsundsiebzigjährige all seinen Mut, um seine Füße so in den Boden zu stemmen, als bildeten sie den Sockel eines Denkmals. Keinen Schritt wird er auf das Kaiserpaar zugehen.

Ein unerhörter Affront.

Der keinem der zu Tausenden zählenden Kölner entgeht, die gekommen sind, um den grandiosen Festakt der Vollendung der Kathedrale nicht zu versäumen.

Und der tapfere Weihbischof scheut sich auch nicht, Seine Majestät daran zu erinnern, daß dieser die Schuld daran trage, daß das kaiserliche Paar nicht vom Erzbischof, sondern lediglich von einem seiner unbedeutenden Stellvertreter empfangen werde. Wilhelm bleibt gelassen: »Seien Sie versichert, daß, wie stets, so auch an diesem von der gesamten Nation freudig begangenen Tage das Walten ungetrübten Gottesfriedens allüberall im Reiche das Ziel Meiner unausgesetzten Sorge und Meiner täglichen Gebete bleibt.«

»Wo ist denn der Erzbischof?« fragt ein Ortsfremder einen neben ihm stehenden Einheimischen.

»Der ist doch längst fott!« antwortet der Gefragte, leicht irritiert durch die Tatsache, daß es anscheinend noch immer Leute aus deutschen Landen gibt, die davon nichts erfahren haben.

In der Tat saß zu diesem Zeitpunkt, als exakt sechshundertzweiunddreißig Jahre und drei Monate nach der Grundsteinlegung des Kölner Doms am 15. August des Jahres 1248 dessen Vollendung gefeiert wurde, der Erzbischof Dr. Paulus Melchers im Exil in Maastricht. Seine Flucht war der absolute Höhepunkt jenes unseligen Zwists zwischen dem preußischen Königreich der Hohenzollern, vertreten durch den unbeugsamen Kanzler Otto von Bismarck auf der einen, und dem ebenso kompromißlosen Papst Pius IX. auf der anderen Seite.

Worum ging es?

Nach Reformation, Humanismus und Liberalismus, gefördert durch die Französische Revolution und die nachfolgenden Napoleonischen Kriege, hatte die katholische Kirche seit Anfang des Jahrhunderts, nicht zuletzt durch die aggressive Politik der Jesuiten, damit begonnen, ihre starke Position zurückzuerobern. Den (protestantischen) Preußen war das Wiedererstarken ihrer zugewonnenen katholischen Gebiete im Osten (Posen) und Westen (Rheinland) mehr als verdächtig. »Ultramontan« nannte man diese Bewegungen, nach jenseits der Berge (Alpen) ausgerichtet und somit »Romhörig«.

Dem mußte, so wenigstens dachten die Preußen, schleunigst Einhalt geboten werden, und es begann mit dem sogenannten »Kölner Ereignis«, das darin bestand, daß man den Kölner Erzbischof einsperrte, weil dieser sich weigerte, das preußische Eherecht anzuerkennen. Das nämlich besagte, daß der Vater des Kindes auch dessen Religionszugehörigkeit zu bestimmen und eine entsprechende Erziehung zu gewährleisten hatte.

Demgegenüber lautete die entsprechende und bis in unsere Tage hinein gültige Weisung aus Rom, daß sich der nichtkatholische Partner in (damals ohnehin scharf mißbilligten) »Mischehen« damit einverstanden erklären mußte, das Kind unter allen Umständen katholisch taufen und erziehen zu lassen.

Die Preußen waren, das muß einfach festgehalten werden, damals uneinsichtig und kompromißlos bis hin zum törichten Starrsinn. So befand bei anderer Gelegenheit ein Berliner Innenminister: »Dem Untertanen ziemt es nicht, die Handlungen des Staatsoberhauptes an den Maßstab seiner beschränkten Einsicht anzulegen und sich in dünkelhaftem Übermut ein öffentliches Urteil über die Rechtmäßigkeit derselben anzumaßen!«

Eine derartige Überheblichkeit gegenüber einer gewissen Oberschicht von inzwischen weitgehend aufgeklärten Bürgern, vor allem aber gegenüber Rom, war, das hatten andere deutsche Herrscher schon Jahrhunderte zuvor erfahren müssen, sehr gefährlich. So wundert es nicht, daß der Kölner Erzbischof Clemens August Droste zu Vischering die Weisungen aus Berlin glatt ablehnte. Der Unbotmäßige wurde daraufhin festgenommen, als Häftling nach Minden gebracht, und Berlin hatte mit einem Schlag das gesamte (nahezu ausnahmslos katholische) Rheinland gegen sich aufgebracht, was den darüber erschrockenen König alsbald zum Einlenken bewegte.

Aber das war mehr als vierzig Jahre her, und diesmal war es Bismarck, der den Erzbischof und das ihn unterstützende katholische und föderalistisch gesinnte »Zentrum« zum Nachgeben zwingen wollte. Dem ostpreußischen Junkerssohn waren die Katholiken schon immer ein Dorn im Auge gewesen, und auf seiner Seite standen nicht nur die preußischen Adligen, sondern auch die Liberalen, die Geisteswissenschaftler und die Intellektuellen. Für die war der 1874 feierlich verkündete Unfehlbarkeitsbeschluß des I. Vatikanischen Konzils eine willkommene Kampfansage. Es war bezeichnenderweise der Mediziner Rudolf Virchow, für den der erstmals von ihm so genannte »Kulturkampf« eine grundsätzliche Auseinandersetzung zwischen konservativem Katholizismus und moderner Kultur darstellte.

Dabei hatte der Anlaß dieses Streits eher nichts mit Kultur zu tun. Vielmehr ging es zunächst darum, ob der Staat Ehen ohne den zuvor erteilten kirchlichen Segen schließen dürfe. Ein Gesetz, das Bismarck unter rüdesten Repressalien durchzusetzen versuchte. Allerdings fügte sich kein einziger Bischof der neuen Anordnung, und von viertausend katholischen Priestern in Preußen krochen ganze vierundzwanzig zu Kreuze.

Trotzdem ließ sich der »Eiserne Kanzler« nicht beirren: Priester durften von der Kanzel herab zu politischen Fragen keine Stellung mehr beziehen, die Aufsicht über alle Schulen wurde verstaatlicht, der Jesuitenorden verboten.

An der Spitze der Opposition steht traditionsgemäß,

wer auch sonst, der Kölner Erzbischof. Am 31. März 1874 wurde er festgenommen, weil er die zahlreichen gegen ihn verhängten Geldstrafen nicht mehr bezahlen konnte. Nun sollte er die Strafe absitzen. Paulus Melchers sagte dem Polizeipräsidenten Friedrich Leopold Devens, der ihm im von Gläubigen umlagerten Erzbischöflichen Palais an der Gereonstraße die böse Kunde überbringen mußte, er werde nur der Gewalt weichen.

Diesen Gefallen tat ihm der wackere Beamte, indem er ihn leicht am Arm faßte, womit der Gewalt Genüge getan war. Die den Erzbischof umgebenden Menschen küßten seinen Ring, sangen »Wir sind im wahren Christentum«, und der unbeugsame Märtyrer begab sich in den »Klingelpütz«, woselbst er bis zum Oktober blieb. Kaum war er frei, drohte bereits die nächste Verhaftung. Daraufhin floh der Erzbischof ins niederländische Exil und wurde 1876 durch den Berliner Gerichtshof für kirchliche Angelegenheiten für abgesetzt erklärt.

Wahrlich eine denkbar schlechte Situation, um über die Grenzen der Konfessionen hinweg die Fertigstellung des Kölner Doms zu feiern. Und obwohl in Rom inzwischen Leo XIII. zum neuen Papst gewählt worden war, ein Mann des Ausgleichs und der Verständigung, riet Bismarck seinem Kaiser dringend davon ab, überhaupt ein Domfest zu veranstalten. Der Kanzler fürchtete angeblich von katholischer Seite »Provokationen der maßlosesten Art«. Wilhelm I. aber bestand auf der Feier; seine Regierung dagegen ließ kaum eine Möglichkeit aus, das Kölner Domkapitel sowie hin und wieder auch die Kölner in ihrer Eigenschaft als katholische Rheinländer zu demütigen.

Die Bauhütte hatte alles daran gesetzt, daß die feierliche Vollendung am Jubiläumstag, dem 15. August, gefeiert werden konnte. Berlin ließ diesen Tag verstreichen. Das Festprogramm war lediglich zwischen Regierung, Stadt und Zentral-Dombau-Verein ausgearbeitet worden. Das

Domkapitel wurde ausgeladen. Es dürfe nach der weltlichen Feier zwar keinen Dankgottesdienst abhalten, wohl aber ein Tedeum singen, wurde aus Berlin signalisiert.

Das brachte das Faß zum Überlaufen. Der Zentrumsabgeordnete August Reichensperger, einer der führenden Köpfe des Zentral-Dombau-Vereins, legte zusammen mit mehreren Vorstandsmitgliedern aus Protest sein Amt im Festkomitee nieder und gab die berühmte Parole aus, nach der sich alle Katholiken Kölns an diesem denkwürdigen 15. Oktober des Jahres 1880 richten sollten: *würdige Zurückhaltung!*

So kam es zu der bizarren Situation, daß zur Einweihung einer katholischen Kathedrale lediglich die Glocken der evangelischen Kirchen läuteten, die der katholischen indes schwiegen, und daß der Dankgottesdienst nicht im Dom, sondern in der evangelischen Trinitatiskirche gefeiert wurde.

Nun muß natürlich gesagt werden, daß die Bevölkerung der Stadt Köln durchaus in zwei Lager gespalten war. Der kleine Mann, der (bis heute) gerne feiert, war von der Geistlichkeit zu oben erwähnter »würdiger Zurückhaltung« aufgerufen worden und hielt sich zumindest teilweise daran. Das liberale Großbürgertum dagegen konnte und wollte sich einen Boykott nicht leisten. Schließlich hatte man für den folgenden Tag einen riesigen und aus heutiger Sicht ebenso scheußlich-kitschigen Festzug finanziert, an dem die vornehmen Familien der Stadt in historischen Kostümen teilnahmen.

Wer dagegen treu zur Kirche stand, wie der Zentrumsabgeordnete Reichensperger, vergrub sich in seinem Haus. »Die Vollendung des Kölner Doms war der Traum meiner Jugend; wie schmerzlich ich es empfand, dieselbe nicht mitfeiern zu können, brauche ich wohl nicht erst zu sagen. Ich verbrachte die Feierlichkeitstage ganz still.«

Seine Frau »Clementine verließ das Haus nicht, dispensierte sich auch vom Flaggen und Illuminieren, wie mit ihr viele glaubenstreue Katholiken. Ich bin von Herzen froh, daß ich mich schlechthin von allem fernhalten konnte. Der Rausch geht vorüber, der Dom bleibt.«

Auch die Zeitungen kamen zu unterschiedlichen Beurteilungen. Die dem »Zentrum« nahestehende *Kölnische Volkszeitung* nannte zahlreiche Details aus dem Festzug aus historischer Sicht »verzerrend« und geradezu »lächerlich«. Dagegen höhnte das Satireblatt *Kladderadatsch*, auf dem letzten Markt seien »von Seiten des Centrums fünfzigtausend Stangen Meerettig gekauft worden, um mit ebenso viel Zwiebel am Tage der Einweihung des Cölner Doms unter den Ultramontanen eine weinerliche Stimmung zu erzeugen«.

Keineswegs geweint, sondern gejubelt wurde jedoch am Abend des 15. Oktober, und zu dieser Stunde werden sich vermutlich nicht einmal die gehorsamsten Katholiken in ihren Häusern verbarrikadiert haben. Zur späten Stunde nämlich wurde der Dom angestrahlt, und dieses Mal nicht mit Kerzen und Pechfackeln, sondern erstmals mit elektrischen Birnen!

Eine grandiose Leistung, denn bis dahin gab es zwar Glühbirnen, mit deren Hilfe man im heimischen Studierzimmer lesen und schreiben konnte, doch zum Anstrahlen eines derart riesigen Gebäudes reichte das naturgemäß nicht aus. Dazu mußten Bogenlampen her, aber die brauchten viel Strom, und den wußte man damals noch nicht über längere Strecken herbeizuführen.

Die Firma Siemens in Berlin besaß die notwendigen elektrodynamischen Maschinen, die Gasmotoren-Fabrik Deutz AG lieferte den seit damals berühmten Otto-Motor zum Antrieb, und so kam die weltweit erste »Flutlicht-Anstrahlung« eines Gebäudes zustande, zu der die gesamte Weltpresse nach Köln strömte und anschließend enthusiastische Berichte veröffentlichte.

In der *Kölnischen Zeitung* las man, wie »ein blendendes Lichtmeer die gigantischen Formen des schönsten aller Bauwerke mit magischem Glanze übergoß, als die schlanken Türme in ihrer vollen Schönheit aus dem dunklen Gerüst heraustraten und man jede Rosette, jede Fiale, jede Blume und jedes Zäckchen in wundervollem Schimmer sich abheben sah. Ein entzückendes Schauspiel.«

Die in Berlin erscheinende *National-Zeitung* bekannte gar: »Der ganze Wunderbau macht unter der großartigen Wirkung dieser Beleuchtung einen geradezu zauberhaften Eindruck, zu dessen Schilderung die Feder sich machtlos erweist.«

Ein verbitterter alter Mann dagegen verfolgte den Jubel und das Gezanke in Köln traurig aus seinem Exil an der Maas: Erzbischof Melchers. Er sollte nicht mehr an den Rhein zurückkehren, sondern wurde 1885 nach Rom gerufen, wo er 1895 starb.

Sein trauriges Los läßt uns fast vergessen, daß der Kölner Erzbischof im Grunde überhaupt nichts mit dem Dom zu tun hat. Der Dom gehört, wie jeder Kölner weiß, sich selber, hat sogar eine eigene Adresse (Domkloster 4), und noch heute muß der Kardinal, theoretisch wenigstens, den Dompropst fragen, wenn er die Kathedrale betreten möchte.

Das neue Domkapitel hatte mit dem des Mittelalters nur noch den Dom gemein. Entstammten einst die Mitglieder größtenteils wohlhabenden Adelsfamilien, wurde jetzt zwar zur Bedingung gemacht, daß die Anwärter Priester waren, mindestens fünf Jahre in der Diözesanverwaltung beziehungsweise in der Seelsorge gearbeitet oder aber Theologie (wahlweise kanonisches Recht) studiert hatten. Ihre Hauptaufgabe bestand (neben den religiösen Verpflichtungen) in der Beratung des Erzbischofs und der Verwaltung der Diözese. Vermögend mußten sie aber nicht sein; sie waren es auch nicht.

Blieben die Gläubigen. Wie wir wissen, wurde der Dom während der Franzosenzeit zur Pfarrkirche umfunktioniert. Selbst wenn man bedenkt, daß die Kölner Innenstadt damals sehr viel dichter besiedelt war als heute, konnte die Dompfarre im Gegensatz zu »normalen« Pfarreien keineswegs die Mittel aufbringen, ihre Pfarr-»Kirche« zu unterhalten, geschweige denn, das abgebrochene Werk zu vollenden.

Womit wir wieder bei der leidigen Frage des Geldes angekommen sind, mit dem wir das vorletzte Kapitel beschlossen hatten. Zwar steht der Dom jetzt endlich so da, wie Meister Gerhard selig sich ihn vermutlich im 13. Jahrhundert vorgestellt hat, aber nun wollen wir auch wissen, wie das denn gekommen ist.

In nicht einmal vierzig Jahren!

Und wer hat das bezahlt? Na, die Deutschen natürlich. Sollte man wenigstens meinen. Immerhin stand doch das ganze Volk hinter diesem Denkmal – oder?

Das ganze mit Sicherheit nicht. So wie sich heute nur solche Nationen strenge Umweltgesetze leisten, die sie sich wirklich leisten können, blühte auch im vergangenen Jahrhundert der Patriotismus nur dort besonders üppig, wo auch die Geschäfte florierten: bei den Bankiers und den Kaufleuten, bei den Industriellen und dem bessergestellten Handwerk. Hinzu gesellten sich der Adel, der, wenn schon kein Geld, so doch seinen guten Namen hergab, das Militär, das in allem dem Kaiser folgte, sowie Maler und Poeten, die anstelle von finanziellen Beiträgen romantische Bilder und begeisterte Reime beisteuerten und dafür erhielten, was Künstler immer bekommen, weil er besonders preiswert ist: Beifall.

Sicherlich eine beeindruckende Koalition, nur: Das ganze Volk vertrat sie bestimmt nicht. Das nämlich lebte in seiner Mehrheit in bitterer Armut, und wenn es auch mehrheitlich fromm und gottesfürchtig war, genügte ihm sicherlich das dringend überholungsbedürftige Pfarrkirchlein, und wer nicht am Rhein wohnte, sondern in der Lüneburger Heide oder im Pfälzer Wald, dem war der Kölner Dom, mit Verlaub, völlig schnuppe.

Wenn er denn je von ihm gehört haben sollte.

Aber wir brauchen gar nicht bei Sachsen oder Friesen nachzuhorchen. Es genügt, wenn wir einen Blick in die Wohnung der Familie Tewes werfen; es könnte auch die der Herkenraths sein oder die der Beckers. Da die Namen ohnehin erfunden sind, spielt das keine Rolle. Nur die Lebensumstände, unter denen sehr viele Menschen damals, man kann es kaum anders ausdrücken, dahinvegetierten, sind nicht der Phantasie entsprungen. So und nicht anders lebten weite Teile der Kölner Bevölkerung in der zweiten Hälfte des vorigen Jahrhunderts. Das wollen wir nicht vergessen, wenn wir von der Begeisterung über die Dom-Vollendung sprechen.

Christa Tewes ist vierunddreißig Jahre alt. Sie ist vor fünfzehn Jahren von Dormagen her in die Stadt gezogen, weil sie gehört hatte, daß in Köln Hausangestellte gesucht wurden. Die damals Neunzehnjährige, die gewohnt war, auf dem elterlichen Hof das Zimmer mit vier Geschwistern und ihr Bett mit der um zwei Jahre jüngeren Schwester zu teilen, empfand die Dachkammer, die man ihr in der Villa an der neuen Ringstraße anbot, als kleinen Palast. Daß der Hausherr ihr vom ersten Tag an nachstellte, empfand sie nicht als bedrohlich. Das hatte der Knecht zu Hause auch getan, und sie wußte sich die Männer vom Hals zu halten.

Wenigstens diejenigen, die ihr zuwider waren.

Nach einem halben Jahr glaubte sie, ihr Lohn sei doch arg karg, womit sie recht hatte. Folglich nahm sie eine Stelle in einer Seidenspinnerei an, wo sie das Dreifache verdiente; aber nun mußte sie sich plötzlich nach einer

Bleibe umsehen. Der Sommer in der unmöblierten Mansarde, in der außer einer Truhe nur ein altes Bett stand, war noch erträglich. Dann kam ein Mann, der ihr nicht zuwider war: Sie verliebte sich in einen spindeldürren Lehrer, der sie in einer Juninacht schwängerte, und damit war ihre Zukunft beendet.

Nach langem Suchen fanden sie eine Wohnung, wenn man die beiden Zimmer denn so nennen durfte, am Holzmarkt. Im März drauf kam aber ein schlimmes Hochwasser, und das ohnehin längst baufällige Haus stürzte ein. Die Eheleute waren froh, in einer noch schlimmeren Gegend, am Katharinengraben, unterzukommen. Kurz nach der Geburt von Josefine war Christa wieder schwanger. Ihr Arbeitgeber gab ihren Job einer Jüngeren, und nun mußte Ehemann Willi schon dreieinhalb Mäuler ernähren.

Als Georg geboren wurde, war die Miete nicht mehr zu bezahlen. Christa verbrachte drei Wochen vor einer Fabrik im Rechtsrheinischen, um Männer anzusprechen, die eine preiswerte Unterkunft suchten. Schichtarbeiter waren als Schlafgäste besonders begehrt, weil sie kein eigenes Zimmer beanspruchten, sondern tagsüber im Ehebett schliefen, das sie erst räumen mußten, wenn der Ehemann abends nach Hause kam. Auch die Kinder schliefen im ehelichen Gemach, selbst dann noch, wenn sie längst in der Pubertät waren und durchaus mitbekamen und begriffen, was sich zwischen Eheleuten abspielte. Kamen weitere Kinder, wurden die Betten der älteren in die Küche gestellt, was die verbleibende »Wohnfläche« noch weiter verringerte.

Zweizimmerwohnungen wurden zumeist von vier Personen bewohnt, wobei nicht nur die Küche, sondern auch Keller oder Mansarde als »Zimmer« gezählt wurden. Im günstigsten Fall bestand eine solche Wohnung also aus einer Küche und einem Schlafraum. Die Hauseigentümer kassierten zwar die Miete, trugen aber nichts zum Erhalt der Wohnsubstanz bei. Selbstredend auch nichts zur Errichtung hygienischer Lokalitäten oder einer vernünftigen Heizmöglichkeit. Es gab kaum ein Mehrfamilienhaus, das mehr als zwei Toiletten aufgewiesen hätte, und bei denen handelte es sich naturgemäß um »Plumpsklos«, da es weder ein Wasserleitungs- noch ein Kanalnetz gab.

Als Christas Kinder groß genug waren, einen gefüllten Eimer zu schleppen, wurden sie losgeschickt, um an den öffentlichen Brunnen alte Frauen anzusprechen, ob sie ihnen Wasser nach Hause tragen dürften.

Doch das war kein klares Brunnenwasser, wie wir uns das vielleicht vorstellen. Noch 1863 heißt es in einem Bericht:

»Zahllose Fabriken schütten alle erdenklichen schädlichen Stoffe über den Boden aus. Menschen und Thiere übergeben ihm ihre Exkremente. Auf den Marktplätzen, wo sich am häufigsten Brunnen befinden, führen die Standplätze der Droschkenkutscher dem Wasser Urin, vermischt mit im Regenwasser faulendem Heu, Stroh oder Hafer u. dgl., zu. In den Höfen stehen Latrinen, Ställe, Küchen usw. mit den Brunnen in Verbindung. Hier modert ein todtes Hausthier, dort nimmt der Boden Wasser von unseren Leichen auf, die glücklicherweise seit Anfang unseres Jahrhunderts außerhalb der Städte beerdigt werden …«

Ob gutes Wasser oder schlechtes, die Kölner mußten es trinken und die Kinder es schleppen. Selbst auf die kleinste Münze war Christa Tewes angewiesen, um ihre Familie notdürftig am Leben zu erhalten. Und dann hielt ihr eines Tages irgend jemand auf dem Buttermarkt eine Sammelbüchse des Dombau-Vereins entgegen.

Errötend verschweigen wir an dieser Stelle ihre direkte Rede, aber wir unterschlagen nicht, was andere in Christas Namen niedergeschrieben haben, einige Dichter zum Beispiel.

Am 4. Mai 1842 brach auf dem Hamburger Hopfenmarkt ein Feuer aus, das schnell auf den Turm der Nicolai-Kirche übergriff, so daß dieser zusammenstürzte und alle umliegenden Häuser in Brand setzte. In den darauffolgenden Tagen bis zum 8. Mai brannten im Hamburger Hafenviertel insgesamt über eintausendzweihundert Wohnhäuser ab. An die zwanzigtausend Menschen wurden obdachlos.

In einem anonymen Pamphlet, das angeblich vom Kölner Dombau-Verein herausgegeben worden war, hieß es in diesem Zusammenhang: »Es gilt, der reinsten Menschenliebe einen Tempel zu bauen, aber unter freiem Himmel zu wohnen kann man in unserem Vaterland niemandem zumuthen; daraus folgt, daß Häuser mehr und dringender Not tun als Kirchen, absonderlich solche wie der Kölnerdom. Also die Häuser aufgebauet, wo irgendeines zerstört ist; mit den Kirchen hat es Zeit, wenn alle Menschen ein Obdach haben.«

Das Pamphlet tut seine Wirkung: Von der *Kölnischen Zeitung* organisierte Sammlungen erbringen an die zwanzigtausend Taler für die obdachlos gewordenen Hamburger. Doch die soziale Frage ist nicht vom Tisch. Zu groß ist das Elend in den Städten. Auf einem der ganz wenigen sozialkritischen Gemälde der Zeit zeigt Wilhelm Kleinenbroich das Erheben der sogenannten Mahl- und Schlachtsteuer, die jeder Bauer vom Land zu entrichten hatte, der in der Stadt Köln seine Ware verkaufen wollte. Das verteuerte das Angebot natürlich erheblich. Das Bild zeigt Zöllner, die Bauern kontrollieren und Adlige lässig vorbeiwinken, die mit erlegtem Wild unbeanstandet die Tore passieren dürfen.

Revolution liegt in der Luft.

Und, zumal bei den freigeistigen Künstlern, eine offen zur Schau getragene Abneigung gegenüber Rom, das als Feind jedweder freien Meinungsäußerung und der Demokratie als solcher angeprangert wird. Selbst Heinrich Heine, einst ein glühender Fürsprecher der Dom-Idee (immerhin war er führender Kopf in der Pariser Sektion des Dombau-Vereins), wendet sich ab und wird zum erbitterten Feind des Weiterbaus. Er dichtet:

Ihr armen Schelme vom Domverein,
ihr wollt mit schwachen Händen
fortsetzen das unterbrochene Werk
und die alte Zwingburg vollenden!

O törichter Wahn! Vergebens wird
geschüttelt der Klingelbeutel,
gebettelt bei Ketzern und Juden sogar;
ist alles fruchtlos und eitel.

Levin Schücking dichtet in Anspielung auf ein Christus-Zitat ironisch:

Was Ihr dem geringsten unter Euch schenkt,
es ist wie mir selber gegeben.
So sprach einstens Christus, doch dacht' er dabei
an Wesen, die athmen und leben.

Und auch Annette von Droste-Hülshoff schwankt zwischen Begeisterung, Beklommenheit und Zorn. Zunächst Unterstützerin des Weiterbaus, äußert sie schon bald Bedenken, ob da wirklich noch Gottes Geist walte:

Wo Deine Legion o Herr,
die knieend *am Altare baut?*
Wo, wo ein Samariter, der
in Wunden eine Träne taut?

Um schließlich die Heuchler anzuprangern und zu fordern:

> *Oh, Er, der alles weiß, er kennt*
> *auch Eurer Seele ödes Haus;*
> *baut Magazin und Monument,*
> *doch* Seinen *Namen laßt daraus!*

Heinrich Böll nörgelt in der ihm eigenen Art über die ihm unsympathischen Domtürme:

»Sie sind ein überflüssiges Hohenzollerngebilde. Ich find' das viel schöner, dieses mittelalterliche Provisorium mit dem Kran. Die Preußen haben den Dom dann gebaut und diesen ganzen vaterländischen Scheiß drum gemacht.«

Die Mehrzahl der Kölner sieht das allerdings ganz anders. Nicht nur die »Bläck Fööss« meinen, man solle den Dom in Kölle lassen, weil er halt dahin gehört. Selbst jene Bürger, die einst mit Böll sympathisierten und vor hundert Jahren ganz sicherlich nicht »Zentrum« gewählt hätten, reklamieren heute den Dom (und zwar den fertigen) für sich und ihre Stadt, die sie ganz selbstverständlich die »Domstadt« nennen.

Was ein Wormser oder Bamberger nie wagen würde.

Aber der Dom, einst Denkmal einer jungen Nation, ist längst zum Kölner geworden, und Kölner waren es auch, die mit der Gründung des Dombau-Vereins die Fertigstellung der Kathedrale gesichert haben. Wer nun fragt, was an einer Vereinsgründung so Tolles ist, muß sich in das Jahr 1840 zurückversetzen. In den Gedichten klingt es an, und wir haben es weiter oben schon gesagt: Es roch nach Aufstand.

Die Majestäten in Europa waren nervös. Sie sahen es nicht gerne, wenn sich Bürger zusammensetzten; das sah verdächtig nach Zusammen*rotten* aus. Wer weiß, was sie hinter ihren Weinkrügen und Bierbechern ausgluckten! In dem weitgehend von Metternich beeinflußten Deutschen Bund gab es deshalb weder eine Vereinsfreiheit noch ein Versammlungsrecht.

Entsprechend devot war die Tonlage, mit der sich zweihundertvier Kölner Bürger am 3. September 1840 in einem Brief an König Friedrich Wilhelm IV. wandten und erneut um die Erlaubnis baten, ihren Dombau-Verein zu gründen. Das nämlich war bitter nötig, denn in Berlin glaubte man allen Ernstes, die zehntausend Taler jährlich, die 1823 für die Erhaltung der Kathedrale bewilligt worden waren, würden ausreichen.

Von den Bauleuten bedrängt, die Zuschüsse zu erhöhen, beschied die Regierung die Kölner, dann müßten sich auch die Gläubigen in stärkerem Maße engagieren. So wurde zunächst einmal die Kathedralsteuer erhoben, die bei Taufen, Eheschließungen und Beerdigungen fällig wurde. Da Bedürftige davon befreit werden konnten und die Seelenhirten ihre Schäfchen nicht zu sehr schröpfen wollten, blieben die Einnahmen weit hinter den Erwartungen zurück.

Daraufhin wurde eine Dom-Kollekte angeordnet, die noch heute einmal im Jahr in allen katholischen Kirchen der Erzdiözese durchgeführt wird. Die so einkommenden zweiundzwanzigtausend Taler im Jahr reichten gerade für die Erhaltung des Doms, keinesfalls aber für den Weiterbau. Ausgerechnet ein Düsseldorfer, der Konsistorialrat Johann Vincenz Josef Bracht, war es, der 1838 die Gründung des Vereins vorschlug. Dem damaligen König Friedrich Wilhelm III. war derartiges aber viel zu suspekt, und erst sein Sohn, den Boisserée schon für den Dom hatte begeistern können, erteilte seine Zustimmung.

Eigentlich konnte er auch gar nicht anders, denn im Gegensatz zu den feurigen Romantikern, die das Wort »Dom« nur im Zusammenhang mit »Vaterland, Nation und Einheit« in den Mund genommen hatten, bezeichneten die Kölner ihre Kathedrale nun listigerweise als ein »Abbild des Preußenstaates«. So viel Zuneigung aus dem Rheinland brachte den König zum Schmelzen. Seine Zustimmung war sogar so formuliert, daß sie als Auftrag interpretiert werden konnte, und mit dieser Art majestätischen Rückenwindes fiel den Initiatoren das Werben für ihre Neugründung leicht.

Zumindest für die begüterten Schichten schickte es sich ganz einfach nicht, abseits zu stehen, wenn der König selber aufrief. Wer sich ihm zur Seite gesellte, gehörte dazu, war »in«, wie es heute heißt, bewies darüber hinaus nicht nur vaterstädtische Gesinnung, sondern gewann zusätzliches Ansehen in der Gesellschaft.

Besonders profitierten davon auch jene Gruppen, die lange aus der Stadt verbannt gewesen waren: die Protestanten und die Juden. Charlotte Freifrau von Oppenheim beispielsweise stiftete zur Erinnerung an ihren verstorbenen Mann, den jüdischen Bankier Abraham von Oppenheim, die figürlichen Darstellungen für zwei Fenster im Dom, und ein drittes schenkte Simon, ein anderer Bankier aus der Familie Oppenheim. Die Familie wurde übrigens erst aufgrund ihres Einsatzes für den Dom in den Adelsstand erhoben!

Der Mindestjahresbeitrag im Dombau-Verein betrug einen Taler, was wir erst dann würdigen können, wenn wir wissen, daß ein Packer im Hafen für dieses Geld immerhin vier Tage arbeiten mußte. Es waren also nicht gerade die Armen, die das Gros der Mitglieder stellten. Immerhin war bei den Festen des Vereins Abendgarderobe angesagt – die besaß ohnehin nur die High-Society –, und zwei Taler für eine Flasche Champagner waren ebenfalls ein stolzer Preis.

Trotzdem gibt es auf den Mitgliederlisten schon merkwürdige Eintragungen. Da finden wir beispielsweise den stud. phil. Joh. Koosen aus Lübeck oder den Küster Meyer aus Lindlar, den Ackerer Bingen aus Longerich neben dem Hauptmann und Strafanstaltsdirektor von Grabowsky aus Lichtenburg, und sogar ausländische Exoten wie den Freimaurer (!) Blücher von Wahlstadt aus Luxemburg oder einen gewissen Mijnheer Bonhomme aus Maastricht, der »Maître de la poste au Cheveaux« ist, also Chef einer Pferdepoststation.

Brav zahlen sie ihren Beitrag, und überall schießen Dombau-Hilfsvereine aus dem Boden: in Paris, in Rom und selbst in Mexiko. Ihre Zahl wird so groß, daß sich der Kölner Verein zur Unterscheidung in Zentral-Dombau-Verein umbenennen muß. Die Spendenfreudigkeit ist enorm. Franz Liszt reist eigens aus Paris an und gibt ein Konzert (Reinerlös: zweitausendneunundsiebzig Taler), und eine besonders hübsche Idee hat der Herzog Prosper von Arenberg: Er meldet alle fünfhundert Kinder, die in Kölner Waisenhäusern leben, als Mitglieder an und zahlt für sie den vollen Beitrag.

Aber schon nach wenigen Jahren bricht die Begeisterung dramatisch weg. Liegt es an den politischen Wirren? Daran, daß der Innenraum des Doms inzwischen fertiggestellt ist und »nur noch« die Türme fehlen? Liegt es an einem grundsätzlichen Sinneswandel wie dem im 16. Jahrhundert, als der Dombau schon einmal unterbrochen werden mußte? Verzagtheit macht sich breit. Im Dombau-Verein wird gerechnet und festgestellt, daß es, wenn keine neuen Geldquellen zum Sprudeln gebracht werden können, noch an die fünfzig Jahre bis zur Vollendung dauern werde.

Das würde keiner der Anwesenden mehr erleben.

Ein paar Herren gingen in Klausur, und im Dezember 1863 beantragte der Verwaltungsausschuß des Zentral-Dombau-Vereins beim preußischen Innenministerium die Genehmigung einer Dombau-Lotterie Das war ein ziemlicher Hammer, denn eine Lotterie ist eine Art Glücksspiel, und das schickte sich einfach nicht. Wenigstens nicht offiziell. Und schon gar nicht für das gemeine Volk. Also wurde das Unternehmen auch nicht als Lotterie genehmigt, sondern als »Prämien-Collecte«.

Immerhin betrug der Hauptgewinn unglaubliche hunderttausend Taler, und jetzt hilft wieder nur ein Vergleich: Der damals reichste Mann in Köln war der Zuckerfabrikant Carl Joest. Er versteuerte ein Jahreseinkommen von sechzigtausend Talern; der Bankier Herstatt gar nur die Hälfte davon. Wenn man denn bei allen Unwägbarkeiten umrechnen will, könnte man in etwa sagen, daß jener Hauptgewinn, von dem man nicht einmal mehr weiß, wer ihn bekommen hat (»irgend jemand aus dem Mecklenburgischen«) nach heutiger Währung eine Kaufkraft von rund fünfundzwanzig Millionen Mark besessen hat.

Im ersten Jahr blieb von der Lotterie ein Reingewinn von einhundertsiebenundsiebzigtausend Talern. Das war zwar nur die Hälfte des Erwarteten, aber das hieß zumindest Weiterbauen! Und um nichts anderes ging es in diesem Augenblick.

Deshalb schrieben die dankbaren Kölner einmal mehr an den »über alles geliebten Herrscher« nach Berlin, was sich dann über Seiten hinweg so liest: »In tiefster Ehrfurcht naht der unterthänigste Vorstand des kölner Dombau-Vereins dem Throne Ew. Königlichen Majestät, um für sich und die Vereinsgenossen den wärmsten Dank für die Huld darzubringen, welche von der Höhe dieses Thrones herab seinen Bestrebungen zu Theil geworden ist ...«

So brav können Kölner sein.

Solange man keinen Erzbischof verjagt, den sie lieben.

Von Bomben und Bunkern

Nach dem Krieg retten Kanadier und Kriminelle die Kathedrale

Der Mann hatte schreckliche Angst. Dabei war er Offizier und der Krieg längst zu Ende. Aber auch Offiziere machen zuweilen vor Angst in die Hose, beinahe wenigstens, aber es gibt nur wenige, die das zugeben.

Michael Ross gehörte zu ihnen. Vielleicht weil er kein roher Landsknecht war, sondern von Hause aus Maler und im besiegten und besetzten Deutschland als »Kunstoffizier« eingesetzt. Was immer das sein mochte. Jedenfalls arbeitete er in einem Zimmerchen (»so groß wie ein Schrank«) im Hauptquartier der britischen Rheinarmee in Düsseldorf, und eines Tages kam sein Vorgesetzter, der Brigadier Ashworth Barraclough, zu ihm und schickte ihn nach Köln. Ein harmloser Auftrag, so schien es, aber er endete vorläufig damit, daß er jetzt auf dem Südturm des Kölner Doms kauerte, den der alles andere als schwindelfreie Michael Ross nicht ohne Probleme erklommen hatte.

Jeden Augenblick mußte es knallen.

Seine Kameraden von den Pionieren nämlich waren damit zugange, die Trümmer der von den abziehenden Deutschen in die Luft gejagten Hohenzollernbrücke wegzusprengen, die unter Wasser in der Fahrrinne lagen und die Wiederaufnahme des Schiffsverkehrs unmöglich machten. Nun sollten nicht nur Sprengexperten, sondern sogar Laien wissen, daß Druckwellen schwerer Explosionen sich unter Wasser mit besonderer Wucht ausbreiten und das nahe Ufer sowie alle Gebäude, die sich darauf befinden, stärksten Erschütterungen aussetzen. Entweder war das den Kameraden des Kunstoffiziers Ross nicht bewußt, oder aber sie glaubten, keine Rücksicht mehr nehmen zu müssen, weil in Köln ohnehin kein Stein mehr auf dem anderen stand.

Dem war aber nicht so. Wenigstens nicht ganz.

Immerhin stand noch das, was vom Dom übriggeblieben war, und Dombaumeister Willy Weyres lief zu Josef Frings, und der Erzbischof seinerseits wandte sich ans Hauptquartier nach Düsseldorf. Da Brigadier Barraclough gottlob Verstand besaß (obwohl er es war, der den damaligen Kölner Oberbürgermeister und späteren Bundeskanzler Konrad Adenauer wegen Unfähigkeit entließ), schickte er seinen Kunstoffizier zur Inspektion nach Köln, der sich kurz darauf vor der Kathedrale mit dem Dombaumeister und einem hünenhaften Mann mit Vollbart traf, der ihm als der Franziskanerbruder Josaphat (erlernter Beruf: Zimmermann) vorgestellt wurde. Er hatte während des Krieges zusammen mit anderen Männern die Dächer des Doms bewacht und manche Brandbombe gelöscht.

Die drei Männer verabredeten, daß Michael Ross den Südturm ersteigen sollte, während Weyres und Bruder Josaphat die Wirkung der nächsten Sprengung in der Kathedrale selbst beobachten wollten.

Da kauerte er nun, der Herr Kunstoffizier, und blickte über die Brüstung hinab auf das, was von Köln übriggeblieben war. Im Grunde genommen war es nichts. Ein Schutthaufen, in den schmale Gassen geschaufelt worden waren, durch die sich hin und wieder ein Armeefahrzeug schob, einer bekümmerten Ameise ähnelnd, die, alt und gichtig geworden, den Weg zurück zu ihrem Bau sucht.

Das steile Dach des Langschiffs bot einen trostlosen Anblick. Dabei hatte man doch (wohl aus schlechtem Gewissen) seinen Landsleuten daheim immer wieder versichert, dieses Wunderwerk der gotischen Baukunst habe den Bombenhagel nahezu schadlos überstanden. Die Wahrheit sah anders aus. Von einem Dach konnte man im Grunde kaum noch sprechen. Der eiserne Dachstuhl war zwar noch vorhanden, aber von den Bleiplatten lag so gut wie keine mehr da, wo sie hingehörte; alle hatten sich verbogen und ließen das Regenwasser ohne jeglichen Widerstand eindringen. Wenn es denn nicht die Druckwellen der Unterwassersprengungen vermochten, so würden Wind und Wasser den Dom innerhalb kürzester Zeit endgültig zugrunde richten.

Während der Kunstoffizier Michael Ross dieses Werk der Zerstörung betrachtete, ging plötzlich die Welt unter: Eine fürchterliche Explosion zerriß ihm nahezu die Trommelfelle, warf ihn zurück an die Balustrade, ließ rings um ihn herum riesige Steinbrocken und Fialen abstürzen; die Türme schwankten wie trunken hin und her, Bleiplatten rutschten das steile Dach des Langschiffs herab und schlugen tief unten irgendwo zwischen den Trümmern auf.

Dantes Inferno war losgebrochen.

Dabei war es nur eine jener Sprengungen, wie man sie seit einiger Zeit täglich an der Stelle der ehemaligen Hohenzollernbrücke vornahm.

Michael Ross machte sich nicht in die Hose, was auch peinlich gewesen wäre, weil er sich eine Viertelstunde später, noch immer mit butterweichen Knien, erneut mit dem Dombaumeister und dem bärtigen Bruder traf. Zuvor jedoch mußte sein Schutzengel (den haben auch Offiziere) erneut die Hand über ihn halten, weil unser junger Freund nach seinem Abstieg noch einmal ins Dominnere gegangen war, um nachzusehen, ob die neuerliche Sprengung weiteren Schaden angerichtet habe.

Das hatte sie anscheinend jedoch nicht, so daß sich Ross halbwegs erleichtert nach draußen begab. Er befand sich noch unter der Tür, als mit Donnergetöse mehrere Gewölbe ein- und damit Hunderte Tonnen von Gestein herabstürzten. Es war allerhöchste Zeit, mit den Pionieren zu sprechen. Was Erfolg hatte: Die Sprengladungen wurden reduziert; es gab keine weiteren Einstürze, nur das Dach blieb so löcherig wie eine Hängematte.

Ein Wunder mußte her.

Dies geschah wie immer auf Umwegen und begann damit, daß die Stadt Danzig den Russen übergeben wurde, wodurch (die besonderen Umstände hat Michael Ross nie erfahren) dort plötzlich zehn Majore der kanadischen Militärpolizei überflüssig und zum britischen Hauptquartier nach Düsseldorf abkommandiert wurden.

Da fragt man sich natürlich als Brigadier, was man von heute auf morgen mit zehn »Mounties« anfangen soll, und weil Ashworth Barraclough das nicht wußte, teilte er sie seinem Kunstoffizier Ross zu nach der Devise: Mach damit, was du willst, aber schaff sie mir vom Hals!

Nun kamen diese kanadischen Majore nicht per Bahn in Düsseldorf an, sondern jeder im eigenen Jeep, und einen Fahrer hatten sie auch dabei. Michael Ross hingegen erinnerte sich an seine Ausbildung daheim, wo genaue Listen angelegt worden waren, welche Firma im Rheinland was produzierte. Diese Listen hatte Ross mitgebracht und verteilte sie an seine kanadischen Kameraden. Die wiederum klapperten damit die nähere und weitere Umgebung ab, und in Neuss wurden sie tatsächlich fündig: Dort existierte ein Lager, in dem ausreichende Mengen an Zinnblechen lagerten.

Genau das wurde in Köln gebraucht.

Aber mit den Zinnblechen allein war es nicht getan. Man mußte sie schließlich erst einmal nach Köln und dann noch aufs Dach des Doms bringen. Aber das ist das Faszinierende in Zeiten der Anarchie: Josef Frings schrieb ein Hirtenwort, mit dem er Freiwillige aufforderte, für die Rettung des Doms nach Köln zu kommen. Als Entgelt gab es vegetarische Küche, frisches Gemüse, von frommen Nonnen im Klostergarten gezogen und liebevoll zubereitet. Dafür würde heute vermutlich niemand mehr auch nur das linke Augenlid heben. Damals war Essen jedoch der bestmögliche Lohn überhaupt, und so strömten bald zahllose Männer nach Köln. Mehr als notwendig, weil noch kein Stück Blech aus Neuss angekommen war.

Hier half, eigentlich auch überhaupt nicht zuständig, der Oberbürgermeister von Düsseldorf aus, der aus dem dortigen Gefängnis »Ulmer Höh'« Schwerkriminelle abkommandierte, die den Transport – bei Nacht! – durchführten. Alles verlief reichlich außerhalb jeder Legalität, frei nach dem Wort des Erzbischofs: »Der liebe Gott, der is nich eso pingelig!«

Das glaubte Josef Frings übrigens auch bei den seinerzeit noch sehr streng gehandhabten Bestimmungen, was die Kommunion anging. Einst durfte man vor deren Empfang rein gar nichts zu sich nehmen; nicht einmal einen Schluck Wasser. Als die Leute im Krieg zunehmend schwach und schwächer wurden, waren Kaffee, Tee oder Milch zugelassen. Schließlich gestattete Frings, seit dem 1. Mai 1942 Erzbischof von Köln und seit Februar 1946 Kardinal, seinen hungernden Gläubigen, vor der Kommunion »flüssige« Nahrung zu sich zu nehmen. Und auf die naheliegenden Frage, was denn im konkreten Fall unter »flüssig« zu verstehen sei, antwortete er in der ihm eigenen pragmatischen Weisheit: »Wenn der Löffel drin umfällt.«

Das tut er bekanntlich auch in Erbsensuppe.

Michael Ross jedenfalls brachte es mit Hilfe des Franziskanerbruders Josaphat und der Freiwilligen, mit seinen Kanadiern und den Düsseldorfer Kriminellen in relativ kurzer Zeit fertig, das nahezu völlig zerstörte Dach provisorisch abzudichten. Das trug ihm zwar einen sanften Tadel des Brigadiers Barraclough ein, aber auch die ewige Dankbarkeit der Kölner, deren Ehrengast er übrigens beim ersten Domfest nach dem Krieg im Jahr 1948 war.

Bekanntlich hatte sich Hermann Göring als Oberbefehlshaber der Luftwaffe zu Anfang des Krieges öffentlich zu dem Versprechen verstiegen, man dürfe ihn Meyer (wahlweise Meier, Maier oder Mayer) nennen, wenn es auch nur einem einzigen englischen Flugzeug gelänge, die deutschen Grenzen zu überfliegen. Zwar wagte es später niemand, ihn so zu rufen, doch Anlaß gab es schon bald zur Genüge.

Die Einzelheiten des Luftkrieges lassen sich in jedem Geschichtsbuch nachlesen. Für die Geschichte der Kathedrale interessant ist indes die erstaunliche Tatsache, daß es dem Kapitel gelang, die Bauerlaubnis für einen Bunker zu bekommen, der unter dem Nordturm entstehen sollte, um wenigstens einen Teil des Domschatzes aufzunehmen. Immerhin gehörte damals eine Menge Courage dazu, eine offizielle Stelle aufzusuchen, um (durch die Blume natürlich) dort zu sagen: Was dieser Schwätzer Göring sagt, ist doch Kokolores. In kürzester Zeit wird es hier Bomben hageln, und wir müssen Vorsorge treffen.

So etwas nannte man damals (und in Diktaturen wohl heute noch) Defätismus, und dafür konnte man schnurstracks ins KZ wandern. Gott sei Dank aber war das Bespitzelungsnetz im Dritten Reich lange nicht so dicht gesponnen wie in der ehemaligen DDR, und so fand man doch immer wieder einen leitenden Beamten in einer Behörde oder einem Ministerium, der beide Augen zudrückte und auf höchst illegalem Dienstweg Papiere unterschrieb sowie Anträge genehmigte, die bei den Parteibonzen größtes Stirnrunzeln ausgelöst hätten.

Um es besonders vorsichtig auszudrücken.

Hans Güldenpfennig, von 1927 bis 1944 Dombaumeister, war sicher kein fanatischer Nazi. Aber er war auch nicht gerade ein Widerstandskämpfer; sonst wäre er nach 1933 nicht in seinem Amt verblieben. Aus seiner Amtsperiode stammen übrigens noch ein paar kleine Hakenkreuze am Dom. Sie befinden sich hoch oben an Balustraden unterhalb des Dachs, und dort können sie niemanden provozieren. Steinmetzen aus der Nazizeit haben sie hinterlassen; man könnte sie leicht entfernen, aber sie gehören zur Geschichte des Doms, und deshalb läßt man sie da.

Güldenpfennig, der ganz im Stile vieler seiner Zeitgenossen, man denke nur an Albert Speer, von monumentalen Städtebauprojekten träumte, hätte sich ohne Zweifel lieber ein anderes architektonisches Denkmal gesetzt. Doch dazu ist es nie gekommen. So konzentrierte sich der inzwischen Siebenundsechzigjährige ganz auf den Bau des Dombunkers, den er, wenn auch in kleinerem Maßstab, dem Pantheon in Rom nachempfand.

Nun bot sich eine Dachkuppel förmlich an, da mit dem Schlimmsten gerechnet werden mußte und eine Kuppel das tragfähigste Schutzdach darstellt. Aber Güldenpfennig ließ die fünfundachtzig Zentimeter dicken Außenmauern aus Ziegeln errichten, deren Muster sehr römisch wirkten und an die erhaltenen Türme der antiken Stadtmauer erinnerten. Im Inneren des Bunkers gab es zwei starke Betondecken, so daß insgesamt drei Lagerflächen für Schätze aus dem Dom zur Verfügung standen.

Als der Bunker Ende 1943 endlich fertig war – der Dom hatte schon schwere Kriegsschäden erlitten –, stellte sich heraus, daß es in seinem Inneren viel zu feucht war, so daß man mit dem Einräumen der Schätze bis zum Sommer 1944 warten mußte. Stephan Lochners prachtvolles Bild mit den Stadtpatronen hatte man, weil der Bunkerbau nicht rechtzeitig begonnen worden war, vorsorglich nach Pommersfelden (bei Nürnberg) ausgelagert. Da es dort aber nicht mehr sicher erschien, brachte man es im September 1944 nach Köln zurück. Um es überhaupt im Bunker unterbringen zu können, mußte nachträglich ein Loch in den Betonsturz über der Tür gestemmt werden, was beweist, daß man bei allem Ehrgeiz nicht wirklich an alles gedacht hatte.

Ohnedies war nicht nur das Lochner-Bild, sondern der größte Teil des Domschatzes nach außerhalb verbracht worden, unter anderem in die Eifel. Die Reliquien der Könige hatte man an einer bis heute geheimgehaltenen Stelle im Dom versteckt, und in den Bunker stellte man nur den Schrein. Das »Unternehmen Bunker« war nicht sonderlich geglückt, aber Dombaumeister Güldenpfennig hatte immerhin daran gedacht, daß einmal der Zeitpunkt kommen könnte, wo sein Werk überflüssig würde.

Aus diesem Grund hatte er den Bunker frei unter den Nordturm gestellt und ihn nicht mit dessen Mauerwerk verbunden. Trotzdem bereitete der Abriß, mit dem Ende Januar 1986 begonnen wurde, erhebliche Probleme. Eine »sanfte Sprengung«, wie von einigen Experten vorgeschlagen, wurde wegen der Gefährdung der Domfenster abgelehnt. Also blieben nur die Preßlufthämmer.

Die damit verbundene Staub- und Lärmbelästigung ist leicht vorstellbar. Der gesamte Raum mußte mit Hartfaserplatten abgesperrt und mit Schaumstoff staubsicher abgedichtet werden. Außerdem durfte nur nachts gearbeitet werden, und so dauerte es einen ganzen Monat, bis die zweihundertsechzig Kubikmeter Ziegelwerk abgerissen und fortgebracht worden waren.

Seitdem sind die Domführer um den Spaß gebracht, die neugierigen Fragen nach dem »runden Ding da« mit der Erklärung zu beantworten, es handele sich hierbei um das Grabmal von Tünnes und Schäl.

Zu den mutigen Männern im Dritten Reich, denen es völlig wurscht war, ob Göring Meyer hieß oder nicht, gehörte der Konservator der Kunstdenkmale in Preußen, Dr. Robert Hiecke. Bereits im Februar 1940 (!) genehmigte er das Geld, das für den Ausbau der wertvollen alten Fenster im Chor-Obergaden benötigt wurde. Die kostbaren

Scheiben wurden sorgfältig verpackt und sollten in jenem Bunker in Sicherheit gebracht werden, der damals an der Südseite der Kathedrale auf dem heutigen Roncalliplatz errichtet wurde. Bei diesen Ausschachtungsarbeiten stieß man 1941 übrigens auf das berühmte Dionysos-Mosaik, das heute Bestandteil des Römisch-Germanischen Museums ist.

Und besagter Ministerialdirektor Robert Hiecke unterstützte auch nachhaltig das Ersuchen des Domkapitels, mit dem der Reichsminister für Bewaffnung und Munition dringend darum gebeten wurde, die Petersglocke (den »Dicken Pitter« also) nicht einschmelzen zu lassen. Tatsächlich wurde die drohende Beschlagnahme einstweilen zurückgestellt, weil »sich der Ausbau der Glocke doch als recht schwierig erweist und ein Zerschlagen nicht wünschenswert erscheint«.

1942 arbeiteten in der Dombauhütte nur noch sechsundzwanzig Männer. Alle Restaurierungsarbeiten waren eingestellt worden. Die Werkleute waren ausschließlich damit beschäftigt, die wertvollsten Kunstschätze fortzuschaffen oder vor Ort abzusichern.

Nach den Fenstern des Chors wurden auch die des 19. Jahrhunderts in den Bunker auf dem (heutigen) Roncalliplatz gebracht. Vor die Chorschranken wurden Mauern gesetzt. Der Agilolphusaltar wurde ebenfalls eingemauert. Alle im Dom verbliebenen Holzteile wurden mit feuerfesten Substanzen behandelt; ebenso die Schutzkästen um die Figuren an den Chorpfeilern.

Im Dach warteten die Männer der Dombauhütte auf die Bombenangriffe. Es sollten insgesamt zweihundertzweiundsechzig werden, und fünfzig davon wird man später als besonders schwer einstufen. Der erste, die Kölner nannten ihn den »Tausend-Bomber-Angriff«, die Nazis gebrauchten erstmals den Begriff »Terror-Angriff«, erfolgte am 31. Mai 1942. Zweiundvierzig Brandbomben trafen den Dom und wurden gelöscht. Doch während die Werkleute oben gegen das Feuer kämpften, brannte unten ihre Bauhütte ab.

Im Juni des nächsten Jahres wurde der Giebel des nördlichen Querhauses von Sprengbomben getroffen. Vier Gewölbefelder stürzten ein und zerschmetterten die Orgel. Die notdürftig wiederhergestellte Bauhütte brannte endgültig ab. Über der Stadt tobte ein Feuersturm. Durch den Sog schlugen die wertvollen Türen der Sakristei immer wieder auf und zu und wurden schwer beschädigt. Alle Fenster flogen heraus. Es war nicht mehr möglich, einen Gottesdienst abzuhalten. Das Allerheiligste wurde nach St. Martin gebracht.

Am 3. November 1943 wurde der nordwestliche Strebepfeiler am Nordturm von einer schweren Bombe getroffen. Achtzig Kubikmeter Steinwerk wurden herausgerissen. Dombaumeister Güldenpfennig ließ das riesige Loch mit zwanzigtausend Ziegelsteinen flicken. Heftig wird noch Jahrzehnte später darüber gestritten werden, ob man diese Stelle ausbessern oder in ihrem unfertigen Zustand als ständiges Mahnmal erhalten soll.

Eine zweite Bombe riß fast zu ebener Erde eine große Bresche in die Außenwand des südlichen Seitenschiffs. Eine dritte schlug oberhalb der Trankgasse im Gleis 1 des Hauptbahnhofs ein und schleuderte ein Stück Eisenbahnschiene durch ein Fenster in den Hochchor.

Bei den nachfolgenden Angriffen wurde der Dom immer wieder von Spreng- und Brandbomben getroffen. Fast alle Werkleute der Dombauhütte waren als »letztes Aufgebot« zum Wehrdienst einberufen worden. Gerade mal fünf Männer sollten jetzt den Dom bewachen. Sie standen auf verlorenem Posten.

Am 28. Januar 1945, einem Sonntagmittag, mußte die Stadt einen weiteren schweren Angriff erdulden. Eine Bombe schlug in das große Westfenster an der Stirnseite und zerstörte das dortige Triforium. Eine zweite richtete schwere Zerstörungen zwischen Sakristei und Chor an, und dies war noch immer nicht das Ende. Der schwerste aller Angriffe erfolgte am Vormittag des 2. März. Innerhalb einer halben Stunde wurde der Dom mehrfach getroffen. Drei Gewölbefelder des Langhauses stürzten ein, das Dach existierte nicht mehr.

War der Krieg aus?

Noch nicht ganz. Am 8. März meldete der Wehrmachtsbericht zwar, »auf dem Westufer wird noch in den Trümmern von Köln gekämpft«, aber das stimmte schon nicht mehr. Richtig ist, daß die Amerikaner das linksrheinische Stadtgebiet längst erobert hatten. Nun waren es deutsche Offiziere, das sollte man an dieser Stelle nicht unerwähnt lassen, die glaubten, sie müßten sich auch noch ein wenig am barbarischen Zerstörungswerk beteiligen. Jedenfalls belegten sie die Domstadt mit Artilleriebeschuß, so daß der Dom auch noch von neunzehn Granaten getroffen wurde.

Dann war endgültig Schluß.

Jedenfalls so lange, bis die Engländer damit begannen, die Trümmer der Hohenzollernbrücke wegzusprengen.

Wenn ich su an ming Heimat denke,
un sin d'r Dom su vör mir ston,
mööch ich direk ob Heim anschwenke,
ich mööch zu Foß no Kölle jon!

Dieser Dom, an dem ihr ganzes Herz hängt, soll zerfallen und eines Tages einfach nicht mehr da sein? Undenkbar. Und so begannen die Kölner schon im April 1945 mit dem Abfahren des Schutts, wofür sich freiwillig Schüler meldeten. Eine Kirchenkollekte erbrachte so viel Geld, daß wenigstens mit den dringendsten Arbeiten angefangen werden konnte. Der Dombau-Verein nahm seine Tätigkeit wieder auf. Die Archäologen unter Otto Doppelfeld nutzten die Gunst der Stunde (schließlich störten sie keinen Gottesdienst) und begannen mit Grabungen unter der Kathedrale.

Zu Weihnachten kündigte Josef Frings in einem Brief an Papst Pius XII. an, 1948 werde man das Fest zur siebenhundertjährigen Wiederkehr der Grundsteinlegung mit einem festlichen Gottesdienst im Dom feiern können. Eine unglaublich optimistische Aussage, doch 1946 legte der Erzbischof nach: »Der Dom kann als gerettet bezeichnet werden! Das Dach ist wieder fast ganz geschlossen, und alle tragenden Teile des wunderbaren Baues sind erhalten.«

Das waren sie in der Tat, und Frings behielt recht: 1948 war der Chor tatsächlich fertig, aber noch trennte ihn, wie einst die mittelalterliche, eine neue provisorische Wand vom unfertigen Langschiff. Diesmal aber blieb sie nicht über Jahrhunderte stehen. Sie fiel schon 1956, ohne daß der Bau zu diesem Zeitpunkt fertig gewesen wäre. Er wird nie fertig.

Und sollte er eines Tages dennoch fertig werden, dann ist, das weiß in Köln jedes Kind, das Ende der Welt gekommen.

Krimis in der Kathedrale

Der spektakulärste Fall war 1975 der Raub des Domschatzes

In der Nacht von Allerheiligen auf Allerseelen herrscht das übliche Novemberwetter. Den ganzen Tag über war es düster und kalt gewesen, und jetzt regnet es in Strömen. Zwei Domwächter sitzen in der Sakristei und schlagen die Zeit tot, indem sie sich über Bruder Angelicus Maier unterhalten, der vor drei Wochen gestorben ist.

Nur wenige Kölner wissen, daß sich in der Kathedrale eine kleine Wohnung befindet, doch es gibt sie tatsächlich, nicht weit von der Schatzkammer entfernt. Dort schlief der Küster Angelicus, dessen gutes Gehör sprichwörtlich war. Es hätte in dieser Nacht gute Dienste leisten können.

Gegen Mitternacht verabschieden sich auf einer Party in der Innenstadt drei junge Leute von ihren Gastgebern. Sie wollen zu Fuß zum Hauptbahnhof.

Dem Hauptbahnhof schräg gegenüber, dort, wo am linken Querschiff ein Baugerüst steht, beginnt in diesen Minuten das Unternehmen, das als der Raub des Jahrhunderts in die Kölner Kriminalgeschichte eingehen wird. Der Kopf einer dreiköpfigen Bande ist Ljubomir, ein jugoslawischstämmiger, in Niederösterreich geborener und später Deutscher gewordener Kunstmaler, der aber von Übersetzungen lebt, die er für die Deutsche Welle fertigt.

Seine beiden Komplizen, den Jugoslawen Borislav und den Italiener Vilijam, hatte er im Frühjahr 1975 zufällig kennengelernt, als sie von Italien nach Deutschland kamen, um hier Arbeit zu suchen. Die konnte ihnen Ljubomir zwar auch nicht verschaffen, aber als sie nach (ebenfalls vergeblicher) Arbeitssuche in den Niederlanden erneut in Köln auftauchten, unterbreitete er ihnen seinen Plan, in eine Schatzkammer einzubrechen. Das schreckte die beiden nicht, weil sie dabei an ein Juweliergeschäft dachten.

Erst am Tag des Coups klärte Ljubomir die beiden darüber auf, daß es sich um die Schatzkammer des Doms handelte. Damit allerdings wollten seine beiden (katholischen) Komplizen nichts zu schaffen haben. Doch Ljubomir konnte sehr überzeugend argumentieren, versprach vor allem jedem einen Anteil in Höhe von einer halben Million Mark, und von irgendeinem Zeitpunkt an wird jeder Mensch schwach.

Um so eher, wenn er arbeitslos ist.

Ljubomir, von seiner polnischen Frau geschieden und wiederverheiratet mit der Jugoslawin Hanna, wohnt sinnigerweise in der Thieboldsgasse, die vormals Diebsgasse hieß. Nun mietet er zusätzlich ein Appartement an der Hohe Straße an, von dem aus der Einbruch vorbereitet wird.

In der letzten Oktoberwoche besorgen sich die drei in einem einschlägigen Laden das notwendige Handwerkszeug: eine Strickleiter und ein Seil, alle möglichen Schraubenschlüssel, eine Höhlenforscherlampe, zwei Sprechfunkgeräte und einen Sack, in dem die erhoffte Beute abtransportiert werden soll.

Am Nachmittag des 1. November besuchen sie gemeinsam die Schatzkammer, und Ljubomir zeigt Borislav die wertvollsten Gegenstände und vor allem den Ventilatorschacht, der in sechs Metern Höhe in der Wand angebracht ist. Durch diesen Schacht soll sich der extrem schlanke Jugoslawe zwängen und dann in die Schatzkammer abseilen.

Kurz vor Mitternacht ist es soweit. Ljubomir geht mit

den beiden Komplizen zur Domplatte und versteckt sich dort mit seinem Sprechfunkgerät hinter einem Kiosk, während die beiden anderen am Gerüst hochklettern. Schließlich bleibt auch Vilijam mit seinem Sprechfunkgerät zurück; Borislav zwängt sich durch den engen Schacht und gelangt schließlich an das Gitter. Es ist durch Alarmdrähte gesichert, aber unzureichend. Die mittleren Stäbe lassen sich hochbiegen, ohne Alarm auszulösen, und Borislav klettert unbemerkt in die Schatzkammer.

Draußen hören die Komplizen den Polizeifunk ab und beobachten mit angespannten Nerven die Umgebung, ob nicht doch irgendwo Polizei auftaucht. Die Domwächter sprechen noch immer über Bruder Angelicus, und die jungen Leute, die von ihrer Party zurückkommen, haben fast die Domplatte erreicht.

In der Schatzkammer bricht Borislav derweil systematisch eine Vitrine nach der anderen auf. Er hat sogar den Katalog dabei, in dem Ljubomir die wertvollsten Stücke angestrichen hat. Er schaut auf seine Uhr: Höchste Zeit abzuhauen, denn die halbe Stunde, die sie sich gesetzt haben, ist fast um. Hastig räumt er die Beute in seinen Sack.

Da fällt ihm plötzlich eine Monstranz aus der Hand und scheppert über den Boden.

Es ist genau 0.25 Uhr. Die Domwächter haben das Geräusch gehört und rufen sofort den Domküster an, weil sie selber keinen Schlüssel zur Schatzkammer haben. Für sie bleibt vorerst nichts anderes zu tun, als an der Tür zu rütteln, dagegen zu schlagen und zu versuchen, die Einbrecher durch lautes Rufen zu vertreiben. Borislav läßt die Monstranz Monstranz sein, rafft seinen Sack, bindet ihn an die Leine und läßt ihn von Vilijam hochziehen, bevor er selber mit der Strickleiter hinterherklettert. Wenig später springen die Männer vom Baugerüst herunter auf die Domplatte.

Und fast vor die Füße der beiden Brüder und ihrer Schwester, die gerade an der Sakristei vorbeigehen.

Da es schwerlich Handwerker sein können, die nachts vom Domgerüst springen, rufen die jungen Leute die verdächtigen Gestalten an. Die nehmen jedoch Reißaus, und da die Jungen ihre Schwester nachts nicht allein auf der Domplatte lassen wollen, geben sie die Verfolgung bald auf und melden ihre Beobachtung der Bahnpolizei. Die allerdings erklärt sich als nicht zuständig; schließlich sind die Männer vom Dom gesprungen und nicht vom Hauptbahnhof. Also fahren die jungen Leute erst einmal nach Hause. Vielleicht war es auch bloß ein dummer Scherz. Daß dem nicht so war, erfahren sie am nächsten Morgen aus den Nachrichten.

Selbstverständlich hat der von den Wachmännern benachrichtigte Küster nicht nur die Polizei alarmiert, die sofort am Tatort eintrifft. Der Dompropst kommt, der Kustos der Schatzkammer, der Dombaumeister, schließlich auch der Kardinal und der Generalvikar. Sie alle stehen fassungslos vor dem Anblick, den die Schatzkammer bietet. Der angerichtete Schaden ist nicht abzusehen. Allein der Zylinder der Monstranz, die zu Boden gefallen war, bestand aus einem einzigen Stück Bergkristall aus dem 14. Jahrhundert – ein einmaliges, nie wieder zu ersetzendes Stück.

Zu den wichtigsten geraubten Schätzen gehörten

– ein Brustkreuz, das mit Brillanten und Smaragden verziert war. Maria Theresia hatte es einst dem Abt von Kloster Corvey geschenkt;

– die Goldene Monstranz, um 1657 aus reinem Gold gefertigt, eine Stiftung des Kölner Erzbischofs Maximilian Heinrich, deren Wert auf eine Million Mark geschätzt wurde;

– die Paxtafel aus Nürnberg, mit Perlen, Rubinen, Diamanten und Saphiren besetzt, ein Geschenk des Kardinals Albrecht von Brandenburg;

– ein Bischofsring, Geschenk von Papst Johannes XXIII.

an Kardinal Frings, und weitere Ketten, Brustkreuze sowie acht Bischofsringe.

Und wo befand sich die Beute zu diesem Augenblick?

Als Ljubomir hört, wie die jungen Leute seine beiden Komplizen anrufen, schleicht er sich weg. Die beiden anderen fliehen in getrennte Richtungen.

Vilijam läuft ins Appartement an der Hohe Straße, Borislav versteckt den Sack mit der Beute in seiner ersten Panik in einem Blumenkübel an der Rheinpromenade. Als er merkt, daß ihn niemand verfolgt, holt er die Beute und bringt sie in die Hohe Straße, verstaut sie dort in einem Koffer und marschiert damit in die Wohnung Ljubomirs in der Thieboldsgasse.

Die Polizei ist derweil nicht untätig. Noch in der Nacht durchsucht sie (natürlich ergebnislos) die Schließfächer im Hauptbahnhof und beginnt kurz darauf, »alte Kundschaft« abzuklappern. Zu der gehört auch Ljubomir, denn im August 1973 war in die Kirche Mariae Himmelfahrt auf fast die gleiche Weise eingebrochen worden. Man hatte Ljubomir bei dem Versuch festgenommen, die damals gestohlenen Gegenstände für fünfhunderttausend Mark in Köln zu verkaufen.

Als die Beamten an der Wohnung in der Thieboldsgasse klingeln, öffnet ihnen Hanna die Tür. Auch Borislav ist bereits da. Die Polizisten interessieren sich für Ljubomirs Garderobe. Sie hoffen, einige gut durchfeuchtete Teile zu finden, weil sie nichts von dem Appartement in der Hohe Straße wissen, in dem sich die Täter nach der Tat trockene Sachen angezogen haben.

Unterdessen geht das Telefon. Vilijam ist am anderen Ende der Leitung und fragt, ob die Luft rein sei. Ljubomir antwortet ihm auf serbisch, er solle abhauen; die Polizei sei schon da. Vilijam hält das für einen Scherz und kommt trotzdem. Auch er wird sofort nach Verdächtigem durchsucht, und während die Polizeibeamten sich eingehend mit dem Trio beschäftigen, gelingt es Hanna unbemerkt, einen Koffer aus der Diele zu nehmen und ihn in einem fremden Keller des Hauses unterzustellen.

Natürlich hat sie nichts dagegen, den Beamten später den eigenen Keller zu zeigen, in dem sich nichts Verdächtiges befindet. Die Männer müssen den Beamten zwar zur Vernehmung ins Präsidium folgen, aber das war's denn auch. Der Domschatz hatte sich für einige kostbare Minuten in Reichweite der Beamten befunden, und nun war er weg.

Ein großer Teil davon leider für immer.

Merkwürdigerweise glauben viele Kriminelle, die einmal der Polizei entwischt sind, daß sie relativ schnell in Vergessenheit geraten; vor allem die weniger hellen, und dazu darf man Ljubomir getrost zählen. Nachdem er sich vorübergehend nach Jugoslawien abgesetzt hatte, tauchte er im Februar 1976 erneut in Köln auf, und da findet die Polizei bei ihm einen Erpresserbrief, in dem der Kardinal aufgefordert wird, eine Million Lösegeld für die Beute aus dem Domschatz zu zahlen.

Ljubomir behauptet zwar, das sei ein schlechter Scherz von ihm, übersieht jedoch, daß die Kripo einen bestimmten Ring, den er als Beweis dafür angeboten hat, daß er den Domschatz auch tatsächlich besitzt, in keiner Fahndungsmeldung ausgeschrieben hatte. Er war nämlich nicht besonders wertvoll, und niemand konnte wissen, daß er sich unter den Beutestücken befand – außer den Hütern der Schatzkammer.

Und dem Täter.

Trotzdem kann man ihm, die deutschen Gesetze sind nun einmal so milde, nichts anderes vorwerfen als Hehlerei. Aber Ljubomir nutzt noch eine weitere Lücke im Gesetz und legt Beschwerde gegen die Untersuchungshaft ein. Nun weiß man, daß Untersuchungshaft unter anderem dann verhängt werden kann, wenn Fluchtgefahr besteht. Dieser Gefahr versucht daraufhin der zuständige Richter in grenzenloser Naivität dadurch zu begegnen, daß er Ljubomir verbietet, Deutschland zu verlassen.

Wir wollen nun gemeinsam raten, wo Ljubomir sich bereits nach wenigen Tagen aufhält.

Soviel zur deutschen Justiz. Die Polizei jedoch bleibt, wie fast immer, näher am Ball. Abgesehen davon, daß jeder Edelsteinschleiferei zwischen Idar-Oberstein und Amsterdam Listen der gestohlenen Steine zugeschickt werden, daß alle europäischen Sender Fahndungsmeldungen veröffentlichen und die Spitzel aller Gefängnisse und die V-Leute in jedem Rotlichtbezirk aktiviert werden, führt die Kölner Kripo Ljubomir gemeinsam mit den Kollegen in Jugoslawien und Italien am langen Zügel.

Sie weiß, daß er Hehler braucht, und sie wird eines Tages fündig. Zunächst werden Borislav und Vilijam von einem peniblen Schweizer Gendarmen kontrolliert, der feststellt, daß Vilijam keinen Führerschein besitzt, der Wagen gestohlen ist und Borislav unter falschem Namen reist. Was alles nicht so schlimm wäre, wenn da nicht auch noch ein kleines Beutelchen gefunden würde, in dem sich zerbrochene Schmuckstücke befinden, die von einem sakralen Schatz stammen könnten.

Die beiden gestehen sehr schnell und belasten Ljubomir schwer. Sie werden nach Deutschland ausgeliefert, wo sie den Kriminalbeamten den Raub von 1975 bis ins kleinste Detail schildern. Der Rest ist Routine. Auch Ljubomir wird (in Mailand) verhaftet und ebenso wie seine Komplizen zu einer langen Gefängnisstrafe verurteilt. Vom Domschatz selbst ist ein guter Teil sichergestellt und vieles restauriert worden. Anderes wurde nurmehr als eingeschmolzenes Gold oder herausgebrochene Steine sichergestellt, und manches tauchte nie wieder auf. Unersetzliche idelle Werte sind vernichtet worden, und nur ein einziger Punkt ist auf der positiven Seite zu vermelden: Die Schatzkammer ist heute absolut einbruchssicher.

Nun ist ein derart riesiges Gebäude wie der Dom, in dem sich Jahrhunderte hindurch unzählige Menschen aufgehalten haben und das mitsamt seiner Umgebung zweifellos Mittelpunkt einer der größten Städte des Mittelalters gewesen ist, in gewisser Hinsicht immer ein »Tatort«. Allerdings ging die Justiz früher nicht immer so milde (um nicht zu sagen: fahrlässig) mit Straftätern um wie die unsrige mit besagtem Ljubomir.

In den sechziger Jahren des 16. Jahrhunderts beispielsweise geschah folgendes: Ein junger Mann namens Tillmann Iserhaupt geriet mit einem Buchhändler am Dom in Streit, und da der nicht allein war, sondern etliche Freunde bei sich hatte, bekam Tillmann eins mit einem Stück Eisen über den Kopf, so daß ihm Blut über das Gesicht rann; woraufhin er wutentbrannt sein Schwert zog und auf seinen Widersacher eindrang.

Der indes flüchtete sich in die Kathedrale, wo er sich außer Gefahr glaubte. Denn wer würde schon mit blankem Schwert in den Dom eindringen, zumal dort, es war früh am Morgen, gerade eine Messe gelesen wurde. Aber wie wir wissen, und der Flüchtende hätte es im Grunde auch wissen müssen: Die Zustände im Dom des 16. Jahrhunderts waren nicht gerade beschaulich, und so darf es uns nicht wundern, daß besagter Tillmann seinen Gegner innerhalb der Kathedrale schwer verwundete und noch fünf oder sechs andere, die ihrem Kumpan zu Hilfe kommen wollten. Dann flüchtete der Gesell ins Freie, um sich in einem Haus an der Straße Unter Fettenhennen zu verstecken.

Dort wurde er jedoch alsbald von den Dienern des Gewaltrichters ausfindig gemacht und verhaftet. Es war zwar nicht zu einem »Mord im Dom« gekommen wie 1170, als der englische Kanzler und Erzbischof von Canterbury von vier Rittern König Heinrichs II. in seiner Kathedrale erschlagen wurde. Aber immerhin, durch die Bluttat war das Gotteshaus entweiht. Ab sofort wurden alle Gottesdienste in der neben dem Dom liegenden Pfarrkirche St. Maria im Pesch abgehalten.

Und das mußte der arme Tillmann büßen.

Obwohl er beteuerte, er habe einen totalen Blackout gehabt und könne sich an nichts mehr erinnern, und obwohl selbst die von ihm Verwundeten für ihn um Gnade baten, wurde er nach Melaten hinausgeführt, um dort gehenkt zu werden. Zwei Mägde boten sich an, den Delinquenten zu ehelichen, um ihm so das Leben zu retten; sogar die Schöffen waren geneigt, dieser alten Tradition stattzugeben, aber der Verurteilte murrte nur, sie sollten ihm allesamt den Buckel runterrutschen. Welche von den beiden er auch immer nähme, sie würde ihm sein Leben lang vorhalten, wie dankbar er ihr doch zu sein hätte.

Als ihm aber der Strick um den Hals gelegt wurde, wehrte er sich derart ungestüm, daß es zu einem Handgemenge kam, und die Menge bewarf den Henker und seine Helfer mit Steinen und Erdbrocken. Im allgemeinen Durcheinander gelang es einem Bauern, das Seil um des Tillmanns Hals zu durchschneiden, worauf dieser – begleitet von einer Volksmenge, die ihn schützend umgab – über die Felder in Richtung Brauweiler floh und auf Nimmerwiedersehen verschwand.

Der Dom indes wurde ein paar Tage später heimlich wieder geweiht und hat sich über den ganzen Vorfall überhaupt nicht aufgeregt.

Schlimmer war der Domraub von 1574. Unbekannt gebliebene Diebe hatten den Wärter des Domschreins abgelenkt, um Teile der kostbaren Geschenke an sich zu bringen, die von hochstehenden Personen am Schrein der

Heiligen Drei Könige als Gabe dargebracht worden waren. In einer alten Chronik heißt es dazu:

»Es sind gar viele schöne Kleinodien, die auf einem Brett vor den Heiligen Drei Königen im Dom hingen, gestohlen worden. Sie sollen viele tausend Gulden werth gewesen sein. Darunter war auch ein Onyx, ein Stein mit einem Angesicht, größer als eine flache Hand, überaus köstlich; Perlen, so groß wie Kirschen, und viele andere Kleinode von edlem Gestein, und Ringe von vielen Königen, Fürsten und Herren, von alten Zeiten dahingeschenkt.«

Bei besagtem Onyx handelte es sich um einen sogenannten Ptolemäer-Kameo, so benannt, weil in ihn die Porträts des hellenistischen Potentaten Ptolemäus II. und seiner Ehefrau Arsinoë eingeschnitzt waren. Zehn Tage lang waren alle Stadttore geschlossen, und jeder, der die Stadt verlassen wollte, wurde peinlichst genau durchsucht, aber die Schätze blieben verschollen. Nur der Ptolemäer-Kameo tauchte später wieder auf, und seit 1677 ist er in der Antikensammlung des Kunsthistorischen Museums in Wien zu bewundern.

Während der Franzosenzeit ist zwar vieles aus Köln verschwunden, aber zu einem wirklich spektakulären Diebstahl kam es erst 1820 wieder, als sich ein Dieb über Nacht in der Kathedrale hatte einschließen lassen, um auf ziemlich brutale Weise Figuren vom Dreikönigenschrein zu brechen. Als Dompfarrer Heinrich Filz sich am frühen Morgen auf die Messe vorbereitete, kam der Kaplan Johann Gumpertz in die Sakristei gelaufen und sprach die protokollarisch festgehaltenen Worte: »Ich förchte, wir sind bestohlen worden.«

Das allerdings war man tatsächlich. Während der Dieb beim allmorgendlichen Aufschließen des Gotteshauses entwischt war, zog man im Dom Bilanz: Das Schutzgitter des Schreins war anscheinend abends zuvor nicht abgeschlossen worden. Vom Schrein abgebrochen wurden unter anderem eine Christusfigur, ein goldener Cherub, vierzehn mit Edelsteinen besetzte Platten, eine goldene Marienfigur, drei vergoldete orientalische Kronen, mit Perlen und Steinen besetzt, sowie weitere kostbare Edelsteine.

Bei dem Täter handelte es sich um einen gewissen Franz Becker, der gerade erst aus dem Gefängnis entlassen worden war. Er vergrub seinen Schatz bei Rodenkirchen in einem Lehmfeld und floh ins westfälische Dülmen, wo er aber sofort wieder stahl, um kurz darauf in Münster festgenommen zu werden. Er wurde schnell überführt und brachte die Polizei zum Versteck seiner Beute. Vier Monate arbeitete eine Goldschmiedewerkstatt an der Wiederherstellung des Schreins.

Weniger dramatisch ging es bei der Verfolgung von Bleidieben zu, die im vergangenen Jahrhundert, als der Dom vollendet wurde, nächtens durch die Gerüste geisterten, um ihr schmales Gehalt auf illegale Weise ein wenig aufzubessern. Eines Tages hatte der Dombaumeister angeordnet, daß Mitglieder der Dombauhütte abwechselnd Nachtwache halten sollten, um einen besonders geheimnisvollen Bleidieb auf frischer Tat zu stellen.

In einer finsteren Februarnacht des Jahres 1837 hockten der Polier Labo und der Steinmetz Stegmeyer, bewaffnet mit Pistole und Gewehr, schon seit Stunden (und vor Kälte schnatternd) im Dachgestühl, als sich endlich der lang erwartete verdächtige Schatten zeigte. »Halt, Spitzbube!« riefen die beiden und legten ihre Schießprügel an. Die feuchte Witterung war dem Dieb aber gnädig: Beide Pistolen versagten kläglich, weil das Pulver auf der Pfanne naß geworden war. Am Tatort zurück blieb lediglich eine Kappe, die jedoch niemandem von der Baustelle zuzuordnen war.

Das »Phantom des Doms« wurde nie gefunden. Wahrscheinlich hat es sich dabei um einen ganz armen Schlukker gehandelt.

Immer wieder wird es Menschen geben, die glauben, den Dom mißbrauchen, beschädigen oder bestehlen zu müssen. Schließen wir dieses Kapitel mit einer Episode, die besonders kölsch ausgeht: Am 8. Februar des Jahres 1995 stahlen Unbekannte am hellichten Tag aus der Schatzkammer ein Kreuz, das von Material und Gestaltung her nicht zu den besonders kostbaren Stücken zählte. Allerdings war es insofern wertvoll, als es dem jeweiligen Erzbischof bei seinen Besuchen im Dom vom Westportal bis zum Altar vorangetragen wird.

Es dauerte nicht einmal eine Woche, da konnte der Dompropst bekanntgeben, das Kreuz sei wieder aufgetaucht; und zwar habe es ihm ein Mann zurückgebracht, der in der Kölner Rotlichtszene berühmt und berüchtigt war: »Schäfers Nas«. Wer der Dieb sei und auf welche Weise er denselben »überredet« habe, ihm das Beutestück auszuhändigen, wollte er nicht sagen; und der Dompropst wollte es auch nicht unbedingt wissen.

Aber er versprach dem »ehrlichen Finder«, für ihn zu beten, und »Schäfers Nas« fand das auch einigermaßen notwendig. Die Belohnung in Höhe von dreitausend Mark wollte er allerdings nicht annehmen. Schließlich sei es ja wohl selbstverständlich, daß er das Diebesgut zurückgebracht habe.

»Denn«, so der Mann aus dem Milieu, »dr Dom bekläut mer nit!«

»Höher als der Himmel«

Besucher über die Kölner und ihre Kathedrale

»Es ist allhie eine unübertreffliche grosse Kyrch, der Thumb, mag wol in Wahrheit und mit Nam ›summum templum‹, das ist die größte Kyrch heissen, ist auß lebendigen gehawenen Steinen mit wunderlichster Kunst in die Luft geführt und dem Apostel St. Peter zugeeignet; welche Kyrche, so sie biß zum verordneten End vollzogen were, würde sie leichtlich ihrer zierde und grösse halben alle Gotteshäuser des ganzen Teutschlands übersteigen und nicht unbillig den hochwunderbarlichsten Dingen des gantzen Europä zugezellt werden.«

Georg Braun, Chronist, 1572

»Weit wird das Herz, stolz und freuddig, wenn es die Cöllenische Kathedrale gewahr wird; es ist dem Apostel Petro gewidmet, und ohne Frag das vortrefflichste Gebäu im deutschen Reiche, ja möglicherweise auf ganzem löblichen Erdengrundt, doch leider bei Weittem nicht so ausgebauet, als derjenige, der sie aufzurichten hat angefangen, sonder Zweifel im Sinne gehabt.«

Johann Arnold Reinbold,
kurpfälzischer Privatsekretär, 1705

»Ich sah hier eine große Kirche, ein sehr schönes gotisches Gebäude, von dem aber nur der Chor vollendet ist. Das Langschiff ist noch nicht einmal gewölbt. Zwei riesige Glockentürme bilden die Fassade; der eine ist weit fortgeschritten; der andere tritt kaum aus der Erde. Der eine

Turm ist eines der schönsten Stücke gotischer Baukunst. In dem allen ist eine sehr große Leichtigkeit. Man steigt auf einer sehr schönen Treppe hinauf, als handle es sich nur um zwanzig Stufen. Es sind aber zweihundertunddreißig, ungerechnet diejenigen, die noch gebaut werden müssen.«

Charles de Secondat, Baron de la Brède et de Montesquieu, französischer Schriftsteller, 1729

»Am nächsten Abend kamen wir gegen fünf Uhr nach Köln, in die häßlichste und schmutzigste Stadt, die ich je mit eigenen Augen sah. Wir gingen zum Dom, der nur ein Ruinenhaufen ist, ein riesiges, mißgestaltetes Ding, dem weder Symmetrie noch Anmut zukommt. Ich war etwas überrascht zu beobachten, daß weder in dieser noch in den anderen Kirchen, in denen ich gewesen bin, irgend etwas wie ein gemeinsamer Gottesdienst zu finden war, sondern der eine betet an dem einen Schreine oder Altar, ohne daß sich der eine um den anderen kümmert.«

John Wesley, englischer Theologe, 1738

»Ich kenne keine Stadt, wo soviel republikanischer Stolz herrschet, und wo in Wein-, Bier- und Knuppschenken so gekannengiesert wird, als hier. Doch ist keine Regel ohne Ausnahme. Man trifft hier Gesellschaften an, in welchen ein sehr feiner Ton herrschet, die sich durch eine gefällige Lebensart, durch Geschmack, durch Lebhaftigkeit, und durch ein ungezwungenes, aber doch artiges und wohlanständiges Betragen vorzüglich auszeichnen.

Viele Menschen leben hier, um ruhig zu leben; keine steife, beleidigende, alle angenehme und unterhaltende Gesellschaft tötende Etiquette quälet sie, und die Freiheit, die sich nun einmal dahin gethronet hat, zieht aus Holland, Frankreich und dem Oberrhein eine Menge Menschen hierher, welche im Zirkel der Patrizier, der Stiftsherren und der reichen Handelsleute ihre Tage sehr angenehm verleben; wozu die beträchtliche Schiffahrt, die benachbarten Städte, die Entübrigung eines zeremonieusen Hofes, die vielen reizenden Landsitze, die gesunde Luft und die guten Lebensmittel ein merkliches beitragen.«

Joseph Gregor Lang, Lehrer aus Koblenz, 1790

»Wir gingen in den Dom hinein und blieben darin, bis wir im tiefen Dunkel nichts mehr unterscheiden konnten. Sooft ich Köln besuche, gehe ich immer wieder in diesen herrlichen Tempel, um die Schauer des Erhabenen zu fühlen. Vor der Kühnheit der Meisterwerke stürzt der Geist voll Erstaunen und Bewunderung zur Erde, dann hebt er sich wieder mit stolzem Flug über das Vollbringen hinweg, das nur *eine* Idee eines verwandten Geistes war.

Gegen Ende unseres Aufenthaltes weckte die Dunkelheit in den leeren, einsamen, von unseren Tritten widerhallenden Gewölben, zwischen den Gräbern der Kurfürsten, Bischöfe und Ritter, die da in Stein gehauen liegen, manches schaurige Bild der Vorzeit in seiner Seele. In allem Ernste: mit seiner Reizbarkeit und dem in neuen Bilderschöpfungen rastlos tätigen Geiste möchte ich die Nacht dort nicht einsam durchwachen.«

Georg Forster, Professor aus Kassel, 1790

»Der Anblick des Innern vom Dom ist selbst in seiner jetzigen Verwüstung noch groß und ehrwürdig. Das, was ihm wahre Größe giebt, diese kühne Architektur, hat man nicht zerstören können. Mit Inschriften beschmiert und beschmutzt sind die Wände, soweit die Arme reichen konnten; alles umher liegt wüst untereinander, wie im Dom zu Mainz, aber mein Blick wendet sich unwillkürlich empor, wo die schlanken Säulenäste sich in spitzige Bogen vereinen, und unaufhaltsam ins Unermeßlich verlängern zu wollen scheinen. Wer kann in diesen erhabenen Hallen verweilen, ohne zu ahnen, wohin des Künstlers Phantasie flog, der sie wölbte?«

Albert Klebe, Königlicher Bayerischer Hofrat, 1800

»Als wir in Köln ankamen, war Wilhelm ziemlich müde; ich ging daher allein aus, gleich zuerst in den Dom, mit all den Gefühlen, die Du Dir ja wohl denken kannst. Ich sah auch gleich das Dombild, was nun besser wie ehedem restauriert, einem in dem herrlichsten Glanze klar und licht entgegen strahlt. Es ist und bleibt die Blume und die Krone von Allem, was vor Eyck gemahlt worden, ja in Hinsicht der himmlischen Schönheit vielleicht das schönste, das lieblichste und süßeste, was je auf deutscher Erde gemahlt worden.«

Friedrich von Schlegel, deutscher Dichter, 1818

»Und Köln wollen Sie sehen? Das verrückte Nest? Diesen leider versteinerten Koloß der altfränkischen Tollheiten und Unbequemlichkeiten, den sie jetzt so berühmt machen wollen! Wo einem unsinnig drin zu Muthe wird. Eine Stadt, die keinen Mittelpunkt, keinen Corso, kein Gesicht hat; keine Aussicht: die selbst dem Rhein das Hinterste zukehrt. Auch der Dom ist nicht, wie der Wiener, der Straßburger erhebend, Ruhe gebietend: nur für einen mit Kunstsinn und technischem Urtheil ausgestatteten Bauverständigen kann er Interesse haben; wir haben keinen Eindruck davon; sehen Latten und Bretter.

Köln ist ein Wahrzeichen römischer Herrschaft außer römischen Landes; römischen Untergangs; deutschen Aufstrebens; geschickt, und ungeschickt: und nie Rom loswerdend, bis zur heutigen Stunde; wir hiesigen Völker alle! Wenn man's abzeichnen, und dann abbrechen, und neu und bequem konstruieren könnte, so wär's ein Glück!«

Rahel Varnhagen von Ense, 1819

»Zum erstenmal trat ich in das nur zur Gottesdienstzeit geöffnete Chor der Kirche, dem einzigen der Vollendung nahe gediehenen Theile derselben, welcher, so wie er da steht, ein eigenes Ganzes ausmacht. Auf hohen gothischen Säulen ruhet die Kuppel, durch deren gemalte Glasscheiben das Licht in tausend Farben-Abstufungen in die Kirche fällt.

Schauet man empor an diese bunte Decke, so findet man in den zahllosen Bildern und mannigfachen Phantasien, den Stoff zu stundenlangen Betrachtungen, und der Blick wird immer aufs Neue durch das unendliche Farbenspiel angezogen. Diese Glasmalereien sind eine der größten und merkwürdigsten Zierden des Doms, und ich glaube nicht, daß noch irgendwo dergleichen in so großer Menge, so gut erhalten und so trefflich benutzt vorhanden ist.«

Franz Elsholtz, Leiter des Hoftheaters in Gotha, 1820

»Es war romantisch, die ehrwürdige alte Stadt Köln in solch zweifelhaftem Licht zu sehen. Die Häuser, die sieben und acht Stockwerke hoch und von einer Brustwehr überragt sind, schienen in die Wolken zu reichen. Schließlich kamen wir zum ›Kayserlichen Hof‹, dem großartigen Hotel des Herrn Disch, wo unser geliebter Herrscher auf der Reise nach Hannover schlief. Herr Disch erhob sich zu unserem Empfang, obgleich es zwei Uhr nachts war, erkundigte sich freundlich nach den näheren Umständen unseres Unfalls und führte uns in seine eleganten und behaglichen Schlafzimmer.

Seine *table d'hôte* war wirklich ausgezeichnet. Rehbock- und Wildschweinbraten kündet der Wirt mit lauter Stimme selbst an; sie werden jedem Gast zweimal angereicht, damit man sie nicht irrtümlich oder versehentlich vorbeigehen läßt. Die weißen und roten Rheinweine sind von hervorragender Güte.

Die schönsten und duftigsten Blumen wurden im Verlauf des Mittagsmahles rundgetragen, und das Ohr ergötzte sich an den lebhaften und feinen Klängen zweier Mandolinen und einer von einer jungen Dame gespielten Harfe. Diese großartige Aufnahme tat doppelt wohl nach dem Dunkel und den Schrecken der vorigen Nacht.«

Henry Barry, englischer Landpfarrer, 1822

»Ach, aber mein froher Mut sank, als ich weiter an dem unteren, ganz unvollendeten Teil des edlen Baues vorüberkam, als ich die mit Brettern überbauten Säulen, die trauernd dastehenden Trümmer dessen, was nie zur Vollendung kommen konnte, überschaute, den mit unglaublichem Kunstaufwande geschmückten, noch nicht halb fertiggewordenen Turm, diesen herrlichen Torso eines großen, im Werden zertrümmerten Meisterwerks. Mir war, als stände ich am Grabe jenes ernsten hohen Kunstsinnes, der, von eitlem Schimmer technischer Fingerfertigkeit und dem leidigen Maschinenwesen erdrückt, uns schwerlich wieder aufersteht.

Keine Ruine in der Welt, nicht die tief versunkene Herrlichkeit des alten Roms, nicht Pompeji und Herculaneum, selbst nicht die Ruinen von Palmyra können, nach meinem Gefühl, einen ernsteren, schmerzlich wehmütigeren Eindruck hervorbringen als der Anblick dieses Doms!«

Johanna Schopenhauer,
Mutter Arthur Schopenhauers, 1828

»Was malerische, ruinenhafte Wirkung betrifft, so wird man immer am meisten von den prachtvoll gedachten Toren jenes ersten felsenmäßigen Unterbaues angezogen, Tore, deren tief eingeschmiegte Spitzbogenwölbungen mit ihren vielfältigsten Gliedern, Stäben, Pfeilern, Arabesken und Heiligenbildern immer wieder das Auge an sich reißen, während der Wanderer genöthigt ist, neben den unbenutzten und unwegsamen hindurch in einer elenden Nebentür den Zutritt zu dem Inneren des Doms zu suchen, zu dem Inneren, welches im ganzen ersten unvollendeten Raum des Kirchenschiffes nur einen wüsten, niedrigen, von der Zeit gebräunten Wald von begonnenen Pfeilern, dumpfig erleuchtet, darbietet.«

Carl Gustav Carus, Besucher aus Dresden, 1835

»Diese gothische Kathedrale, verehlicht mit einer Zimmermanns-Werkstätte; dieses edle Stiftsfräulein, von einem groben Maurer geheirathet; diese große Dame, gezwungen, ihre ruhigen Gewohnheiten, ihr edles, sinniges Leben, ihren Gesang, ihr Gebet, ihre geistige Sammlung mit diesem Lärm, diesen rohen Gesprächen, dieser schlechten Gesellschaft zu vereinigen, diese ganze Mißbindung macht anfänglich einen sonderbaren Eindruck, der daher rührt, weil wir nicht mehr gothische Kirchen bauen zu sehen gewohnt sind, der aber gar bald verschwindet, wenn man bedenkt, daß nichts natürlicher ist.

Der Krahn auf dem Thurme bewährt seine Bedeutung. Man hat das im Jahre 1499 unterbrochene Werk aufgenommen. All' dieser Tumult von Zimmerleuten und Steinmetzen ist nothwendig. Der Dom von Köln wird fortgesetzt, und wenn es Gott gefällt, beendigt. Nichts ist vernünftiger, wenn man ihn zu endigen versteht.

Wenn Jemand den Dom von außen fertig baut, dann weiß ich nicht, wer ihn inzwischen im Innern zerstört. Da giebt es kein Grabmal, dessen Figuren nicht verstümmelt oder abgebrochen wären; kein Gitter, das dort nicht verrostet wäre, wo es ehedem vergoldet war. Staub, Rost und Schmutz sind überall.

Der Mann von Erz, der auf jener Platte liegt, der Konrad von Hochstädten heißt und diese Kirche bauen konnte, kann sich jetzt aus den Spinnengeweben nicht herauswinden, die ihn, wie einen Gulliver, mit zahllosen Netzen an den Boden gefesselt halten.«

Victor Hugo, französischer Schriftsteller, 1842

»Dieses unglückselige Gebäude ist wegen der Bauarbeiten mit Baracken und Gerüsten verstellt, und das natürlich für alle Ewigkeit, da es ja doch nie fertig werden wird. Saint-Ouen in Rouen, wo man die fehlenden Glockentürme glaubte anfügen zu müssen, hätte sehr gut darauf verzichten können; aber Köln ist in einem merkwürdigen Zustand des Angedeuteten: nicht einmal das Langschiff ist gedeckt. Das müßte man nun wirklich fertig machen.

Je häufiger ich es erlebe, wie man sich abmüht, gotische Kirchen zu restaurieren und vor allem auszumalen, desto hartnäckiger bleibe ich bei meinem Geschmack: ich finde sie um so schöner, je weniger man sie ausmalt. Nacktheit schmückt sie genug; die Architektur kann sich voll auswirken. Wenn aber wir Menschen eines anderen Jahrhunderts uns bemühen, diese schönen Baudenkmäler zu bemalen, dann kommt etwas Widersinniges heraus, alles wird zur Grimasse, alles falsch und scheußlich.

Die Glasfenster, die der König von Bayern Köln geschenkt hat, sind ein weiteres Musterstück unserer modernen Schulen; das alles will Gotik sein und kommt doch nur auf Spielerei und diese kleinliche neu-christliche Malerei der modernen Adepten heraus. Welche Narrheit und welches Unglück, wenn diese Sucht, die sich ohne Schaden in unseren kleinen Ausstellungen austoben könnte, es schließlich fertigbringt, so schöne Bauwerke wie diese Kirche herabzuwürdigen!«

Eugène Delacroix, französischer Maler, 1850

»Der Dom ist wie ein altes Buch, in das man sich erst hinein lesen muß und von dem die Hälfte fehlt; zuerst machte es mir Mühe, besonders in meiner gestrigen trüben Stimmung, doch wuchs der Eindruck nach und nach und schwoll zuletzt mächtig an, obgleich es immer außerordentlich stört, daß kein einziger Thurm ausgebaut ist.

Die neuen Arbeiten sind übrigens höchst respectabel, und wenn in Preußen nicht zu früh ein Regierungswechsel eintritt, oder wenn dieser das Werk nicht unterbricht, was gewöhnlich zu geschehen pflegt, da die neuen Könige von den alten in der Regel nur die Krone, aber nicht die Spielpuppen zu übernehmen pflegen, so kann das Riesengebäude noch immer fertig werden und dadurch den Deutschen eine ernste Lehre geben.«

Friedrich Hebbel, deutscher Dichter, 1857

»In der ungeheuer großen Kirche brannten zwei Wachslichter am Hochaltar, wo drei Priester und ein Chorknabe standen. Die Kerzenflammen kämpften gegen die Finsternis, und ihr Schein kletterte an den hohen Pfeilern empor, doch er reichte niemals ganz hinauf, denn sein höchster Strahl endete im Dunkel. Weiter oben aber drängte das Morgengrauen durch die gemalten Fenster, und von dort schossen die Spitzbogen noch höher hinauf.

Das war die größte Höhe, die ich jemals gesehen hatte; das war höher als der Himmel! Ich hatte gesehen, wie sich das Licht im Fenster von Grönskär entzündete, als die Dezembersonne unterging; ich war im Frognetsät gestanden und hatte das Stift von Kristiania aus der Vogelperspektive gesehen; aber dies hier war großartiger!«

August Strindberg, schwedischer Dichter, 1878

Zeittafel

50	Gründung Kölns.
313	Bischof Maternus erstmals urkundlich erwähnt.
355	existiert ein christliches Gebetshaus in Köln.
870	Weihe des karolingischen »Alten Doms« durch Erzbischof Willibert.
1164	Erzbischof Rainald von Dassel bringt die Gebeine der Heiligen Drei Könige nach Köln.
1248	Am 15. August erfolgt die Grundsteinlegung des gotischen Doms durch Erzbischof Konrad von Hochstaden.
1288	Schlacht bei Worringen.
1300	Der Chor ist fertig. Beginn der Bauarbeiten am Südturm.
1322	Am 27. September feierliche Weihe des Chors durch Erzbischof Heinrich von Virneburg.
1375–1380	Der Figurenschmuck des Petersportals entsteht.
1388	Das Südquerschiff und das Seitenschiff an der Südseite werden zu Gottesdiensten genutzt.
1410	Baustopp am Südturm. Der Kran wird für Jahrhunderte zum Wahrzeichen der Stadt.
1448/49	Die Glocken »Pretiosa« und »Speciosa« werden im Südturm aufgehängt.
1560	Der Baubetrieb wird eingestellt.
1583	Erzbischof Gebhard II. Truchseß von Waldburg tritt zum protestantischen Glauben über und wird abgesetzt.

1744–1770	Der Dom wird von Kurfürst Clemens August im Barockstil restauriert.
1794	Unter französischer Besatzung wird der Gottesdienst im Dom eingestellt.
1801	Das Erzbistum wird aufgelöst, der Dom zur Pfarrkirche bestimmt.
1808	Sulpiz Boisserée wirbt für den Weiterbau des Doms.
1821	Das Erzbistum Köln wird wiederhergestellt.
1823	Die Restaurierungsarbeiten beginnen.
1833	Ernst Friedrich Zwirner wird Dombaumeister.
1841	Gründung des Zentral-Dombau-Vereins.
1842	Grundsteinlegung zum Weiterbau.
1863	Das Innere des Doms ist vollendet.
1864	Am 4. September findet die erste Ziehung der Dombau-Lotterie statt.
1874	Kulturkampf. Erzbischof Paulus Melchers flieht ins Exil nach Maastricht.
1880	Am 15. Oktober wird die Vollendung des Doms gefeiert.
1904	Errichtung einer neuen Bauhütte. Unter Dombaumeister Bernhard Hertel wird das Strebewerk des Chors erneuert.
1942–1945	Schwere Zerstörungen durch Bombenangriffe.
1946	Otto Doppelfeld beginnt mit Ausgrabungen unter dem Dom.
1948	Feier des Domjubiläums im wiederhergestellten Chor der Kathedrale.
1956	Am 29. August wird anläßlich des Katholikentags das gesamte Innere des Doms wieder dem Gottesdienst übergeben.
1980	Feier der hundertsten Wiederkehr der Domvollendung.
1998	750-Jahr-Feier der Grundsteinlegung des Doms.

Die Dombaumeister

Gerhard: 1248 bis zu einem Zeitpunkt vor 1271 (vermutlich bis 1260), Schöpfer des Gesamtplans, baut den Chor bis zur Fertigstellung der Sakristei und der Achsenkapelle.

Arnold: vor 1271, wahrscheinlich jedoch ab 1260. Nachweisbar bis 1299. Vollendet den Chor.

Johannes: Sohn des Arnold, im Jahr 1296 nachweisbar. Vermutlich bis 1330. Höchstwahrscheinlich Schöpfer des Fassadenplans. Vollendet den Chor und beginnt mit dem Südturm.

Rutger: 1331 bis 1333. Mehr ist über ihn nicht bekannt.

Michael: Wird ab 1353 genannt (über den Zeitraum zwischen Rutger und Michael weiß man nichts). Eventuell bis 1395. Baut das Erdgeschoß des Südturms, unter ihm plastischer Schmuck des Petersportals, ferner die Seitenschiffe des südlichen Langhauses.

Andreas von Everdingen: 1395 bis etwa 1411. Baut das zweite Geschoß des Südturms, errichtet den Baukran.

Nikolaus von Bueren: 1425 bis 1445.

Konrad Kuyn von der Hallen: Gestorben 1469.

Johann von Frankenberg: Bis 1491 nachgewiesen. Unter diesen drei Dombaumeistern werden fast alle Teile des Lang- und Querschiffs gedeckt. 1560 endet die mittelalterliche Bautätigkeit. Über einen langen Zeitraum werden nur noch Restaurierungsarbeiten durchgeführt. Einen Dombaumeister gibt es in dieser Periode nicht.

Friedrich Adolf Ahlert: 1821 bis 1833. Ausbesserungsarbeiten nach dem Ende der Franzosenzeit.

Ernst Friedrich Zwirner: 1833 bis 1861. Entwurf und Leitung der wesentlichen Bauteile in der Zeit der Vollendung zwischen 1842 und 1880.

Richard Voigtel: 1861 bis 1902. Vollendung des Doms und seiner Türme.

Bernhard Hertel: 1903 bis 1927. Wiedererrichtung der Dombauhütte. Alarmiert erstmals die Öffentlichkeit über den Steinzerfall.

Hans Güldenpfennig: 1927 bis 1944. Setzt die Erneuerungsarbeiten Hertels besonders am Strebewerk des Chors fort. Baut den Dombunker.

Willy Weyres: 1944 bis 1972. Behebt weitgehend die furchtbaren Kriegszerstörungen.

Arnold Wolff: 1972 bis 1998. Baut die Domverwaltung auf. Dokumentiert erstmals die Arbeit der Dombauhütte. Setzt die Restaurierung in und an der Kathedrale fort. Fördert besonders die Ausgrabungen unter dem Dom.

Barbara Schock-Werner: Seit 1998. Die erste Frau als Dombaumeister.

Die Maße der Kathedrale

Gesamtlänge außen:	144,58 Meter
Gesamtbreite des Querschiffs:	86,25 Meter
Höhe des Nordturms:	157,38 Meter
Höhe des Südturms:	157,31 Meter
Höhe des Dachreiters:	109,00 Meter
Höhe des Dachfirsts:	61,10 Meter
Innenhöhe des Mittelschiffs:	43,35 Meter
Breite des Langhauses innen:	45,19 Meter
Breite der Westfassade:	61,54 Meter
Breite der Querhausfassaden:	39,95 Meter
Überbaute Fläche:	7914 Quadratmeter
Fensterflächen:	ca. 10 000 Quadratmeter
Dachflächen:	ca. 12 000 Quadratmeter
Umbauter Raum:	ca. 407 000 Kubikmeter
Gesamtgewicht:	ca. 120 000 Tonnen
Höhe der Aussichtsplattform:	97,25 Meter
Anzahl der Stufen:	509
Türme und Türmchen:	ca. 9000

Geographische Lage (Stern auf dem Dachreiter):
6° 57' 32,3136" östlicher Länge
50° 56' 33,2607" nördlicher Breite

Register

(Abkürzungen: B. = Bischof; Bgf. = Burggraf; Burggft. = Burggrafschaft; Eb. = Erzbischof; Ebtm. = Erzbistum; Gf. = Graf; Gfn. = Gräfin; Gft. = Grafschaft; Hl. = Heiliger; Htm. = Herzogtum; Hz. = Herzog; Kd. = Kardinal; Kft. = Kurfürst; Kg. = König; Kgn. = Königin; Kgr. = Königreich; Ks. = Kaiser; Ksn. = Kaiserin; Pfgf. = Pfalzgraf; Pp. = Papst)